杨超 霍连才 台伟力 主编

民航电子客票销售操作教程（微课版）

清华大学出版社
北京

内容简介

本书围绕职业教育培养目标，遵循职业教育教学规律，以满足民航电子客票销售行业发展对高素质技能型人才的需求为出发点，以航空公司和民航客票销售代理企业实际客票工作任务的知识、能力、素质要求，涵盖民航客票销售行业工作岗位所需要的知识和操作技能；与民航运输销售代理岗位技能培训合格证的要求相对接。本书配套微课视频，读者可通过扫描书中二维码进行学习。

本书可以作为高等院校航空服务艺术与管理、民航运输、空中乘务等专业的教学用书，也可以供民航客票销售工作人员参考使用。

本书封面贴有清华大学出版社防伪标签，无标签者不得销售。
版权所有，侵权必究。举报：010-62782989，beiqinquan@tup.tsinghua.edu.cn。

图书在版编目(CIP)数据

民航电子客票销售操作教程：微课版/杨超，霍连才，台伟力主编. —北京：清华大学出版社，2022.3（2025.2 重印）
ISBN 978-7-302-59962-3

Ⅰ. ①民… Ⅱ. ①杨… ②霍… ③台… Ⅲ. ①民用航空—旅客运输—售票—中国—教材 Ⅳ. ①F562.5

中国版本图书馆 CIP 数据核字(2022)第 019837 号

责任编辑：聂军来
封面设计：常雪影
责任校对：袁　芳
责任印制：刘海龙

出版发行：清华大学出版社
  网　　址：https://www.tup.com.cn，https://www.wqxuetang.com
  地　　址：北京清华大学学研大厦 A 座　　邮　编：100084
  社 总 机：010-83470000　　邮　购：010-62786544
  投稿与读者服务：010-62776969，c-service@tup.tsinghua.edu.cn
  质量反馈：010-62772015，zhiliang@tup.tsinghua.edu.cn
  课件下载：https://www.tup.com.cn，010-83470410
印 装 者：三河市龙大印装有限公司
经　　销：全国新华书店
开　　本：185mm×260mm　　印　张：13.5　　字　数：324 千字
版　　次：2022 年 3 月第 1 版　　印　次：2025 年 2 月第 3 次印刷
定　　价：49.00 元

产品编号：095540-02

前言

PREFACE

随着我国经济的快速发展,越来越多的人选择乘坐飞机出行,客票销售作为旅客运输的第一项服务,其在整个民航运输过程中起着不可替代的作用。民用航空行业的发展,激发了对客票销售人才的需求,也带动了国内民航职业教育的快速发展。作为培养该方向人才的航空服务艺术与管理、民航运输、空中乘务等专业遍地开花,但是市场上可供选择的教材寥寥无几,且已出版的教材不能满足行业对高素质技能型人才的培养要求。

本书教材编写组在深入调研行业企业的用人需求、分析高等院校学情的基础上,有机融合民用航空运输销售代理岗位技能培训合格证、1+X民航旅客地面服务职业技能等级证书的考证要求,并充分结合《国家职业技能标准:民航售票员》的要求。本书分为知识篇、技能篇和提升篇,紧紧围绕民航客票销售工作岗位流程,讲述 eTerm 系统的基本知识和指令,重点讲述一般旅客客票的预订操作、各种航程客票的预订操作、各类旅客客票的预订操作及国际旅客客票的预订操作,最后介绍了民航呼叫中心及民航网络客票销售等知识。

本书由中国国际航空公司客票销售业务经理王远尘把关和审定,由杨超老师统稿并审定。知识篇项目1由山东外贸职业学院杨超老师编写,项目2由山东外贸职业学院霍连才老师编写;技能篇项目3和项目4由霍连才老师编写,项目5和项目6由杨超老师编写,项目7由北京希努成信息技术中心葛星总经理编写;提升篇项目8由台伟力老师编写,项目9由杨超老师编写。

本书在编写过程中得到了许多民航客票销售行业人士的热情指导和帮助,特别是青岛鹏飞航空服务有限公司陈相强总经理、北京希努成信息技术中心葛星总经理、青岛胶东国际机场郝振东总经理、中国民航管理干部学院于爱慧副教授、山东航空公司邢杨阳女士和李莹女士等给予了无私的帮助,在此表示衷心的感谢。由于编者水平有限,书中难免有不当之处,敬请各位业内人士及广大读者提出宝贵意见。

编　者
2021 年 6 月

目录
CONTENTS

第一篇 知 识 篇

项目1　民航客票销售系统概述 …………………………………………………… 3
　　任务1　民航计算机订座系统简介 ……………………………………………… 4
　　任务2　民航订座系统的发展 …………………………………………………… 6

项目2　民航订座系统基本指令 …………………………………………………… 8
　　任务1　民航订座系统的进入及退出 …………………………………………… 9
　　任务2　民航订座系统的临时退出及恢复 …………………………………… 12
　　任务3　民航订座系统的密码修改 …………………………………………… 14
　　任务4　公用信息查询 ………………………………………………………… 15
　　任务5　国家/城市/机场/航空公司信息查询 ………………………………… 18
　　任务6　系统其他公用信息查询 ……………………………………………… 21

第二篇 技 能 篇

项目3　客票预订的流程 ………………………………………………………… 29
　　任务1　航班信息查询 ………………………………………………………… 30
　　任务2　航班时刻查询 ………………………………………………………… 32
　　任务3　航班最早可利用座位查询 …………………………………………… 35
　　任务4　航班完整信息查询 …………………………………………………… 36
　　任务5　航班经停站查询 ……………………………………………………… 37
　　任务6　航班运价查询 ………………………………………………………… 38
　　任务7　旅客订座记录的建立 ………………………………………………… 41
　　任务8　旅客订座记录的提取 ………………………………………………… 48
　　任务9　旅客订座记录的修改 ………………………………………………… 53

  任务 10 旅客订座记录的还原与取消 ………………………………………… 55

  任务 11 出票并打印行程单 ………………………………………………… 58

项目 4 各种航程客票的预订 ……………………………………………………… 68
  任务 1 联程客票的预订 …………………………………………………… 68
  任务 2 来回程客票的预订 ………………………………………………… 74
  任务 3 缺口程客票的预订 ………………………………………………… 80

项目 5 各类旅客客票的预订 ……………………………………………………… 87
  任务 1 多人客票的预订 …………………………………………………… 88
  任务 2 旅客订座记录的分离 ……………………………………………… 93
  任务 3 儿童客票的预订 …………………………………………………… 95
  任务 4 婴儿客票的预订 …………………………………………………… 100
  任务 5 团体客票的预订 …………………………………………………… 108
  任务 6 重要旅客客票的预订 ……………………………………………… 111
  任务 7 特殊服务的预订 …………………………………………………… 118

项目 6 客票变更与退票 …………………………………………………………… 128
  任务 1 客票变更 …………………………………………………………… 128
  任务 2 退票 ………………………………………………………………… 140
  任务 3 挂起与解挂 ………………………………………………………… 150
  任务 4 电子客票的作废 …………………………………………………… 152

项目 7 国际客票的预订 …………………………………………………………… 155

第三篇 提 升 篇

项目 8 民航呼叫中心 ……………………………………………………………… 169
  任务 1 民航客票的预订服务 ……………………………………………… 169
  任务 2 民航客票的特殊情境处理 ………………………………………… 173

项目 9 机票电子商务平台 ………………………………………………………… 178

附录 1 国内航空公司代码索引 ………………………………………………… 188

附录 2 国际航空公司代码索引 ………………………………………………… 189

附录 3 国内城市三字代码 …………………………………………………………… 190

附录 4 国际城市三字代码 …………………………………………………………… 193

附录 5 常用特殊服务需求代码 …………………………………………………… 197

附录 6　指令索引 ·· 199

附录 7　出错信息提示总汇 ··· 203

附录 8　出错信息索引 ·· 205

附录 9　国际组织名称及缩写 ·· 207

参考文献 ·· 208

◆ 第一篇
知识篇

项目1 民航客票销售系统概述
项目2 民航订座系统基本指令

项目1 民航客票销售系统概述

本项目主要介绍民航客票分销系统以及客票分销系统的分类和特点,让同学们掌握民航客票分销系统的基本知识。

知识目标
(1) 掌握民航客票分销系统的现状。
(2) 掌握民航客票分销系统的分类及特点。
(3) 了解民航客票分销系统的发展历程。

能力目标
(1) 能够熟知民航客票分销系统的功能。
(2) 能够简述民航客票分销系统的发展历程。

思政目标
(1) 培养学生爱岗敬业的精神。
(2) 培养学生严谨的工作作风。

考证标准
(1) 民用航空运输销售代理岗位技能培训合格证。
(2) 1+X民航旅客地面服务职业技能等级证书。

经典案例

面对当前的市场环境,海南航空通过技术升级,使旅客能在网上完成电子客票的预订、变更日期、退票等业务,不仅节省了旅客的时间,同时降低了航空公司的成本。

针对散客、学生、教师等选择出行条件比较宽松的群体在全国推出"旅行管家"不定期机票,分为2折机票和3折机票两种,乘客的出行时间需交给海航提前安排或旅客根据海航的座位情况来选择,一旦有座位,海航将通知旅客成行。购买"旅行管家"产品的旅客,需提前7~15天选定行程、支付票款,海南航空将根据座位情况,提前指定旅客乘坐的航班;其中选购3折不定期机票的旅客,还可以自行选择出行日期和航班;被指定的航班不能自行随意变更航段、时间及退票。为了降低旅客退票的风险,海航表示如因市场原因、旅客的选择原因未能得到安排,可在有效期内给乘客免费退款。中国工商银行、海南航空与万事达卡国际组织联手发布国内首张符合国际标准的MASTERCARD品牌航空联名信用卡——牡丹海航信用卡。该卡片不仅拥有普通牡丹国际信用卡的所有功能,还可享受海航常旅客计划的各种奖励与优质服务,参加MASTERCARD国际组织推出的各种境内、外促销活动。

> 海南航空通过技术环境的升级,进一步满足了旅客的需求,拓展了市场份额——开通国内近500条航线,辐射包括北京、上海、乌鲁木齐、西安、宁波、重庆、成都、海口等大中旅游城市。
>
> **思考题:**
> (1)海南航空在机票销售系统技术升级方面有哪些值得我们学习的地方?
> (2)当前机票销售系统还有哪些可以改进的地方?

任务 1　民航计算机订座系统简介

 知识目标

(1)了解计算机订座系统的基本情况。
(2)了解中国民航代理人分销系统。
(3)掌握民航代理人分销系统的分类及特点。

 能力目标

(1)能够简述民航代理人分销系统的类型及特点。
(2)能够介绍民航代理人分销系统的功能。

 基础知识

一、民航计算机订座系统

民航计算机订座系统包括航空公司预订系统 ICS(inventory control system)和民航代理人预订系统 CRS(computer reservation system)。民航代理人预订系统就是代理人分销系统,销售代理通过此系统进行航班座位预订及其他旅游产品的销售。

目前,全球五大 CRS 系统分布于美洲(SABRE、WORLDSPAN、GETS)、欧洲(GALILEO、AMADUES)、东南亚(ABACUS)、日本(INFINL)、韩国(TOPAS)。以上 CRS 系统都是由当地知名的航空公司控股的。

二、中国的民航代理人分销系统

中国民航的 CRS 系统创建于 1995 年,目前销售市场份额比例为:航空公司占 30%,销售代理人占 70%。国内航空公司相当大比例的航班座位销售份额是由销售代理来完成的。这也说明销售代理在销售过程中扮演着非常重要的角色。

截止到 2021 年 12 月底,CRS 系统已与国外主要的十二家航空系统(200 多家国外的航空公司)建立了级别较高的连接,代理人可以方便地查询和销售世界上绝大多数航空公司的航班座位。对于暂时无登记连接的航空公司,代理人也可以在本系统内查询到航班信息并通过申请的方式订取该航空公司的座位。

三、民航代理人分销系统的分类及特点

目前中国民航代理人分销系统主要有两种,一种是基于哑终端模式;另一种是基于计

算机的 eTerm 模式,下面就这两种模式分别进行介绍。

1. 哑终端模式

哑终端模式是一种最传统的、使用最广的模式,通过民航专用线路将代理人的终端和民航订票的大型主机连接起来,民航代理人可以通过终端进行查询、预订、打票等业务操作。民航分配给代理人的资源可以用 RID-SID-DID 号来描述。其中 RID 号是指专线号,范围是 21-4F(十六进制);SID 是指在 RID 号下的终端代号,范围是 51-7F(十六进制);DID 号是指查询和打印的标志,其中 70 为查询配置,73 为打印配置。

1) 哑终端

代理人现在使用较多的是科比亚(CVT-1000)和昌霖终端。终端只能与系统主机进行通信,由主机板、显示器和键盘组成,通过电缆与打票机相连,通过专线与主机相连。

2) 配置号

配置号由 RID、SID、DID 三部分组成。如:22-51-70。

(1) RID——在相同的 OFFICE 下,所有的配置号都相同。

(2) SID——同 RID 号下的配置序号。

(3) DID——预订配置为 70,打印配置为 73。

在代理人中 SID 号奇数配置作为预订配置,SID 号偶数配置作为打印配置。

3) PID 号

每个配置号都对应一个 PID 号。如配置号为:22-51-70 的 PID 号为 15911。

4) 配置费用

代理人需要向当地民航接点交纳月租费用,每个接点的费用不同。例如,北京约为 600 元/月,深圳约为 2000 元/月。

2. eTerm 模式

eTerm 模式是中国航信最新推出的代理人订票平台。代理人所使用的终端设备已经成为基于 Windows 操作系统的计算机。代理人的业务操作及指令都没有改变,民航分配给代理人的资源是用指定的 IP 地址来实现的。eTerm 是以计算机的网络与民航主机进行通信,在这种情况下就需要对所有访问主机的计算机进行认证,其认证的方式有两种,即地址认证和口令认证。

(1) 所谓地址认证就是通过计算机 IP 地址进行认证的一种方式,只有具有合法 IP 地址的计算机才能访问民航主机。此种方式限制使用者只能在民航专线上使用。

(2) eTerm 认证的另一种方式为口令认证,此种方式对使用者没有进行地理限制,但加密程度极差,因为只是通过用户名及口令进行身份验证,所以只有较少的用户使用这种方式。

中国民航代理人大部分以第一种方式(地址认证方式)为主,每个 IP 地址对应一个或一组 PID,PID 对应一个配置号,不需要设置,只需要有合法的 IP 就可以了。

操作练习

教师将学生分组,每组控制在 6 人左右,每组选出一名组长。

小组设计调查问卷,在当地机场发放调查问卷,有效问卷应不少于 100 份,对调查问卷进行分析总结,并以小组为单位提交调研报告。

调研的主要内容：旅客购买机票的途径、旅行目的、支付方式、乘坐飞机的频率、购买机票的建议等内容。

任务 2　民航订座系统的发展

 知识目标

(1) 了解全球分销系统。
(2) 掌握中国民航分销系统的发展历程。

 能力目标

能够简述中国民航分销系统的发展。

 基础知识

一、全球分销系统概述

GDS(global distribution system)是全球分销系统的简称，它通过复杂的计算机系统将航空、旅游产品与代理商连接在一起，使代理商可以实时销售各类组合产品，从而使终端消费者拥有最透明的信息、最大的选择范围、最强的议价能力和最低的购买成本。

1964年，美国航空公司与IBM公司合作开发出能够实现座位控制和销售功能的航班控制系统(inventory control system，ICS)，实现了航空公司销售部门业务处理自动化，提高了航空公司的生产效率。20世纪70年代，美国各大航空公司将ICS推广到机票代理人，形成代理人分销系统CRS，使用CRS成为航空公司掌握销售控制权、获取竞争优势的重要手段。20世纪八九十年代，CRS从分销机票到分销酒店，从航空业延伸到旅游业，从美国扩展到全球，逐步演变成分销机票、酒店、旅游、轮船等各种旅行产品的全球性电子分销网络，被称为全球分销系统(GDS)。目前，世界上最大的4家GDS软件公司分别是欧洲Amadeus、美国Sabre、英国Travelport和中国中航信Travelsky。

二、中国民航分销系统发展

1986年，中国民航旅客订座系统投入使用。
1989年，国内航空公司的国际航班成功地转移到国内系统。
1994年，圆满地完成了USAS2000升档工作。
1996年，完成了基础型代理人订座系统(CRS)与航空公司订座系统(ICS)分离的工作，实现了外航航班直接销售。
1997年，实现为IATA中国地区BSP中性票提供自动出票服务，初步启动国内非航空市场分销业务，如机票保险和酒店的分销，投资建设中国基础型代理人分销系统(CRS)网上信息服务，开始按计划实施网络改造工程。
1999年，进入全面建设中国GDS工程阶段。
2001年，以原中国民航计算机信息中心为基础，国内20家航空公司共同发起设立了中国民航信息网络股份有限公司(即中航信 Travelsky)。

目前,中航信是唯一为国内全部航空公司、机场和国内外多家代理人提供服务的分销系统,最大的特点是既提供 CRS 服务又提供 ICS 服务,在国内有完善的技术支持体系和分销网络,且完全有能力满足国内外航段的分销需求。

通过中国的 CRS,一方面,可供分布于世界各地的销售代理通过网络终端出售机票及旅行附加产品;另一方面,航空公司通过将自己的营运数据投入 CRS 中销售,可以最大限度地销售航班座位,同时通过有效的座位控制,可提高航班座位利用率和商业利益。

操作练习

教师将学生分组,每组控制在 6 人左右,每组选定一名组长。

以小组为单位通过多种方式展示:民航订座系统的发展。小组成员可以通过网络、图书馆等途径收集资料。

项目2　民航订座系统基本指令

本项目主要介绍民航计算机订座系统的进入和退出、密码修改、公用信息及常用代码查询等指令，介绍使用系统查询各种代码并进行各种单位的换算。

知识目标
（1）了解公用信息查询指令。
（2）掌握进入及退出系统时，系统显示各项信息的含义。
（3）掌握临时退出及恢复指令。
（4）掌握密码修改指令。
（5）熟练掌握国家、城市、机场、航空公司信息的查询指令。
（6）熟练掌握其他公用信息查询指令。

思政目标
（1）培养学生敬畏职责的精神。
（2）培养学生严谨的工作作风。

能力目标
（1）能够进入和退出系统。
（2）能够修改密码。
（3）能够熟练查询国家、城市、机场、航空公司信息。
（4）能够查询其他公用信息。

考证标准
（1）民用航空运输销售代理岗位技能培训合格证。
（2）1+X民航旅客地面服务职业技能等级证书。

经典案例
票务员王某在使用eTerm系统过程中，突然有客户来访，王某没有临时退出系统，就去接待客户，时间长达30分钟，回来发现eTerm系统被同事李某临时使用，王某之前未完成的PNR也不知去向。

　　思考题：（1）票务员王某的做法存在哪些错误？
（2）票务员王某的正确做法是什么？

任务 1 民航订座系统的进入及退出

 知识目标

（1）掌握订座系统的进入及退出操作指令。
（2）掌握进入及退出系统时，系统显示各项信息所代表的含义。

民航订座系统的进入
及退出操作演示

 能力目标

（1）能够进入民航计算机订座系统。
（2）能够退出民航计算机订座系统。

基础知识

一、进入系统

eTerm 系统是中国民航计算机中心开发的通用网络前端平台，该系统可以连接不同的几个系统，在使用前需要先选择进入相应的系统。

指令格式＞$ $ OPEN TIP C3 ＜XIMT＞

【格式说明】
（1）"＞"在系统中是一个实心三角，输入的指令前面必须有一个"＞"。
（2）C3 是将要进入系统的名称，在 eTerm 系统中的"C3"表示 CRS 系统，"B"表示 ICS 系统。
（3）"＜XIMT＞"是串键，在键盘上是按 F12 键或者小键盘的 Enter 键。表示执行"＞"与光标之间的命令。所有指令都需要使用串键才能执行。

【知识补充】
（1）如果使用 eTerm 系统时不小心删除了"＞"，可以按 Esc 键恢复。
（2）大键盘的 Enter 键是回车换行功能，小键盘的 Enter 键是执行键，行业一般简称"串"。
（3）在 eTerm 系统中，输入的所有符号必须是英文状态下的符号。
（4）eTerm 系统不区分英文大小写。

示例：打开 eTerm 系统，进入中国民航代理系统。
操作如下：

▶ $ $ OPEN TIPC3
SESSION PATH OPEN TO: TIPC3

说明：这就表示已经进入了中国民航 CRS 系统。

二、查看工作区信息

DA 用于查看是否已输入营业员工作号以及本台终端的 PID 号。

> 指令格式> DA

示例：查看 CRS 中工作区状态。

操作如下。

```
▶ DA
A      AVAIL
B      AVAIL
C      AVAIL
D      AVAIL
E      AVAIL
PID = 68378    HARDCOPY = 1112
TIME = 1318    DATE = 24JUL      HOST = LILY
AIRLINE = 1E   SYSTEM = CAAC09   APPLICATION = 3
```

说明：

(1) 用户在日常工作中，应明确"DA"中"PID"项是一个重要的参数。特别当终端无法正常工作时，维护人员经常要问到终端的"PID"号。

(2) A、B、C、D、E 表示工作区，字母后面的"AVAIL"表示该工作区是可以使用的。

三、输入营业员工作号

每个营业员都应该有自己的工作号(SI)，只有输入工作号才可以正常工作。

> 指令格式> SI:工作号/密码/级别/部门号

【格式说明】

(1) 每个营业员都有自己的工作号，并可以设置密码，只有输入正确的工作号和密码后，系统才可以进行正常工作。

(2) 所有营业员的级别都是 41。

(3) 部门代号(OFFICE)也就是中航信分配给代理人的编号。

【知识补充】

在代理人系统中，中国航信的工作人员要把代理人的信息建立在 CRS 系统中，如部门代号(OFFICE)、终端 PID、打票机、营业员号以及该代理人得到授权的航空公司等信息。

(1) 一个代理人通常有一个部门代号(OFFICE)，如 PEK123、TAO220、DLC160。

(2) 一个部门中可以有多台终端，而每一台终端只能属于一个部门。

(3) 同一个部门中的终端可以共享打票机。

(4) 每台终端或打票机都有唯一的一个 PID。

(5) 每个工作号只能在自己部门(OFFICE)中使用。

示例：工作号为 11111，密码为 123A，级别 41，部门号为 TAO220 的营业员进入系统。

操作如下。

> ▶ SI: 11111/123A/41/TAO220
> TAO220 SIGNED IN A
> ------ 重 要 通 知 ----------
> 1. 中国航信将与国际航协合作举办 BSP 中性票培训,具体安排详见> YI:SNOTICE/20
> 2. 各 BSP 自动客票销售代理人：为适应中国 BSP 自动客票日益普及的形势,中国航信将向国际航协中国 BSP 送交报告磁带次数由每月四次增加为每月八次。具体时间为每月的:1、5、9、13、16、20、24、27 日。PVT 指令(作废一个报告周期内的 BSP 客票)的有效使用时间,也将由于报告期间隔的缩短而相应缩短。

说明：若正常进入,系统将显示系统公告信息。

> 【知识补充】
>
> 系统登录还可提供暗行显示。
>
> > SI: 按输入键
>
> 系统光标转到最下行,在光标后输入工作号等（如：11111/123A/41）则可进入系统。与前者不同的是,光标后的输入是不显示的。这是系统为操作人员提供的系统保密措施。

登录系统后,再次输入 DA 查看工作区信息。

> ▶ DA
> A *   11111   21JAN   0828   41   TAO220
> B   AVAIL
> C   AVAIL
> D   AVAIL
> E   AVAIL
> PID = 84281   HARDCOPY = 1112
> TIME = 1057   DATE = 21JAN   HOST = LILY/B
> AIRLINE = 1E   SYSTEM = D849B2 APPLICATION = 3

说明：

（1）工作区"A"后面的"＊"表示该工作区处于活动状态。

（2）"A"工作区后面的"AVAIL"已经被"11111 21JAN 0828 41 TAO220"代替。这表示"11111"营业员登录的工作号,"21JAN 0828"表示营业员登录系统的日期和时间,"41"表示级别是营业员,"TAO220"表示营业员所属的部门代号。

四、退出系统（SO）

当工作人员结束正常工作,应将工作号退出系统以防被人盗用。这项工作可使用 SO 指令完成。

> 指令格式> SO

示例：将工作号退出系统。

▶ SO
TAO220 11111 SIGNED OUT A

说明：正常退出系统，将显示"SIGNED OUT"信息。退出系统后，再次查看工作区状态，将显示如下信息。

▶ DA
A   AVAIL
B   AVAIL
C   AVAIL
D   AVAIL
E   AVAIL
PID = 68378   HARDCOPY = 1112
TIME = 1318   DATE = 24JUL   HOST = LILY
AIRLINE = 1E   SYSTEM = CAAC09 APPLICATION = 3

说明：

（1）工作号11111已从工作区"A"中退出。

（2）有时退出系统时，系统显示其他内容，而不让退号，这表明该工作号在退号时，有其他未完成工作必须完成，完成后方可退出。

（3）代理人系统在北京时间00:00、06:00、12:00、18:00对应世界各地不同时区的终端进行自动退号，对中国大陆地区代理人讲，只在北京时间00:00自动退号。

 操作练习

（1）查看营业员是否登录系统，并解释输出信息所代表的含义。
（2）指出一台终端的PID号。
（3）登录系统并解释输出信息所代表的含义。
（4）退出系统并解释输出信息所代表的含义。
（5）退出系统后，使用DA指令查看输出信息，并指出和登录系统时有何区别。

任务 2　民航订座系统的临时退出及恢复

 知识目标

（1）掌握订座系统临时退出及恢复的操作。
（2）掌握临时退出及恢复指令。

 能力目标

能够根据工作区信息使用指令进行临时退出及恢复操作。

基础知识

一、临时退出系统（AO）

在某些情况下，在营业员临时离开系统，需要将工号退出来，即可用 AO 功能。

```
指令格式> AO
```

示例：工号 11111 已经登录工作区，请将此工号临时退出。
操作如下。

```
▸ AO
AGENT A – OUT
```

说明：
（1）系统显示"AGENT A-OUT"信息，表示该工号已临时退出。
（2）临时退出完成后，再用 DA 查看工作区信息，系统显示如下。

```
▸ DA
A      11111    24JUL     0732       41    TAO220
B         AVAIL
C         AVAIL
D         AVAIL
E         AVAIL
PID = 68378    HARDCOPY = 1112
TIME = 1318    DATE = 24JUL         HOST = LILY
AIRLINE = 1    ESYSTEM = CAAC09     APPLICATION = 3
```

说明：输入"AO"以后，工作区"A"的活动标识"＊"没有了，这说明在输入"AO"以后，工作区"A"已由活动区变为非活动区。这时如要进行航班查询等工作，系统将显示"PLEASE SIGN IN FIRST"，意思是"重新进入系统"。

二、恢复临时退出（AI）

当营业员在临时退出系统以后，需要重新进入系统工作。即需要使用恢复临时退出的指令，即 AI 指令。

```
指令格式> AI：工作区/工作号/密码
```

示例：恢复临时退出。
操作如下。

```
▸ AI：A/11111/123A
AGENT A-IN
```

说明：

（1）系统显示"AGENT A-IN"信息，表示该工号已临时退出。

（2）完成后，再用DA查看工作区信息，系统显示如下。

```
▶ DA
A *     11111   24JUL   0732      41   TAO220
B       AVAIL
C       AVAIL
D       AVAIL
E       AVAIL
PID = 68378     HARDCOPY = 1112
TIME = 1318     DATE = 24JUL    HOST = LILY
AIRLINE = 1E    SYSTEM = CAAC09   APPLICATION = 3
```

说明：工作区"A"后面的活动标识"＊"又出现了，表示营业员又可以开始工作了。

  操作练习

（1）使用临时退出系统，使用DA指令查看系统状态，并解释输出信息所代表的含义。

（2）练习恢复登录，使用DA指令查看系统状态，并解释输出信息所代表的含义。

（3）练习退出系统，使用DA指令查看系统状态，并解释输出信息所代表的含义。

任务3　民航订座系统的密码修改

  知识目标

（1）掌握订座系统密码修改的操作方法。

（2）掌握部门代号的含义。

  能力目标

能够定期修改自己工作号的密码。

  基础知识

密码的修改（AN）：每一个工作号都有密码，除营业员本人外，其他人员无从得知他人的密码。计算机系统记录了每一个工作人员输入的内容，并且是通过其工作号记录的。换句话说，一旦操作出现问题，即可通过该工作号追究相应工作人员的责任。因此，每个工作人员应注意更改密码，并防止被他人盗用。

指令格式＞AN：旧保密号/新保密号

【格式说明】

保密号的修改方法如下。

（1）进入系统，输入工作号（SI，使用原保密号）。

(2) 用 AN 指令进行修改。
(3) 退出系统（SO）。
(4) 重新进入系统（SI）使用新保密号。

【知识补充】
密码由最多 5 个数字及 1 个字母组成，如 12345A、123B、9T 等均是有效保密号，而 123、ABC、12BB、1W2E 等均不是有效密码。

示例：假定有工作号 11111，原保密号为 123A，现欲改为 888F。

▶ AN：123A/888F

操作练习

登入系统，并修改工作密码。

任务 4 公用信息查询

 知识目标

（1）了解公共信息查询方法。
（2）掌握进入系统公告牌和查看公用静态数据信息的指令。

 能力目标

（1）能使用 SIIF 显示系统公告。
（2）能使用 YI 指令进行静态信息查询。

 基础知识

eTerm 系统为方便广大代理人使用，提供了公用信息查询系统，随着该系统的发展，公用信息查询功能正进一步完善。

公用信息体系包括进入系统公告牌、公用静态数据信息、功能帮助系统、城市/机场信息查询、旅游信息查询系统、其他信息功能。

一、进入系统公告牌

工作人员进入系统后，将会看到一些公告信息。

指令格式＞SIIF

示例：请显示系统公告牌。
操作如下。

▶ SIIF
****
尊敬的用户：
　　为提升网站安全，从今日起访问 eTerm 网站，请使用浏览器通过 https://eterm.travelsky.com 方式访问。谢谢。
****
　　为加强 eTerm 账号安全，消除潜在的弱口令安全隐患，航信计划在 5 月份对后台系统进行升级改造工作，禁止简单弱密码访问系统。
　　同时对老版本 eTerm1/eTerm2 软件不再支持。请您提前修改弱口令\使用安全性更高的 eTerm3 软件，并做好相关准备工作，由此给您造成的不便，敬请谅解。如有不明，请致电：中国航信在线支持中心 010-84018401 或邮件发至 HELPDESK@TRAVELSKY.COM。
****

说明：这些公告是中国航信根据航空公司或有关部门的要求，将公告内容输入系统。如内容过多不便显示，系统将会把详细内容输入 YI 文件中，利用 YI 功能查询详细内容。

二、公用静态数据信息

YI 公用静态数据信息的查询是将大量静态数据，如航空公司电话等，由维护人员存入 YI 静态数据文件，然后用户使用 YI 功能调用查询的过程。代理人系统将大量有关信息存储在不同标题的公告系统中，使用 YI 功能可以分类查阅。

使用 YI 指令显示所有静态信息的目录。

指令格式> YI

▶ 示例：请显示系统公用静态数据信息。
操作如下。

▶ YI
YI:GENERAL INFORMATION INDEX PH:
01. MHOTEL   02. SHOTEL/CITY
03. HOTEL/!/9999   04. MAIRFARE
05. SAIRFARE/AIRLINE   06. MAIRAGRE
07. SAIRAGRE/AIRLINE   08. MITPHON
09. SITPHON/CITY   10. MAIRPHON
11. SAIRPHON/AIRLINE   12. MCAAC
13. SCAAC/AREA   14. MAPTPHON
15. SAPTPHON/AREA   16. MCITY
17. SCITY/COUNTRY   18. SITAFARE/INFO
19. MTKTINFO   20. CA/INFO
21. CZ/INFO   22. MU/INFO +

说明：
（1）在上面显示内容中，每一项都是一个标题，如 MHOTEL，可以直接通过 YI：MHOTEL 查询。
（2）标题中有"/"连接符，如 SHOTEL/CITY，说明该标题拥有副标题。在静态信息的查询中，阅读标题的内容有两种类型：不含副标题的公告内容、有副标题的公告内容。

不含副标题的公告内容的指令如下。

> 指令格式> YI：标题

示例：查看国内省市区域电话号码，标题为 MDOMTEL，且不含副标题。

```
▶ YI:MDOMTEL
系统显示：
*** 国内省市电话区域号码 ***
  ─────────────────────────────────────
  01. YI:SDOMTEL/PEK      北京
  02. YI:SDOMTEL/SHA      上海
  03. YI:SDOMTEL/TSN      天津
  04. YI:SDOMTEL/JI       河北
  05. YI:SDOMTEL/JIN      山西
  06. YI:SDOMTEL/MENG     内蒙古
  07. YI:SDOMTEL/LIAO     辽宁
  08. YI:SDOMTEL/JILIN    吉林
  09. YI:SDOMTEL/HEI      黑龙江
  10. YI:SDOMTEL/GAN      江西
```

然后根据系统显示的查询方法输入即可进行查询。如查北京号码，按照上述显示输入。

```
▶ YI:SDOMTEL/PEK
YI:SDOMTEL/PEK
```

有副标题的信息内容查询是指有许多主标题下面拥有副标题，查询主标题中的副标题内容用如下格式。

> 指令格式> YI：I/某标题

示例：在前文讲过，在 YI 显示内容中，第 20 项为"CA/INFO"，由于主标题 CA 后面有/INFO，说明 CA 是个拥有副标题的主标题，欲查看 CA 下面详细的副标题内容，操作如下。

```
▶ YI:I/CA
_PH:
  01. 950906B   02. 950906A
  03. 950906C   04. 950906D
  05. 950906E   06. 950906F
  07. 950906G   08. 950906I
  09. 950906J   10. 950906K
  11. 950906L   12. 950906M
  13. 950906N   14. 950906P
  15. 950906Q   16. FLT98
```

说明：可以看到，在主标题 CA 下面还有副标题，副标题中存放的是具体的详细静态数据内容，我们可以通过以下功能进行查询。

标题 CA 下面拥有很多副标题，其中第 16 项为"FLT98"副标题，我们用下面的指令查询其详细内容。

```
▶ YI:CA/FLT98
YI:CA/FLT98
通知
经海关总署批准,中国国际航空公司自即日起在目前北京－青岛－新加坡航线上全程承办国际客、
货业务。
一航班号由于航权限制,北京－青岛－新加坡航线仍使用双航班号执行,即CA1555D/CA955 和
CA956/CA1556D
```

三、功能帮助系统

鉴于代理人系统指令功能较多,系统提供了一个指令帮助工作人员日常查询使用。

指令格式> HELP:功能指令

示例:查询DA功能的使用方法。

操作如下。

```
▶ HELP:DA
======================= 中国航信指令帮助系统 =======================

指令:DA        查看使用终端PID及工作号登入情况
详细描述:
DA:
A *    8888    05APR    0938    41    TAO220
B      AVAIL
C      AVAIL
D      AVAIL
```

操作练习

(1) 查询系统的公共信息,并解释其所代表的含义。
(2) 利用帮助查询SD,并解释其所代表的含义。

任务5　国家/城市/机场/航空公司信息查询

知识目标

(1) 掌握国家信息查询指令。
(2) 掌握城市信息查询指令。
(3) 掌握航空公司信息查询指令。

国家城市机场航空公司
信息查询操作演示

能力目标

能熟练使用指令查询国家、城市、机场、航空公司信息。

基础知识

在实际工作中营业员经常要用到各种代码。在代理人系统中,有关机场/城市/国家等的信息查询可通过 CNTZ/CD 等功能来实现。它可以为用户提供有关城市/机场三字代码、国家及航空公司代码等有关静态信息。

一、查询某城市/机场三字代码

查询某个城市/机场三字代码的指令格式如下。

指令格式> CNTZ:T/城市名

✎ **示例**:查询上海三字代码。
操作如下。

> CNTZ:T/SHANGHAI
SHA SHANGHAI CN

说明:在指令中,SHA 为三字代码;SHANGHAI 为上海的汉语拼音;CN 为中国的两字代码。

二、根据三字代码查询城市名称

根据三字代码查询城市名称的指令格式如下。

指令格式> CD:三字代码

✎ **示例**:查询 SHA 是哪个城市。
操作如下。

> CD:SHA
SHA/SHANGHAI,CN

三、根据城市名称拼音的前几个字母查询三字代码

根据城市名称拼音的前几个字母查询城市的三字代码指令如下。

指令格式> CNTZ:A/城市前几个字母

✎ **示例**:查询 BEI 开头所有城市的三字代码。
操作如下。

> CNTZ:A/BEI
BEY BEIRUT LB
BHY BEIHAI CN
LAQ BEIDA LY ...

四、查询国家两字代码

查询国家两字代码指令如下。

> 指令格式> CNTZ:N/国家名称

> 示例：查询中国 CHINA 两字代码。

操作如下。

> ▶ CNTZ:N/CHINA
> CN CHINA 中国

五、根据国家两字代码查询国家全称

根据国家两字代码查询国家全称指令如下。

> 指令格式> CNTZ:C/国家两字代码

> 示例：查询 US 是哪个国家。

操作如下。

> ▶ CNTZ:C/US
> US UNITED STATE 美国

六、查询航空公司两字代码

查询航空公司两字代码指令如下。

> 指令格式> CNTZ:M/航空公司名称

> 示例：查询 AIR CHINA 的两字代码。

操作如下。

> ▶ CNTZ:M/AIR CHINA
> CA AIR CHINA 中国国际航空公司

七、根据航空公司两字代码查询航空公司名称

根据航空公司两字代码查询航空公司两字代码指令如下。

> 指令格式> CNTZ :D/航空公司两字代码

> 示例：查询 LH 是哪家公司。

操作如下。

> CNTZ:D/LH
LH LUFTHANSA 德国汉莎航空公司

在日常工作中,经常要遇到代码的查询,营业员应记住一些常用的代码。系统中的帮助指令也非常方便,即">HELP CNTZ",营业员可通过帮助指令查询指令的具体用法。

操作练习

使用 eTerm 系统完成以下操作。
(1) 查询 CN、US 所代表的国家。
(2) 查询西安、成都、重庆、天津、合肥、济南、厦门、海口、兰州、西宁的三字代码。
(3) 查询所有以济和西字开头的机场。
(4) 查询 TAO、SHA、NKG、NNG、SYX、CSX、WUH、URC、DLC 所代表的机场。
(5) 查询 CA、MU、CZ、HU、SC、3U、ZH 所代表的航空公司。
(6) 查询国航、南航、东航、山航、上航、厦航、川航、海航、深航的二字代码。

任务 6　系统其他公用信息查询

知识目标

(1) 掌握计算相关指令。
(2) 掌握日期/时间的查询与对比指令。
(3) 掌握长度、重量、温度各进制间转换指令。
(4) 掌握翻页指令。

能力目标

(1) 能够利用系统完成计算。
(2) 能够利用系统完成日期/时间查询与对比。
(3) 能够利用系统完成长度、重量、温度各进制间转换。
(4) 能够利用系统进行翻页。

基础知识

一、计算功能

CO 指令为工作人员提供多种运算指令。
1. 四则运算
四则运算指令如下。

> 指令格式> CO:四则运算表达式

示例:计算 100 除以 6。
操作如下。

▲ CO:100/6
= 16.67

2. 时差计算

计算两个城市间的时差，指令如下。

指令格式 > CO:T/城市对

✒ **示例**：查询 PEK 与 NYC 的时差。
操作如下。

▲ CO:T/PEKNYC
PEK: 10OCT18 1613 NYC:10OCT18 0313
GMT: 10OCT18 0813 TIM DIF:13

说明：上述指令意为北京时间 10OCT18 16:13；纽约时间 10OCT18 03:13；格林尼治时间 10OCT18 08:13。北京与纽约时差为 13 小时，即北京比纽约早 13 小时。

> 【知识补充】
> 时差计算还可以选用"指令格式 > CO:T/城市代码/日期/时间"这种格式，用于显示某城市时间的 GMT 标准时间。

3. 英里/公里换算

指令格式 1 > CO:M/公里数

✒ **示例**：将 15 公里换算成英里。
操作如下。

▲ CO:M/15
KM:15   MILE:9

说明：15 公里等于 9 英里。

指令格式 2 > CO:K/英里数

✒ **示例**：将 15 英里换算成公里。
操作如下。

▲ CO:K/15
KM:24   MILE:15

说明：15 英里等于 24 公里。

二、日期/时间查询与对比显示

1. 日期显示

日期显示指令如下。

> 指令格式> DATE:日期/天数/天数

示例：显示6天和90天后的日期。

操作如下。

```
▶ DATE:6/90
+ 0 17FEB00 THU
+ 6 23FEB00 WED
+90 17MAY00 WED
```

2. 时间查询与对比显示

时间查询和对比显示指令如下。

> 指令格式> TIME:城市/日期/时间/城市

示例：北京时间（PEK）2021年1月19日零点的纽约时间（NYC）和旧金山时间（SFO）。

操作如下：

```
▶ TIME:1JAN19/0000/NYC/SFO
-TIME: 1JAN19/0000/NYC/SFO
PEK NYC SFO
TIME DIFF 0.0 -13.0 -16.0
12HR LOCAL 12:00M 11:00A(-1) 08:00A(-1)
24HR LOCAL 0000 1100(-1) 0800(-1)
DATE 01JAN 31DEC 31DEC
UTC (GMT) 1600 1600 1600
UTC +/- 8.0 -5.0 -8.0
```

说明：系统将PEK/NYC/SFO在北京时间1月19日零点的当地时间分别列举出来。

三、长度、重量、温度各进制间的转换

CV功能用来实现有关长度、重量、温度各进制间的转换计算，其指令如下。

> 指令格式> CV:符号 数字 单位

【格式说明】

(1)"符号"有正(＋)、负(－)区分。

(2)"单位"有MI(英里)、KM(公里)、C(摄氏度)、F(华氏度)、LB(英磅)、KG(千克)。

> 示例：将 100 公里换算成英里。

操作如下。

```
▶ CV:100KM
KILOMETERS MILES
100 62.14
```

说明：100 公里等于 62.14 英里。

> 示例：将 35 摄氏度转化为华氏度。

```
▶ CV:35 C
CELSIUS FAHRENHEIT
35 95
```

说明：35 摄氏度等于 95 华氏度。

四、翻页功能

在系统使用过程中，不可避免地会出现显示内容多于一页的情况。因此，系统提供了一些关于显示当前页、下页、最前页、最后页等的对应功能。

在代理人系统中，某个功能的显示内容多于一页，用以下指令可以进行内容显示。

指令格式> PN:（或 PB:、PF:、PL:、PG:)

【格式说明】

（1）"PN"是指下页 PAGE NEXT。
（2）"PB"是指前页 PAGE BACK。
（3）"PF"是指最前页 PAGE FIRST。
（4）"PL"是指最后页 PAGE LAST。
（5）"PG"是指重新显示当前页 PAGE。

> 示例：在 YI 功能（公用信息）中显示功能显示所有内容。

操作如下。

```
▶ YI
YI:GENERAL INFORMATION INDEX -PH:
 1. MHOTEL            2. SHOTEL/CITY
 3. HOTEL/!/9999      4. MAIRFARE
 5. SAIRFARE/AIRLINE  6. MAIRAGRE
 7. SAIRAGRE/AIRLINE  8. MITPHON
 9. SITPHON/CITY     10. MAIRPHON
11. SAIRPHON/AIRLINE 12. MCAAC
13. SCAAC/AREA       14. MAPTPHON
15. SAPTPHON/AREA    16. MCITY
17. SCITY/COUNTRY    18. SITAFARE/INFO
19. MTKTINFO         20. CA/INFO
21. CZ/INFO          22. MU/INFO  +
```

说明：在本页最后一行后面有一个"＋"号，它表示显示内容有续页。
显示下一页，输入"PN"。

▶ PN
```
YI:GENERAL INFORMATION INDEX -PH: _
23. SZ/INFO              24. MINTTEL
25. SINTTEL/PART         26. MDOMTEL
27. SDOMTEL/CITY         28. SDTRVL/PROVC
29. MDTRVL               30. MDAGENCY
31. MSEATCTL             32. SDAGENCY/CITY
33. DAGENCY/!/9999       34. MITRVL
35. CITY/CITY            36. SITRVL/CITY
37. MCRDCARD             38. SCRDCARD/CITY
39. CARD/!/9999          40. MTRAIN
41. STRAIN/CITY          42. MFDSHOP
43. SFDSHOP/CITY         44. 3U/INFO     +
```

说明：在本页显示中，发现除了本页右下角的"＋"外，右上角多了个"－"号，它表示在本页前还有显示内容。从本页的"＋""－"符可以看出，本页是显示的中间一页。
显示最后一页，输入"PL"。

▶ PL
```
YI:GENERAL INFORMATION INDEX - PH: _
95. MCZINFO              96. MMUINFO
97. MCJINFO              98. MMFINFO
99. MSZINFO              100. MWHINFO
101. MCAACPH             102. ZUH/INFO
103. MITAIR/INFO         104. MMITAIR
105. TIM                 106. CA1INX/INFO
107. CA2INX/INFO         108. CATEST
109. INFO                110. KKK
111. INFO1               112. INFO2
113. INFO3               114. INFO4
115. INFO5               116. INFO6
```

说明：在本页显示中，发现只有右上角的"_"号，它表示本页是显示的最后一页。
同样，显示前一页，输入"＞PB"；显示最前页，输入"＞PF"。

操作练习

（1）查看当地当时 GMT 时间。
（2）计算北京与西雅图的时差，并解释其意义。
（3）计算 10 天和 35 天后的日期。
（4）将 220 千米换算成英里。
（5）将 60 摄氏度转化为华氏度。
（6）查询静态信息，并进行翻页。

第二篇
技能篇

项目3　客票预订的流程
项目4　各种航程客票的预订
项目5　各类旅客客票的预订
项目6　客票变更与退票
项目7　国际客票的预订

项目 3　客票预订的流程

本项目主要介绍航班信息查询、运价查询、旅客订座记录 PNR 建立和出票流程的基本知识，掌握客票预订及出票的一般流程，能够为普通旅客预订客票及出票。

> **知识目标**
> (1) 了解旅客订座记录的基础知识。
> (2) 掌握航班信息查询指令。
> (3) 掌握旅客信息的输入指令。
> (4) 熟练掌握 PNR 的建立流程。
> (5) 熟练掌握客票的出票流程。
>
> **能力目标**
> (1) 能够进行航班信息的查询。
> (2) 能够使用 eTerm 系统为旅客建立订座记录。
> (3) 能够使用 eTerm 系统进行出票。
>
> **思政目标**
> (1) 培养学生敬畏职责的精神。
> (2) 培养学生严谨的工作作风。
>
> **考证标准**
> (1) 民用航空运输销售代理岗位技能培训合格证。
> (2) 1+X 民航旅客地面服务职业技能等级证书。
>
> **经典案例**
> 票务员王某为旅客严某预订北京至厦门客票，在输入严某姓名时没有认真履行职责，没有问清楚严某的姓到底是哪个"严"，错误地将严某的姓输入成了"闫"，致使旅客严某到达机场过安检时才发现机票上的姓名与身份证上的姓名不符，被拒绝登机。
>
> **思考题：**
> (1) 票务员王某的做法存在哪些错误？
> (2) 票务员王某的正确做法是什么？

任务 1　航班信息查询

知识目标

（1）了解航班信息查询的一般方法。
（2）掌握航班信息查询指令。

能力目标

（1）能够进行航班信息的查询。
（2）能够解释查询结果所代表的含义。

基础知识

航班信息查询
操作演示

AV 指令用于查询航班座位可利用情况及其相关航班信息,如航班号、舱位、起飞到达时间、经停点等,是一个非常重要的指令。

指令格式> AV:选择项/城市对/日期/起飞时间/航空公司代码/经停标识/座位等级

【格式说明】

（1）选择项有以下 4 种。
① P：显示结果按照起飞时间先后顺序排列。
② A：显示结果按照到达时间先后顺序排列。
③ E：显示结果按照飞行时间由短到长排列。
④ 不选,默认为 P。
（2）城市对为必选项,其余为可选项。
（3）日期。按照日月的格式输入,其中日用数字表示,月用英文缩写,默认为当天。
例如日期为 3 月 10 日。则输入：10 MAR。
其中".""表示当天。"＋"表示明天。"－"表示昨天。

【知识补充】
　　一月—JAN,二月—FEB,三月—MAR,四月—APR,五月—MAY,六月—JUN,七月—JUL,八月—AUG,九月—SEP,十月—OCT,十一月—NOV,十二月—DEC。

（4）起飞时间。
如果想查询几点以后的航班,可以加入起飞时间。
　　示例：下午三点以后的航班,应输入：1500。
（5）航空公司代码。
如果想查询指定航空公司航班,可以加入航空公司二字代码。
　　示例：查询山东航空的航班,则输入：SC。
（6）经停标识为 D：直达和 N：无经停。

示例：显示"10月10日的北京到上海的航班座位可利用情况"。

操作如下。

```
▸ AV:PEKSHA/10OCT
10OCT00(TUE) PEKSHA
1 - CA921    PEKSHA   0800 0955 777 0   M DS#    CS DS YS SS BS HS KS LS MS TS *
2   CA929    PEKSHA   0830 1030 744 0   M DS#    FS AS CS DS YS SS BS HS KS LS *
3   CA1501   PEKSHA   0840 1035 767 0   M DS#    CA DA YA BA KA MA ZA VA
4   MU513    PEKSHA   1050 1235 320 0   M DS#    FA PA CA JA YA KA BA EA HA IA *
5   MU583    PEKSHA   1140 1335 M11 0   M DS#    FS CA DA YA EQ VA QA ZS
6   CA934    PEKSHA   1305 1500 74E 0   M DS#    FS AS CS DS YS SS HS KS MS TS *
7 + CA985    PEKSHA   1410 1610 74E 0   M DS#    FS AS PS CS DS JS YS SS HS KS *
** SHA - HONGQIAO AIRPORT PVG - PUDONG AIRPORT
```

说明：

第1列：表示航班序号，7后面的"+"表示下一页还有未显示完的航班。

第2列：航班号。

第3列："PEKSHA"为起飞和到达城市三字代码。

第4列：起飞时间。

第5列：到达时间。

第6列：执行该航班的机型代码。

第7列：经停点，"0"表示没有经停点，"1"表示有一个经停点。

第8列：座位预留标示，"^"表示该航班可以在订座时完成座位预留。

第9列：餐食标示。

第10列："DS#"为该航空公司与CRS之间的协议级别，不同的协议级别，获取座位的方式不同，"DS#"是最高的协议级别。若显示"AS#"，则表示该航班做过时间变更。

第11~20列：航班座位可利用情况。第一个字母表示舱位等级，第二个字母或者数字表示座位状态，其中：A表示可以提供9个以上座位；1~9表示可以提供1~9个座位，这种情况下系统显示具体的可利用座位数；L表示没有可利用座位，但旅客可以候补；Q表示永久申请状态，没有可利用座位，但可以申请(HN)；S表示因达到限制销售数而没有可利用座位，但可以候补；C表示该等级彻底关闭，不允许候补或申请；X表示该等级取消，不允许候补或申请；Z表示座位可利用情况不明，这种情况有可能在外航航班上出现。

第21列："*"表示还有子舱位没有显示，可以使用">AV:C/航班序号"进行查询。

【知识补充】

查询航班座位可利用情况时，可以使用"AVH"指令，该指令后需要用"/"代替":"，该指令可以直接显示每个航班的全部子舱位。

任务导入

请为旅客李磊查询3月5日大连到厦门航班。

任务实施

```
► AVH/DLCXMN/5MAR
 05MAR(TUE) DLCXMN
 1 - *CA8796   DS#  F8 OS YA BS MS US HS QS VS WS   DLCXMN 1225   1535   738 0   L  E
 >    SC8796        SS TS                                          -- T4 3:10
 2     SC8796   DS#  F8 AS PS OS YA BS MS HS KS LS   DLCXMN 1225   1535   738 0   L  E
 >                  QS GS VS US ZS TS ES SS                        -- T4 3:10
 3     MF873    DS#  FC AC J8 C2 D2 I2 OS YA HA BA   DLCXMN 1305   1630   738 0 ^ L  E
 >                  MA LA KA NA QA VA TQ RQ UQ GS S5 ZQ X3 ES      -- T3 3:25
 4   *MF4647   DS#  YA BA MA LA KA NA QA VA SQ       DLCXMN 1645   1950   32L 0 ^ C  E
 >    CZ6978                                                       -- T3 3:05
 5     CZ6978   DS#  J4 C2 D1 IS OC WA SA YA PA BA   DLCXMN 1645   1950   32L 0 ^ C  E
 >                  MA HA KAUA AA LA QA EA VQ ZQ TQ NQ RQ G7 XC    -- T3 3:05
 6   *NS8086   DS#  YA AA BA MA LA KA NA QA VA TA   DLCXMN 0800   1245   738 1 ^ M  E
 >    MF8086        SQ                                             -- T3 4:45
 7   *CZ5100   DS#  YA BA MA HA UA AA LA EA KQQQ   DLCXMN 0800   1245 738 1 ^ M  E
 >    MF8086        NQ                                             -- T3 4:45
 8 +   MF8086   DS#  FC AC J8 C2 D2 I2 OS YA HA BA   DLCXMN 0800   1245   738 1 ^ M  E
 >                  MA LA KA NA QA VA TA RA US GS SQ ZS ES         -- T3 4:45
 ** FLIGHT OF DR PLEASE CHECK IN 40 MINUTES BEFORE DEPARTURE AT DLC
 ** HKG - HX - PEK - *HX - DLC and v.v., NO STOPOVER AT PEK IS PERMITTED
```

 操作练习

（1）查询9月15日青岛到福州的航班，并解释查询结果所代表的含义。

（2）查询9月15日南京到西安的深航航班，并解释查询结果所代表的含义。

（3）查询明日上海到兰州9点以后的东航航班，并解释查询结果所代表的含义。

（4）请按照到达时间的先后顺序，查询当日杭州到深圳的国航航班，并解释查询结果所代表的含义。

（5）查询10月1日青岛到西安下午1点以后的深航航班，并解释查询结果所代表的含义。

（6）请按照飞行时间长短，查询10月21日南京到成都的南航航班，并解释查询结果所代表的含义。

任务 2　航班时刻查询

 知识目标

（1）了解航班时刻查询的一般方法。

（2）掌握航班时刻查询指令。

能力目标

（1）能够进行航班时刻查询。

（2）能够识别查询结果所代表的含义。

航班时刻查询
操作演示

基础知识

航班时刻查询(SK)指令可以查询一城市对在特定周期内所有航班的信息,包括航班号、出发和到达时间、舱位、机型、周期和有效期限。SK 指令如下。

指令格式> SK:选择项/城市对/日期/时间/航空公司代码/舱位

【格式说明】
(1) SK 指令所显示出的航班信息的时间段为指定时间和前后三天共一周的时间。
(2) 其指令格式的说明同"AV"指令是一样的。

示例:查询 10 月 15 日前后三天北京到南宁的航班时刻。
操作如下。

```
▶ SK:PEKNNG/15OCT
12OCT(SAT)/18OCT(FRI) PEKNNG
1.  -  CA1335 PEKNNG 0725    1100      321 0      E   X5   30JUN26OCT FAOJCDZRYBMUHQVWS *
2.     CZ3286 PEKNNG 0750    1130      73N 0 C    E        01APR26OCT JCDIOWSYPBMHKUALQ *
3.     CA1485 PEKNNG 1135    1515      738 0      E        31MAR26OCT FAOJCDZRYBMUHQVWS *
4.     CZ3278 PEKNNG 1150    1530      73N 0 L    E        31MAR26OCT JCDIOWSYPBMHKUALQ *
5.     CA1311 PEKNNG 1320    1700      738 0      E   16   01APR26OCT FAOJCDZRYBMUHQVWS *
6.     ZH9168 PEKNNG 1335    1725      738 0 S    E        31MAR26OCT FPAOCDGYBRMUHQVWS *
7.     CA1465 PEKNNG 1450    1830      73N 0      E        31MAR26OCT FAOJCDZRYBMUHQVWS *
8.     CA1311 PEKNNG 1555    1935      738 0      E   2    02APR22OCT FAOJCDZRYBMUHQVWS *
9. + * AA7129 PEKNNG 2215    0155 + 1  737 0 C    E        31MAR26OCT JRDIWPYBHKMLGVSNQ *
**     PLEASE CHECK YI:CZ/TZ144 FOR ET SELF – SERVICE CHECK – IN KIOS
**     SC FLIGHT PLEASE CHECK IN 45 MINUTES BEFORE DEPARTURE AT PEK T3
**     HU FLIGHT PLEASE CHECK IN 45 MINUTES BEFORE DEPARTURE AT PEK
```

说明:

第 1 行:所查询航班的时间范围。

第 1 列:航班序号。数字 9 后面的"+"表示下一页还有未显示完的航班,可以使用翻页功能进行查看。

第 2 列:航班号。

第 3 列:PEKNNG 为起飞和到达城市代码。

第 4 列:起飞时间。

第 5 列:到达时间。

第 6 列:经停点,"0"表示没有经停点,"1"表示有一个经停点。

第 7 列:餐食标示。

第 8 列:航班飞行日期,"X5"表示除星期五外每天都有该航班,"30JUN26OCT"是该航班执行的周期,即从"30JUN"到"26OCT"这段时间除星期五以外该航班都按这一条的内容执行;"16"表示每个星期一和星期六有该航班;如果没有任何显示,表示星期一到星期天,每天都有该航班。

第 9 列:该航班的有效期。

第 10 列:该航班可以提供的舱位。

任务导入

请为旅客李磊查询 3 月 10 日天津到南京航班时刻。

任务实施

```
▶ SK:TSNNNG/10MAR
07MAR(THU)/13MAR(WED) TSNNNG
1. - BK2908   TSNNNG 0655 1040     738 0 S  E  246   05MAR30MAR WYBKMLNQEUTDOZJHG *
2.   CZ6420   TSNNNG 2200 0125 + 1 73N 0 C  E        18FEB30MAR JCDIOWSYPBMHKUALQ *
3. * MF4028   TSNNNG 2200 0125 + 1 73N 0 C  E        18FEB30MAR YBMLKNQVS
4.   BK2999   TSNNNG 0730 1345     738 1 M  E  37    27JAN27MAR WYBKMLNQEUTDOZJHG *
5.   GX8852   TSNNNG 0915 1440     190 1    E  246   15JAN30MAR YBHKLMXVNQPAUTZRD *
6.   MF8343   TSNNNG 1050 1720     738 1 S  E        17JAN30MAR FAJCDIOYHBMLKNQVT *
7. * CZ5247   TSNNNG 1050 1720     738 1 S  E        17JAN30MAR YBMHUALEKQN
8. * NS8343   TSNNNG 1050 1720     738 1 S  E        17JAN30MAR YABMLKNQVTS
9. + GX8820   TSNNNG 1305 1800     190 1    E  246   17JAN30MAR YBHKLMXVNQPAUTZRD *
** FLIGHT OF DR PLEASE CHECK IN 40 MINUTES BEFORE DEPARTURE AT TSN

▶ PN
07MAR(THU)/13MAR(WED) TSNNNG
1. -* GS8820  TSNNNG 1305 1800 190 1   E  246    17JAN30MAR YBHKLMXVN
2.   GX8854  TSNNNG 1305 1805 320 1    E  X246   27JAN29MAR YBHKLMXVNQPAUTZRD *
3.   BK2701  TSNNNG 1425 2025 738 1 D  E  246    29JAN30MAR YBKMLNQEUTDOZJHGI *
4.   GX8850  TSNNNG 1505 2040 190 1    E  137    14JAN27MAR YBHKLMXVNQPAUTZRD *
5.   GX8850  TSNNNG 1510 2040 190 1    E  5      14JAN29MAR YBHKLMXVNQPAUTZRD *
6.   GX8820  TSNNNG 1630 2145 190 1    E  X246   06FEB29MAR YBHKLMXVNQPAUTZRD *
7. * GS8820  TSNNNG 1630 2145 190 1    E  X246   06FEB29MAR YBHKLMXVN
8. + BK2997  TSNNNG 1705 2240 738 1 D  E  X246   28JAN29MAR YBKMLNQEUTDOZJHGI *
** FLIGHT OF DR PLEASE CHECK IN 40 MINUTES BEFORE DEPARTURE AT TSN
```

操作练习

（1）查询 9 月 15 日前后三天青岛到福州的航班时刻，并解释查询结果所代表的含义。

（2）查询 9 月 15 日前后三天南京到西安深航的航班时刻，并解释查询结果所代表的含义。

（3）查询明日前后三天上海到兰州的航班时刻，并解释查询结果所代表的含义。

（4）请按照到达时间先后顺序，查询今日前后三天杭州到深圳的航班时刻，并解释查询结果所代表的含义。

（5）查询 10 月 1 日前后三天青岛到西安的航班时刻，并解释查询结果所代表的含义。

（6）请按照飞行时间长短，查询 10 月 21 日前后三天南京到成都的航班时刻，并解释查询结果所代表的含义。

任务 3　航班最早可利用座位查询

 知识目标

（1）了解航班最早可利用座位查询的一般方法。
（2）掌握航班最早可利用座位查询指令。

 能力目标

（1）能够进行航班最早可利用座位查询。
（2）能够识别查询结果。

 基础知识

FV 功能提供了最早有座位的航班信息，它显示内容与 AV 相似。它会对选定日期以后的航班进行检索，直到找到最早可提供座位的航班。该指令只能查询中国民航航班信息。其指令格式如下。

指令格式 FV：选择项/城市对/日期/起飞时间/座位数/航空公司/舱位

 示例：显示从北京到上海浦东 1 月 21 日最早有座位的航班。
操作如下。

```
▶ FV:PEKPVG
21JAN(MON) BJSPVG
1+    MU271   PEKPVG 1300   1520   321 0^D   E   DS# UQ FC PC J5 C3 D3 Q1 IS WC YA *
**    SC FLIGHT PLEASE CHECK IN 45 MINUTES BEFORE DEPARTURE AT PEK T3
**    HU FLIGHT PLEASE CHECK IN 45 MINUTES BEFORE DEPARTURE AT PEK
**    All scheduled MU or FM flights operated by MU or FM
```

说明：显示结果与 AV 指令结果一样，不同之处在于 FV 只显示最早的航班信息，因此只有一个航班。

 任务导入

请为旅客李磊查询 3 月 15 日呼和浩特到郑州最早有座位的航班。

 任务实施

```
▶ FV:HETCGO/15MAR
15MAR(FRI) HETCGO
1+   *MF4065   HETCGO 0850   1020   73M 0^   E   DS# YA BA MA LA KA NA QA VA SQ
**    FLIGHT OF DR PLEASE CHECK IN 40 MINUTES BEFORE DEPARTURE AT HET
```

操作练习

（1）查询9月15日青岛到福州最早有座位的航班，并解释查询结果所代表的含义。
（2）查询9月15日南京到西安最早有座位的航班，并解释查询结果所代表的含义。
（3）查询明日上海到兰州最早有座位的航班，并解释查询结果所代表的含义。
（4）查询今日杭州到深圳最早有座位的航班，并解释查询结果所代表的含义。
（5）查询10月1日青岛到西安最早有座位的航班，并解释查询结果所代表的含义。
（6）查询10月21日南京到成都最早有座位的航班，并解释查询结果所代表的含义。

任务 4　航班完整信息查询

 知识目标

（1）了解航班完整信息查询的一般方法。
（2）掌握航班完整信息查询指令。

 能力目标

（1）能够进行航班完整信息查询。
（2）能够识别查询结果。

 基础知识

DSG指令可以显示指定日期的航段上的航班信息，包括：航班的起飞降落城市、起飞降落时间、航班的空中飞行时间、航班的空中飞行距离、经停点数、航班机型、餐食等。该功能便于旅客掌握旅行中的航班动态。它可以直接显示出旅客PNR中涉及的全部航班航段信息。其指令格式如下。

> 指令格式> DSG:完整显示项/航班号/座位等级/日期/航段

 示例：完整显示今天SC4697航班的信息。

操作如下。

```
▶ DSG:C/SC4697
SC4697  (MON)21JAN         TAO    0705    738 BCL
                     0925  XIY (60) 1025   738
                     1210  XNN ELAPSED TIME  5:05 DIST 0M
```

【知识补充】
若当前已存在一个PNR，可通过"指令格式> DSG:完整显示项/PNR中所选航段的数字1/PNR中所选航段的数字2"指令查询。

任务导入

请完整显示 MU2769 航班信息。

 任务实施

```
▶ DSG:C/MU2769
MU2769  (MON)21JAN       NKG     1130      320 BC
                         1335  XIY (60) 1435    320
                         1820  URC ELAPSED TIME  6:50 DIST 0M
```

 操作练习

(1) 完整显示今天 HU7610 航班的信息,并解释查询结果所代表的含义。
(2) 完整显示 12 月 1 日 MU9955 航班的信息,并解释查询结果所代表的含义。
(3) 完整显示 8 月 10 日 CZ6614 航班的信息,并解释查询结果所代表的含义。
(4) 完整显示 9 月 15 日 ZH9888 航班的信息,并解释查询结果所代表的含义。
(5) 完整显示 10 月 10 日 CA1886 航班的信息,并解释查询结果所代表的含义。
(6) 完整显示 6 月 12 日 MU5331 航班的信息,并解释查询结果所代表的含义。

任务 5　航班经停站查询

 知识目标

(1) 了解航班经停站查询的一般方法。
(2) 掌握航班经停站查询指令。

 能力目标

(1) 能够进行航班经停站查询。
(2) 能够识别查询结果。

 基础知识

在利用 AV 指令查询航班时,会发现有的航班有经停点,可以利用 FF 指令查询航班的经停城市、起降时间和机型。

指令格式> FF:航班号/日期

 示例:查询 3 月 10 日 CZ6483 航班的经停站。
操作如下。

```
▶ FF:CZ6483/10MAR
FF:CZ6483/10MAR19
SHE           0820     32G
HGH    1100   1205
SYX    1505
```

说明：

第 1 行：第一出港城市，起飞时间，机型。

第 2 行：第二出港城市，到达时间，起飞时间。

第 3 行：目的地，到达时间。

任务导入

请为旅客李磊查询 3 月 22 日青岛到乌鲁木齐 SC4611 航班的经停站。

任务实施

```
▶ FF:SC4611/22MAR
FF:SC4611/22MAR19
TAO           0710     7M8
TYN    0905   0955
URC    1345
```

操作练习

（1）查询 3 月 6 日的 SC4635 航班的经停站，并解释查询结果所代表的含义。

（2）查询 5 月 1 日的 ZH9676 航班的经停站，并解释查询结果所代表的含义。

（3）查询 8 月 11 日的 HU7276 航班的经停站，并解释查询结果所代表的含义。

（4）查询 8 月 20 日的 MU2759 航班的经停站，并解释查询结果所代表的含义。

（5）查询 9 月 15 日的 MU5327 航班的经停站，并解释查询结果所代表的含义。

（6）查询 10 月 1 日的 GS7857 航班的经停站，并解释查询结果所代表的含义。

任务 6　航班运价查询

知识目标

（1）了解航班运价查询的一般方法。

（2）掌握航班运价查询指令。

能力目标

（1）能够进行航班运价查询。

（2）能够解释查询结果所代表的含义。

航班运价查询
操作演示

基础知识

FD指令可以查询国内航空公司国内段运价。其指令格式如下。

指令格式> FD:城市对/日期/航空公司代码

【格式说明】

（1）城市对：始发城市和目的城市的三字代码。
（2）日期："."表示当天，也可以省略。
（3）航空公司代码：该项可以省略，省略表示查询所有航空公司的运价。

示例：查询今天从济南到长沙山航的运价。

操作如下。

```
▶ FD:TNACSX/./SC
> PFDTNACSX/./SC
FD:TNACSX/21JAN19/SC              /CNY /TPM  1228/
01 SC/C    / 2500.00 = 5000.00/C/C/  /  ./04JAN19       /SC11  PFN:01
02 SC/CLS  / 2300.00 = 4600.00/C/C/  /  ./28OCT18       /SCLA  PFN:02
03 SC/CHS  / 2300.00 = 4600.00/C/C/  /  ./28OCT18       /SCHA  PFN:03
04 SC/FLS  / 2300.00 = 4600.00/F/F/  /  ./16JAN19 30MAR19/SCLA PFN:04
05 SC/FHS  / 2300.00 = 4600.00/F/F/  /  ./16JAN19 30MAR19/SCHA PFN:05
06 SC/WLS  / 1280.00 = 2560.00/W/Y/  /  ./16JAN19 30MAR19/SCLA PFN:06
07 SC/WHS  / 1280.00 = 2560.00/W/Y/  /  ./16JAN19 30MAR19/SCHA PFN:07
08 SC/YLS  / 1280.00 = 2560.00/Y/Y/  /  ./16JAN19 30MAR19/SCLA PFN:08
09 SC/YHS  / 1280.00 = 2560.00/Y/Y/  /  ./16JAN19 30MAR19/SCHA PFN:09
10 SC/BLS  / 1200.00 = 2400.00/B/Y/  /  ./16JAN19 30MAR19/SCLB PFN:10
11 SC/BHS  / 1200.00 = 2400.00/B/Y/  /  ./16JAN19 30MAR19/SCHB PFN:11
12 SC/MHS  / 1140.00 = 2280.00/M/Y/  /  ./16JAN19 30MAR19/SCHB PFN:12
13 SC/MLS  / 1140.00 = 2280.00/M/Y/  /  ./16JAN19 30MAR19/SCLB PFN:13
14 SC/HLS  / 1080.00 = 2160.00/H/Y/  /  ./16JAN19 30MAR19/SCLB PFN:14
15 SC/HHS  / 1080.00 = 2160.00/H/Y/  /  ./16JAN19 30MAR19/SCHB PFN:15
16 SC/KHS  / 1010.00 = 2020.00/K/Y/  /  ./16JAN19 30MAR19/SCHB PFN:16
17 SC/KLS  / 1010.00 = 2020.00/K/Y/  /  ./16JAN19 30MAR19/SCLB PFN:17
18 SC/LLS  /  950.00 = 1900.00/L/Y/  /  ./16JAN19 30MAR19/SCLB PFN:18
PAGE 1/2
```

说明：

第1列为编号。

第2列为航空公司代码。

第3列为单程运价。

第4列为往返程运价。

第5列为舱位等级。

第6列为运价有效期的开始时间。

第7列为运价有效期的截止时间。

第8列为运价规则编号。

【知识补充】
　　运价与时间有着密切的关系。不同时期，运价也会不同。查询当前的运价时，建议营业员按照这种方式查询，即航段后加上日期及航空公司代码，这样会比较简洁明了。

 任务导入

请查询今日上海到西宁中国东方航空公司的运价。

 任务实施

```
▶ FD:SHAXNN/MU
> PFDSHAXNN/MU
FD:SHAXNN/16JAN19/MU              /CNY /TPM  2047/
01MU/U/9360.00 = 18720.00  /U/F/  /  .  /05NOV15    /MU11   _x0010_PFN:01
02MU/F/7020.00             /F/F/  /  .  /07JUL17    /MU11   _x0010_PFN:02
03MU/F/         12640.00   /F/F/  /  .  /07JUL17    /MU11   _x0010_PFN:03
04MU/J/4680.00             /J/C/  /  .  /22FEB17    /MU11   _x0010_PFN:04
05MU/J/          8420.00   /J/C/  /  .  /22FEB17    /MU11   _x0010_PFN:05
06MU/C/2810.00 =  5620.00  /C/C/  /  .  /29OCT17    /MU12   _x0010_PFN:06
07MU/D/2570.00 =  5140.00  /D/C/  /  .  /29OCT17    /MU12   _x0010_PFN:07
08MU/Q/2460.00 =  4920.00  /Q/C/  /  .  /29OCT17    /MU12   _x0010_PFN:08
09MU/W/2340.00 =  4680.00  /W/Y/  /  .  /05NOV15    /MU11   _x0010_PFN:09
10MU/Y/2340.00 =  4680.00  /Y/Y/  /  .  /05NOV15    /MU11   _x0010_PFN:10
11MU/B/2320.00 =  4640.00  /B/Y/  /  .  /05NOV15    /MU12   _x0010_PFN:11
12MU/M/2150.00 =  4300.00  /M/Y/  /  .  /22FEB17    /MU12   _x0010_PFN:12
13MU/I/1990.00 =  3980.00  /I/C/  /  .  /19JUN17    /MU12   _x0010_PFN:13
14MU/E/1920.00 =  3840.00  /E/Y/  /  .  /18AUG17    /MU12   _x0010_PFN:14
15MU/K/1680.00 =  3360.00  /K/Y/  /  .  /18AUG17    /MU12   _x0010_PFN:15
16MU/L/1540.00 =  3080.00  /L/Y/  /  .  /18AUG17    /MU12   _x0010_PFN:16
17MU/N/1430.00 =  2860.00  /N/Y/  /  .  /18AUG17    /MU12   _x0010_PFN:17
18MU/R/1190.00 =  2380.00  /R/Y/  /  .  /18AUG17    /MU12   _x0010_PFN:18
PAGE 1/2
```

操作练习

（1）查询从青岛到上海山航当前的运价，并解释查询结果所代表的含义。
（2）查询从南京到成都国航10月1日的运价，并解释查询结果所代表的含义。
（3）查询从北京到南京国航8月10日的运价，并解释查询结果所代表的含义。
（4）查询从上海到重庆上航6月8日的运价，并解释查询结果所代表的含义。
（5）查询从海口到厦门海航8月15日的运价，并解释查询结果所代表的含义。
（6）查询从成都到西安川航9月7日的运价，并解释查询结果所代表的含义。

任务 7 旅客订座记录的建立

知识目标

(1) 了解旅客订座记录的概念。
(2) 掌握旅客订座记录的组成部分。

旅客订座记录的
建立操作演示

能力目标

(1) 能够为旅客建立订座记录。
(2) 能够处理建立订座记录过程中常见的报错信息。

基础知识

旅客订座记录简称为 PNR(passenger name record)。由于其主要作用是订座,还可以计算运价、出票、建立常旅客信息、订酒店以及其他相关信息,它反映了旅客的航程、航班座位占用的数量及旅客信息,适用民航订座系统。一个 PNR 记录了旅客订座的完整信息,计算机赋予每个 PNR 一个编号,也称订座记录编号。PNR 一般为五位或六位数字与字母的组合。

旅客订座记录包括基本项和其他组项,建立好基本组项后,就可以在计算机订座系统中生成记录,方便工作人员为旅客服务。

旅客订座记录的基本项包括姓名组、航段组、联系组、出票组,建立这四项后,就可以完成 PNR 的建立了。

一、姓名组的建立

姓名组的建立指令格式如下。

指令格式> NM: 该姓名的订座总数 旅客姓名（特殊旅客代码）

【格式说明】
(1) 姓名组由英文字母或汉字组成。
(2) 若输入英文字母的姓名,姓与名之间需用斜线(/)分开(中文姓名无此限制)。
(3) 旅客姓名均应由英文 26 个字母组成,每个旅客姓名最多只能有 1 个斜线(/)。
(4) 对于输入英文字母的姓名,姓不得少于两个字母。
(5) 旅客名单按照姓氏的字母顺序排列。
(6) 旅客姓名长度最多为 55 个字符。
(7) 散客记录最多旅客数为 9 人,旅客数多于 9 人的记录为团体旅客记录。

▸ **示例**：输入李磊的姓名。

操作如下。

▶ NM:1 李磊
1. 李磊
2. TAO/T TAO/T 0532-83835555/QINGDAO PENGFEI AIRLINES SERVICE LTD.,CO/LI TAO
3. TAO220

说明：

(1) 出国内票时，若自动打票，国内旅客要输入其中文姓名。

(2) 出国际票时，必须输入英文字母，姓和名之间用/隔开。

(3) 输入旅客姓名时，要保证姓名的准确，有一些航空公司禁止修改旅客姓名。

▸ **示例**：输入REINHARD/HAETTI、STEFAN/PLETZER、ZHU/QI的姓名。

操作如下。

> ▶ NM:1ZHU/QI 1REINHARD/HAETTI 1STEFAN/PLETZER
> 1. REINHARD/HAETTI 2.STEFAN/PLETZER 3.ZHU/QI
> 4. TAO/T TAO/T 0532－83835555/QINGDAO PENGFEI AIRLINES SERVICE LTD.,CO/LI TAO
> 5. TAO220

说明：输出的顺序是按照姓氏的字母顺序排列的。

▸ **示例**：为ZHANG JIAN、ZHANG QIANG、LIU QUN、LIU WEI、LIU HANG建立姓名组。

操作如下。

> ▶ NM:1ZHANG/JIAN 1ZHANG/QIANG 1LIU/QUN 1LIU/WEI 1LIU/HANG
> 3. LIU/QUN 4.LIU/WEI 5.LIU/HANG 1.ZHANG/JIAN 2.ZHANG/QIANG
> 6. TAO/T TAO/T 0532－83835555/QINGDAO PENGFEI AIRLINES SERVICE LTD.,CO/LI TAO
> 7. TAO220

说明：

(1) 输出的顺序是按照姓氏的字母顺序排列的，姓氏相同时，先输入的姓名排列在前。

(2) 封口以后的姓名顺序会按照屏幕上显示的列出，即LIU/QUN是1号，LIU/WEI是2号。

【知识补充】

姓氏相同的，也可以这样输入：

> ▶ NM:2ZHANG/JIAN/QIANG 3LIU/QUN/WEI/HANG
> 1. ZHANG/JIAN 2.ZHANG/QIANG 3.LIU/QUN 4.LIU/WEI 5.LIU/HANG
> 6. TAO/T TAO/T 0532-83835555/QINGDAO PENGFEI AIRLINES SERVICE LTD.,CO/LI TAO
> 7. TAO220

其中，姓名前的"2"和"3"是指相同姓氏的旅客数，只适用于英文字母的姓名，不适用于中文姓名。

二、航段组

代理人对航班座位进行实际销售是由建立航段组来完成的。航段组一般是通过间接方式建立。

间接建立航段组是利用航班时刻表、指定日期航班时刻表或航班座位可利用情况建立航段组。其指令格式如下。

> 指令格式 > SD：航线序号 舱位等级 行动代号 订座数

【格式说明】
（1）航线序号：前一步 AV 显示的对应航班的序号。
（2）舱位等级：前一步 AV 显示的对应航班的舱位。
（3）行动代码：可以省略，默认为 NN 申请。
（4）订座数：预订座位的数量。

【知识补充】

行动代码一般有以下几种情况。
（1）可直接销售（DIRECT SELL）的航空公司，即 AV 中有 DS♯ 标识。
① DK、DR：销售成功且直接占座。
② DW：候补状态。
③ NN：为申请状态。
（2）可直接存取（DIRECT ACCESS）的航空公司。
① SS：航班有座位可进行销售。
② NN：航班没有座位，需进行申请。
（3）以 CO-HOST 方式连接的航空公司。
① SS：航班有座位可进行销售。
② NN：航班没有座位，需进行申请。
（4）无协议的航空公司。
NN：航班状态不明，需进行申请。

✎ 示例：航班可利用状态显示如下，订取 CA1321 航班 F 舱 1 个座位。

```
▲ AV:PEKCAN/ +
30SEP(WED) PEKCAN
1 - CA1321 PEKCAN 0900 1200 340 0 M DS♯ FA AS CA DS YA BA HA KA LS MS
2  WH2137 PEKCAN 1030 1310 300 0 M DS♯ FA YA BA RA HA Z5
3  CZ3102 PEKCAN 1210 1500 777 0 M DS♯ CA DS YA WA KA HA MA GS QS VS
4  XO9311 PEKCAN 1250 1555 TU5 0 M AS♯ YL KL HL MQ
5 + CZ346  PEKCAN 1435 1720 77B 0 M DS♯ FS AS C6 D6 Y1 KA MA GS ZS
```

操作如下。

```
▲ SD:1F1
1. CA1321 F WE30SEP PEKCAN DK1 0900 1200 340 S 0
2. TAO220
```

说明：
（1）CA1321：预订的航班号，舱位为 F 舱。

（2）WE30SEP：航班起飞时间。

（3）PEKCAN：始发地和目的地。

（4）DK1：行动代码是DK，数量为1。

（5）0900：起飞时间。

（6）1200：到达时间。

（7）340：机型代码。

（8）S：有餐食。

（9）0：无经停。

【知识补充】

直接建立航段组是在营业员知道待订航班的所有信息如航班号、日期、航段、舱位、座位数及起飞时间的情况下建立起来的。指令格式为"指令格式>SS：航班号/舱位/日期/航段/行动代码/订座数/起飞时间/到达时间"。

（1）使用SS直接建立航段组时，对于中国民航的航空公司的航班，代理人只能订取系统中实际存在的航班。

（2）对于外国航空公司的航班，代理人可以任意订取，即使该航班实际并不存在，也可以建立。故用SS订取外国航空公司的航班时，营业员应事先了解详细的航班情况。

（3）营业员使用SS直接建立航段组时，一次输入最多可订取5个航班。

三、联系组

联系组的功能是记录各种联系信息，方便查询旅客信息。旅客联系信息由营业员人工输入，用于记录旅客的联系电话，便于代理人与旅客联系。

（1）旅客手机号码输入的指令格式如下。

指令格式>OSI 航空公司代码 CTCM 手机号码/P#

【格式说明】

① 航空公司代码：航空公司的二字代码。

② 手机号码：旅客的联系电话。

③ P#：电话号码对应旅客的编号，无特指时可以省略。

▶ 示例：输入国航旅客联系电话19088004518。

操作如下。

▶ OSI CA CTCM19088004518

1. OSI CA CTCM19088004518

2. TAO/T TAO/T 0532-83835555/QINGDAO PENGFEI AIRLINES SERVICE LTD.,CO/LI TAO

3. TAO220

（2）非旅客手机号码输入的指令格式如下。

指令格式>OSI 航空公司代码 CTCT 手机号码/P#

【格式说明】

① 航空公司代码：航空公司的二字代码。

② 手机号码：一般输入代理的手机号码。

③ P♯：电话号码对应旅客的编号，无特指时可以省略。

✒ **示例**：输入代理人联系电话10000000000。

操作如下：

▶ OSI CA CTCT10000000000
1. OSI CA CTCT10000000000
2. TAO/T TAO/T 0532－83835555/QINGDAO PENGFEI AIRLINES SERVICE LTD.,CO/LI TAO
3. TAO220

【知识补充】

对于团体旅客，除乘机人的手机号码外，还需要将团体负责人员（领队或调度员）的手机号码准确输入订座系统中。因旅客原因，不能留存乘机人手机号码的，代理人将有效联系手机号码准确输入订座系统中，并保证手机24小时处于开机状态。

四、出票组（TK）

出票组注明旅客的出票情况，已出票的将给出票号，未出票的则写明具体出票的时限，到达出票时限时计算机系统向相应部门拍发电报，提示营业员出票，否则会被航空公司取消。出票指令如下。

指令格式> TK：TL/时间/日期/出票部门

【格式说明】

（1）TL：出票时限。

（2）时间：设定计划出票时间。

（3）日期：设定计划出票日期。

（4）出票部门：设计计划出票单位。

✒ **示例**：为PNR中旅客设置出票时限为今天下午三点。

操作如下：

▶ TK:TL/1500/06OCT/TAO220
1. LI/SAN 2. ZHANG/WAN 3. ZHAO/YI M4MDS
4. MU2137 Y SA10OCT PEKCAN HK3 1030 1310
5. TAO/T TAO/T 0532－83835555/QINGDAO PENGFEI AIRLINES SERVICE LTD.,CO/LI TAO
6. 66017755
7. TL/1500/06OCT/TAO220
8. RMK CA/JV3C6
9. TAO220

说明：出票时限可以根据旅客情况而定，但通常要求旅客在航班起飞3天之前出票。

五、PNR 的生效

在修改或建立新的 PNR 时,用封口指令,使修改或建立的 PNR 生效。在封口之前,PNR 虽然显示在屏幕上,但并未正式生效,只有封口后,才可以继续建立其他记录。它是生效 PNR 必不可少的一步。PNR 的生效指令格式如下。

> 指令格式>@选择代码

【格式说明】

"@"表示 PNR 生成指令,可以用"/"代替。选择代码有两种。

(1) I:当订单中有不连续的行程时,可以用 I 代码跳过检查生成 PNR。

(2) K:当订单中航班变化提示时,可以通过 K 代码清理航段信息生成 PNR。

▶ 示例:现有如下指令,请对其进行封口生效。

```
▶ TKTL/2000/16JAN/TAO220
1. 李磊
2. QW6011  Z   WE27MAR   CGQNNG HK1   1215 1705    E T2T2
3. TAO/T TAO/T 0532-83835555/QINGDAO PENGFEI AIRLINES SERVICE LTD.,CO/LI TAO
4. TL/2000/16JAN/TAO220
5. OSI QW CTCT19088004518
6. OSI QW CTCM19088004518/P1
7. TAO220
```

操作如下。

```
▶ @
QW6011   Z WE27MAR   CGQNNG DK1    1215 1705
HQJ1FK
```

说明:

(1) QW6011:预订的航班编号。

(2) Z:舱位等级。

(3) WE27MAR:航班的日期。

(4) CGQNNG:始发站和目的站。

(5) DK1:状态代码,数量是 1 张。

(6) 1215:起飞时间。

(7) 1705:到达时间。

(8) HQJ1FK:PNR 编号。

任务导入

请为旅客李磊预订 3 月 27 日长春到南宁航班,并建立 PNR,身份证号码为 180100199910210010,电话号码为 19088004518。

任务实施

【步骤一】 查询航班。

```
▲ AVH/CGQNNG/27MAR
27MAR(WED) CGQNNG
1-  QW6011   DS#  FA A2 O2 WA I5 YA BA HA LA PA    CGQNNG 1215  1705   320 0 D   E
>                 QA GA VA UA ZA RS ES SS TS JS MS KS X5 NS     T2 --    4:50
  2 ZH9382    AS#  F6 P2 A2 O1 C2 D1 YA BQ RQ MA    CGQNNG 1605  2250   738 1^S  E
>                 UA HA QA VA WA SA EA TQ LQ X2 NQ KQ           T2 T2   6:45
  3 *KY9382   AS#  F6 YA MA UA HA QA VA WA          CGQNNG 1605  2250   738 1^S  E
>   ZH9382                                                      T2 T2   6:45
  4 *CA3682   AS#  F6 YA BA MA UA QA VA WA TQ LQ    CGQNNG 1605  2250   738 1^S  E
>   ZH9382        KQ                                            T2 T2   6:45
  5  CZ3910   DS#  J4 C2 D1 IQ OC WA SQ YA PA BA    CGQNNG 1640  2350   73C 1^C  E
>                 MA HA KA UA AA LA Q7 E6 V5 Z4 TQ NQ RQ G5 XC  T1 --    7:10
  6 *MF1765   DS#  YA BA MA LA KA NA QA V6 SQ       CGQNNG 1640  2350   73C 1^C  E
>    CZ3910                                                     T1 T2   7:10
  7+ QW9790   DS#  FA A2 O2 WA I4 YA BA HA LA PA    CGQTAO 0700  0855   320 0 S  E
>                 QA GA VA UA ZS RS ES SS TA JS MS KS X5 NS     T2 T1   1:55
     QW9791   DS#  FA A2 O2 WA I4 YA BA HA LA PS    NNG 0640+1 1235+1  320 1 M   E
>                 QA GS VA USZA RA ES SS TS JS M2 KS X5 N5      T1 --  29:35
**  CZ FARE CGQNNG/NNGCGQ YI CZ/TZ698
**  HKG-HX-PEK-*HX-CGQ and v.v., NO STOPOVER AT PEK IS PERMITTED
```

【步骤二】 建立航段。

```
▲ SD1Y1
1.    QW6011    Z   WE27MAR   DK1  CGQNNG 1215 1705 738 0 C E
2.    TAO/T TAO/T 0532-83835555/QINGDAO PENGFEI AIRLINES SERVICE LTD.,CO/LI TAO
3.    TAO220
```

【步骤三】 输入旅客姓名。

```
▲ NM1 李磊
1.    李磊
2.    QW6011    Z   WE27MAR   DK1  CGQNNG 1215 1705 738 0 C E
3.    TAO/T TAO/T 0532-83835555/QINGDAO PENGFEI AIRLINES SERVICE LTD.,CO/LI TAO
4.    TAO220
```

【步骤四】 输入旅客联系方式。

```
▲ OSI QW CTCT19088004518
1.    李磊
2.    QW6011    Z   WE27MAR   DK1  CGQNNG 1215 1705 738 0 C E
3.    OSI CA CTCT19088004518
4.    TAO/T TAO/T 0532-83835555/QINGDAO PENGFEI AIRLINES SERVICE LTD.,CO/LI TAO
5.    TAO220
```

▲ OSI QW CTCM19088004518/P1
1. 李磊
2.   QW6011   Z   WE27MAR   DK1   CGQNNG 1215 1705 738 0 C E
3. OSI CA CTCT19088004518
4. OSI QW CTCM19088004518/P1
5. TAO/T TAO/T 0532－83835555/QINGDAO PENGFEI AIRLINES SERVICE LTD.,CO/LI TAO
6. TAO220

【步骤五】 输入出票时限。

▲ TKTL/2000/16JAN/TAO220
1. 李磊
2. QW6011 Z WE27MAR   CGQNNG HK1   1215 1705   E T2T2
3. TAO/T TAO/T 0532－83835555/QINGDAO PENGFEI AIRLINES SERVICE LTD.,CO/LI TAO
4. TL/2000/16JAN/TAO220
5. OSI QW CTCT19088004518
6. OSI QW CTCM19088004518/P1
7. TAO220

【步骤六】 封口。

QW6011   Z WE27MAR   CGQNNG DK1   1215 1705
HQJ1FK
  *** 预订酒店指令 HC，详情   _x0010_HC:HELP   ***

操作练习

（1）请为自己预订 10 月 1 日乌鲁木齐到西安最便宜的航班，联系方式用自己的手机号码，并建立 PNR。

（2）请为自己预订 9 月 28 日广州到成都最便宜的航班，联系方式用自己的手机号码，并建立 PNR。

（3）请为自己预订 10 月 10 日天津到南京最便宜的航班，联系方式用自己的手机号码，并建立 PNR。

（4）请为自己预订 10 月 5 日青岛到广州最便宜的航班，联系方式用自己的手机号码，并建立 PNR。

（5）请为自己预订 9 月 29 日济南到重庆最便宜的航班，联系方式用自己的手机号码，并建立 PNR。

（6）请为自己预订 8 月 5 日北京到重庆最便宜的航班，联系方式用自己的手机号码，并建立 PNR。

任务 8 旅客订座记录的提取

知识目标

（1）了解旅客订座记录提取方法。
（2）掌握旅客订座记录提取指令。

能力目标

（1）能够使用不同方法提取旅客订座记录。
（2）能够根据 PNR 编号、旅客姓名、航空公司记录编号等提取旅客订座记录。

 基础知识

日常工作中经常要提取旅客订座记录。我们可以通过多种方法提取旅客订座记录。

一、根据记录编号提取 PNR

每个订座记录在封口后都有一个记录编号，它是由 5 位数字或字母组成，计算机系统随机给出的。根据纪录编号提取 PNR 的指令格式如下。

> 指令格式> RT:记录编号

 示例：提取 PNR N1PSZ。
操作如下。

> ▶ RT N1PSZ
> 1. SHEN/JIE N1PSZ
> 2. CA1501 Y TU29SEP PEKSHA RR1 0840 1035
> 3. TAO/T TAO/T 0532－83835555/QINGDAO PENGFEI AIRLINES SERVICE LTD.,CO/LI TAO ABCDEFG
> 4. 62339987
> 5. T/999124455682－83
> 6. RMK CA/KWSEN
> 7. TAO220

二、根据旅客姓名提取 PNR

我们还可以根据旅客姓名、航班日期提取订座记录。其指令格式如下。

> 指令格式> RT:姓名/航班/日期/航段

 示例：提取 8 月 24 日 CA1501 航班上姓为"陈"的旅客。
操作如下。

> ▶ RT:CHEN/CA1501/24AUG
> NAME LIST
> CA1501/24AUG
> 001 1CHEN/WILLIAM P9NM0 C RR1 BJS160 20AUG99
> 002 1CHENPENG NENC2 C RR1 BJS160 23AUG
> 003 1CHENDERONG MH4E5 Y HX2 BJS160 09AUG99
> 004 1CHENXINGYU MMYZ8 Y RR2 BJS160 16AUG99
> END

说明：

（1）根据姓名提取 PNR 时，既可以输入旅客的全名，也可以只输入姓氏。

（2）若只输入姓氏，航班上以该姓氏字母开头的旅客记录全部显示出来。

（3）有些 PNR 中的姓名是英文字母，有些是中文，无论哪种输入，提取时都应输入字母。

三、根据旅客名单提取 PNR

我们可以先提取航班上由本部门建立的全部旅客记录，即 ML，再根据序号提取。指令格式如下。

> 指令格式
> \> ML:选择项/航班号/日期
> \> RT:序号

示例：提取本部门建立的某航班上的全部旅客记录。

```
▶ ML:B/CA1501/6OCT
MULTI
CA1501 /06OCT B
PEKSHA
001 1LIANGYU PBJS3 Y RR1 TAO220 29SEP98 K T
002 1LINTONG NGC35 Y RR1 TAO220 30SEP98 K T
TOTAL NUMBER 2
```

如果要提取其中的第一个记录，则输入如下内容。

```
▶ RT1
1. 李磊 PBJS3
2. CA1501 Y TU06OCT PEKSHA RR1 0840 1035
3. TAO/T TAO/T 0532－83835555/QINGDAO PENGFEI AIRLINES SERVICE LTD.,CO/LI TAO ABCDEFG
4. T
5. RMK CA/JCD4V
6. FN/FCNY900.00/SCNY900.00/C4.00/ACNY900.00
7. TN/999－6091714065/P1
8. FP/CASH,CNY
9. TAO220
```

如果想继续提取第二个记录，可以输入如下内容。

```
▶ RT2
1. 林彤 NGC35
2. CA1501 Y TU06OCT PEKSHA RR1 0840 1035
3. TAO/T TAO/T 0532－83835555/QINGDAO PENGFEI AIRLINES SERVICE LTD.,CO/LI TAO
4. T
5. RMK CA/HY3MB
6. FN/FCNY900.00/SCNY900.00/C4.00/ACNY900.00
7. TN/999－6091714248/P1
8. FP/CASH,CNY
9. TAO220
```

四、根据航空公司记录编号提取 PNR

中国民航订座系统包括航空公司系统(ICS)和代理人系统(CRS)两部分。如果旅客在 ICS 系统直接订座生成 PNR,则在 CRS 中没有相应记录。这种情况下代理人如果想提取该记录,需要使用 RRT 指令。RRT 指令格式如下。

```
指令格式
> RRT:V/记录编号/航班/日期
> RRT:OK
```

▶ 示例:现有一航空公司系统记录编号 JZ0S19,无 CRS 记录编号,旅客需要出票。

```
▶ RRT:V/JZ0S19/MU5110/10OCT
1. GAO/FENG
2. MU5110 Y SA10OCT PEKNKG HK1 1205 1335
3. NC
4. TL/1200/07OCT/SHA001
5. TAO220
```

```
▶ RRT:OK
1. GAOFENG NDTRR
2. MU5110 Y SA10OCT PEKNKG HK1 1205 1335
3. NC
4. TL/1200/7OCT/TAO220
5. RMK CA/JZ0S19
6. RMK CLAIM PNR ACK RECEIVED
7. TAO220
@
MU5110 Y SA10OCT PEKNKG HK1 1205 1335
NDTRR
```

说明:可以看到系统给出了 CRS 系统的记录编号 NDTRR,并且将 ICS 系统的记录编号 JZ0S19 记入了 RMK 项,说明该 PNR 在 CRS 系统已经生成,对应 ICS 系统的记录 JZ0S19。然后可进行其他处理。

五、提取完整的 PNR RTC

PNR 在建立的过程中,有时会经过多次修改,营业员对订座记录的任何修改都会记录在 PNR 中。RT 看到的 PNR 的内容是 PNR 的现行部分,我们先来看一下 PNR 结构。

(1) PNR 的现行部分   RT 看到的 PNR 的内容。
(2) PNR 的历史部分——被修改过的 PNR 的内容。
若要查看完整的 PNR 的内容,可以使用 RTC 指令。RTC 指令格式如下。

```
指令格式 1 > RT:C/记录编号
指令格式 2
> RT:记录编号
> RT:C
```

▶ **示例**：提取 PNR MZ1YG 的完整内容。

操作如下。

▶ RT:C/MZ1YG
004 HDQCA 9983 0137 31JUL98 /RLC3
1. CHEN/XUFAN(001) MZ1YG
001 2.CA1321 K MO10AUG98PEKCAN RR1 0900 1200
DR(001) RR(001)
001 3. TAO/T TAO/T 0532－83835555/QINGDAO PENGFEI AIRLINES SERVICE LTD.,CO/LI TAO ABCDEFG
001 4.64012233
003 5.T/999－1124995051
002 6.RMK CA/H45VF
001 7.TAO220

说明：PNR 中每一项前面的序号（001、002、003、004）表示这一项是在第几次封口中加入的。从上面的 PNR 中可以看出以下几点。

（1）第一步，所有序号为 001 的项，均是第一次封口时完成的，PNR 中加入了姓名组，航段组，代理人联系组和责任组。

（2）第二步系统加入了 RMK 项。

（3）第三步系统加入了票号项。

（4）最上面的 004 项表示这个 PNR 的最后一次修改是第四步，并且标出了修改时间和工作号。

 任务导入

请提取编号为 HQJ1FK 的订座记录。

 任务实施

▶ RT:HQJ1FK
QW6011　Z WE27MAR　CGQNNG　DK1　1215 1705
HQJ1FK
　*** 预订酒店指令 HC, 详情　_x0010_HC:HELP ***
　1. 李磊 HQJ1FK
　2. QW6011 Z　WE27MAR　CGQNNG HK1　　1215 1705　　　　E T2T2
　3. TAO/T TAO/T 0532－83835555/QINGDAO PENGFEI AIRLINES SERVICE LTD.,CO/LI TAO ABCDEFG
　4. HYZT 1005 PNR
　5. TL/2000/16JAN/TAO206
　6. SSR FOID QW HK1 NI180100199910210020/P1
　7. OSI QW CTCT19088004518
　8. OSI QW CTCM19088004518/P1
　9. RMK CA/MJYQ16
　10. TAO220

操作练习

（1）请为自己预订 10 月 1 日乌鲁木齐到西安最便宜的航班，联系方式用自己的手机号码，建立并提取 PNR。

（2）请为自己预订 9 月 28 日广州到成都最便宜的航班，联系方式用自己的手机号码，建立并提取 PNR。

（3）请为自己预订 10 月 10 日天津到南京最便宜的航班，联系方式用自己的手机号码，建立并提取 PNR。

（4）请为自己预订 10 月 5 日青岛到广州最便宜的航班，联系方式用自己的手机号码，建立并提取 PNR。

（5）请为自己预订 9 月 29 日济南到重庆最便宜的航班，联系方式用自己的手机号码，建立并提取 PNR。

（6）请为自己预订 8 月 5 日北京到重庆最便宜的航班，联系方式用自己的手机号码，建立并提取 PNR。

任务 9　旅客订座记录的修改

 知识目标

（1）了解旅客订座记录修改方法。
（2）掌握旅客订座记录修改指令。

旅客订座记录的
修改操作演示

 能力目标

（1）能够为旅客修改订座记录。
（2）能够处理旅客订座记录修改过程中常见的报错信息。

 基础知识

在日常工作中经常遇到对 PNR 进行修改的情况。对 PNR 的修改，不同的组项有不同的方式，主要有以下两种。

（1）除姓名组外的其他项，可以用"XE：序号"先取消，然后再增加新的内容。姓名组要使用类似于"1/1ZHANG/HANG"这样的方式。

（2）若要取消完整的 PNR，则提取 PNR 后，做"XEPNR@"，这条指令可以将整个 PNR 取消。取消之前应先将该记录 RT 出来，确定要取消后，即可做该命令。一旦取消，订座记录不能恢复。

任务导入

旅客要将行程改为 2 月 2 日的 SZ4516 航班的 Y 舱，请根据旅客要求对下面 PNR 进行修改。

任务实施

【步骤一】 提取原航班。

▶ RT MWDBQ
1. ZHANG/KE MWDBQ
2. SZ4516 Y MO01FEB SHACTU HK1 1040 1320
3. TAO/T TAO/T 0532－83835555/QINGDAO PENGFEI AIRLINES SERVICE LTD.,CO/LI TAO ABCDEFG
4. 64357823
5. TL/1200/25JAN/TAO220
6. RMK CA/JNDVY
7. TAO220

【步骤二】 删除原航班。

▶ XE2
1. ZHANG/KE MWDBQ
2. TAO/T TAO/T 0532－83835555/QINGDAO PENGFEI AIRLINES SERVICE LTD.,CO/LI TAO ABCDEFG
3. 64357823
4. TL/1200/25JAN/TAO220
5. RMK CA/JNDVY
6. TAO220

【步骤三】 修改为新航班。

▶ SS:SZ4516 Y 2FEB SHACTU NN1
@
SZ4516 Y TU02FEB SHACTU HK1 1040 1320
MWDBQ

操作练习

（1）请为自己预订 10 月 1 日深圳到西安的航班，联系方式用自己的手机号码，建立 PNR 后，将联系方式修改为 19088004518。

（2）请为自己预订 10 月 28 日福州到成都的航班，联系方式用自己的手机号码，建立 PNR 后，将航班日期改为 11 月 5 日。

（3）请为自己预订 11 月 2 日哈尔滨到杭州的航班，联系方式用自己的手机号码，建立 PNR 后，将航班日期改为 11 月 5 日。

（4）请为自己预订 10 月 7 日上海到兰州的航班，联系方式用自己的手机号码，将联系方式修改为 19088004518。

（5）请为自己预订 10 月 15 日北京到南昌的航班，联系方式用自己的手机号码，将航班日期改为 10 月 6 日。

（6）请为自己预订 11 月 20 日北京到青岛的航班，联系方式用自己的手机号码，将联系方式修改为 19088004518。

任务 10　旅客订座记录的还原与取消

知识目标

（1）了解旅客订座记录还原与取消方法。
（2）掌握旅客订座记录还原与取消指令。

能力目标

（1）能够还原与取消旅客订座记录。
（2）能够处理还原与取消过程中常见的报错信息。

基础知识

一、PNR 的还原

在前面的例子中我们已经知道，对 PNR 的所有修改在封口以后才真正生效，因此在修改 PNR 的时候，如果封口之前发现所做的修改不对，可以使用 IG 指令将 PNR 还原成未修改时的样子。PNR 的还原指令格式如下。

    指令格式> IG

二、PNR 的取消

若要取消完整的 PNR，则提取 PNR 后，指令为"XEPNR@"，这条指令可以将整个 PNR 取消。取消之前应先将该记录 RT 出来，确定要取消后，即可输入该命令。一旦取消，订座记录不能再恢复。

任务导入（一）

有一个 PNR，记录编写为 M01W6，提取如下。

```
▶ RT M01W6
1. TU/LIJUN M01W6
2. CZ3375 H WE10FEB CSXCAN HK1 0810 0855
3. TAO/T TAO/T 0532 - 83835555/QINGDAO PENGFEI AIRLINES SERVICE LTD.,CO/LI TAO ABCDEFG
4  76589234
5. TL/1000/01FEB/TAO220
6. RMK CA/HH49W
7. TAO220
```

现在再订一段 2 月 15 日的 CANSHA 航段，输入如下。

▶ SS:CZ3613/Y/15FEB/CANSHA/NN1
1. TU/LIJUN M01W6
2. CZ3375 H WE10FEB CSXCAN HK1 0810 0855
3. CZ3613 Y MO15FEB CANSHA DK1 0750 0940 320 S 0
4. TAO/T TAO/T 0532－83835555/QINGDAO PENGFEI AIRLINES SERVICE LTD.,CO/LI TAO ABCDEFG
5. 76589234
6. TL/1000/01FEB/TAO220
7. RMK CA/HH49W
8. TAO220

任务实施（一）

从上例中我们可以知道 CZ3613 的 CANSHA 航段已经被加入了 PNR，状态是 DK，但是现在还没有封口，PNR 就没有最终完成。在这种情况下，如果不想将 CZ3613 航段加入 PNR，而让 PNR 恢复原来的状态，可以使用 IG 指令将 PNR 还原。输入如下。

▶ IG
PNR IGNORED

系统的显示提示代理人 PNR M01W6 被还原了。提出 PNR 可以看到仍然只有一个航段。

▶ RT:M01W6
1. TU/LIJUN M01W6
2. CZ3375 H WE10FEB CSXCAN HK1 0810 0855
3. TAO/T TAO/T 0532－83835555/QINGDAO PENGFEI AIRLINES SERVICE LTD.,CO/LI TAO ABCDEFG
4. 76589234
5. TL/1000/01F EB/TAO220
6. RMK CA/HH49W
7. TAO220

与修改航段的道理一样，对 PNR 所做的其他修改（如改名字，改出票时限，PNR 分离，取消部分旅客等），在封口之前，都可以用 IG 将其还原。

任务导入（二）

请为旅客魏丽取消记录编号为 NW972 的 PNR。

▶ RT:NW972
1. 魏丽 NW972
2. CA1301 Y MO17JAN PEKCAN RR1 1450 1745
3. TAO/T TAO/T 0532－83835555/QINGDAO PENGFEI AIRLINES SERVICE LTD.,CO/LI TAO ABCDEFG
4. SHUO KE FA
5. T
6. RMK CA/K5JX2
7. FN/FCNY1360.00/SCNY1360.00/C3.00/ACNY1360.00

8. TN/999－6051923394/P1
9. FP/CASH,CNY
10. TAO220

任务实施（二）

【步骤一】 删除 PNR。

▶ XEPNR@
PNR CANCELLED NW972

【步骤二】 提取 PNR。

▶ RT NW972
* THIS PNR WAS ENTIREL Y CANCELLED *
005 HDQCA 9983 0212 17JAN /RLC4
X1.魏丽(001) NW972
001 X2. CA1301 Y MO17JAN PEKCAN XX1 1450 1745
RR(001) DR(001) RR(001) XX(004)
001 X3. TAO/T TAO/T 0532－83835555/QINGDAO PENGFEI AIRLINES SERVICE LTD.,CO/LI TAO ABCDEFG
001 X4.SHUO KE FA
001 X5.T
002 X6.RMK CA/K5JX2
001 X7.FN/FCNY1360.00/SCNY1360.00/C3.00/ACNY1360.00
003 X8.TN/999－6051923394/P1
001 X9.FP/CASH,CNY
001 10.TAO220

▶ PN
001 BJS105 11324 0742 13JAN00 I－002
HDQCA 9983 0742 13JAN00 /RLC1
001/003 FC/PEK CA CAN 1360.00YB CNY1360.00END
003 PEK1E 9986 0743 13JAN00
004 BJS105 11324 0212 17JAN
005 HDQCA 9983 0212 17JAN /RLC4.1

操作练习

(1) 请为旅客李磊预订 3 月 1 日北京到兰州的航班,建立 PNR,并取消。
(2) 请为旅客李磊预订 3 月 4 日天津到西宁的航班,建立 PNR,并取消。
(3) 请为旅客李磊预订 3 月 8 日沈阳到厦门的航班,建立 PNR,并取消。
(4) 请为旅客李磊预订 3 月 15 日太原到成都的航班,建立 PNR,并取消。
(5) 请为旅客李磊预订 3 月 18 日西安到福州的航班,建立 PNR,并取消。
(6) 请为旅客李磊预订 3 月 27 日南宁到银川的航班,建立 PNR,并取消。

任务 11　出票并打印行程单

知识目标

（1）了解电子客票票面状态。
（2）掌握电子客票出票的流程。
（3）熟练掌握电子客票出票的指令。

出票并打印行程单
操作演示

能力目标

（1）能够为旅客出票。
（2）能够处理出错过程中常见的报错信息。

基础知识

一、输入身份证信息

订座记录中，必须包含旅客的身份信息，如果缺少该项，旅客将不能办理值机。目前国内航班旅客多采用身份证订座。输入身份证信息指令如下。

指令格式＞SSR FOID 承运人 HK/NI 证件号/P♯

【格式说明】

（1）FOID：身份信息。
（2）承运人：承运航空公司二字代码，输入 YY，系统会根据 PNR 中航段自动套用代码。
（3）HK：状态代码，固定格式。
（4）NI：身份证。
（5）P♯：身份信息对应旅客的编号。

示例：李磊的身份证信息为 180100199910210010，请输入。

操作如下。

```
▶ SSR FOID HU HK/NI180100201308160010
1. 李磊 JFKTKZ
2. HU7472 Y   FR29MAR   KWETYN HK1   1205 1435            E T2T1
3. TAO/T TAO/T 0532-83835555/QINGDAO PENGFEI AIRLINES SERVICE LTD.,CO/LI TAO ABCDEFG
4. TL/1800/21JAN/TAO220
5. SSR FOID HU HK1 NI180100201308160010/P1
6. OSI HU CTCT19088004518
7. OSI HU CTCM19088004518/P1
8. RMK CA/MKX016
9. TAO220
```

说明：系统显示的第 5 行即为输入的旅客身份证信息。

二、输入运价组

为了简化代理人运价查询和计算流程，减少出票过程中的人为操作失误，提高工作效率，中国航信完善了订座系统中国内销售运价自动计算功能。通过使用"PAT:A"指令，系统将根据PNR中的航段、航班、舱位、日期、时刻等信息，自动进行运价数据的比对，并返回符合条件的运价结果。其指令格式如下。

指令格式＞PAT:A

示例：调取运价并输入。

操作如下。

```
▶ PAT:A
＞PAT:A
01 Y FARE:CNY1480.00 TAX:CNY50.00 YQ:TEXEMPTYQ   TOTAL:1530.00
SFC:01   SFN:01
SFC:01
1. 李磊 JFKTKZ
2.    HU7472  Y   FR29MAR   KWETYN HK1    1205 1435             E T2T1
3. TAO/T TAO/T 0532－83835555/QINGDAO PENGFEI AIRLINES SERVICE LTD.,CO/LI TAO ABCDEFG
4. TL/1800/21JAN/TAO220
5. FC/A/KWE HU TYN 1480.00Y CNY1480.00END
6. SSR FOID HU HK1 NI180100201308160010/P1
7. OSI HU CTCT19088004518
8. OSI HU CTCM19088004518/P1
9. RMK CMS/A/**
10. RMK OT/A/0/84260/0－1HU4165P1TYN
11. RMK CA/MKX016
 +
```

说明：代理人执行"PAT:"指令之后，系统首先会返回"01 Y FARE:CNY1480.00 TAX:CNY50.00 YQ:TEXEMPTYQ   TOTAL:1530.00 SFC:01 SFN:01 SFC:01"。

(1) Y：表示调取Y舱的价格。

(2) CNY1480.00：机票价格为1480元人民币。

(3) TAX:CNY50.00：民航建设基金为50元人民币。

(4) YQ:TEXEMPTYQ：燃油附加费。

(5) TOTAL:1530.00：总的票价。

PAT:A仅仅调出运价，营业员还需要在"SFC:01"后，按Enter键串入。运价输入系统后，在PNR中增加了FN、FC、FP、EI、TC等信息。

【知识补充】

(1) FN是运价栏，显示的是运价总额和税金。

(2) FC是运价计算栏，显示的是FN中运价总额是怎么构成的，如第一段航段的价格，第二段的价格。

(3) FP是支付方式，一般是现金(cash)。

(4) EI是签注栏，显示的是该客票的限制使用条件。

(5) TC是旅行代号，显示的是该客票适用哪个运价文件或者产品文件。

三、删除出票时限

系统要求出票时订座记录中不能有出票时限项，否则无法出票。指令格式如下。

指令格式＞XE：序号

【格式说明】

（1）XE：删除指令。

（2）序号：出票时限在订座记录中的编号。

▶ 示例：删除JFKTKZ订座记录的出票时限项。

操作如下。

```
▶ XE4
1.李磊 JFKTKZ
2.  HU7472 Y  FR29MAR  KWETYN HK1  1205 1435        E T2T1
3. TAO/T TAO/T 0532－83835555/QINGDAO PENGFEI AIRLINES SERVICE LTD.,CO/LI TAO ABCDEFG
4. FC/A/KWE HU TYN 1480.00Y CNY1480.00END
5. SSR FOID HU HK1 NI180100201308160010/P1
6. OSI HU CTCT19088004518
7. OSI HU CTCM19088004518/P1
8. RMK CMS/A/＊＊
9. RMK OT/A/0/84260/0－1HU4165P1TYN
10. RMK CA/MKX016
 +
```

说明：订座记录中的第四行"4.TL/1800/21JAN/TAO220"已删除。

四、更改客票状态

国内各航空公司要求在出票前，必须将客票的状态更改为再确认状态。指令格式如下。

指令格式＞航段序号 RR

【格式说明】

（1）航段序号：需要更改客票状态的序号。

（2）RR：固定格式，为再确认状态。

▶ 示例：将该客票更改为再确认状态。

```
▶ RT JFKTKZ
1.李磊 JFKTKZ
2.  HU7472 Y  FR29MAR  KWETYN HK1  1205 1435        E T2T1
3. TAO/T TAO/T 0532－83835555/QINGDAO PENGFEI AIRLINES SERVICE LTD.,CO/LI TAO ABCDEFG
4. FC/A/KWE HU TYN 1480.00Y CNY1480.00END
5. SSR FOID HU HK1 NI180100201308160010/P1
6. OSI HU CTCT19088004518
7. OSI HU CTCM19088004518/P1
8. RMK CMS/A/＊＊
```

```
 9. RMK OT/A/0/84260/0 - 1HU4165P1TYN
10. RMK CA/MKX016
11. RMK AUTOMATIC FARE QUOTE
 +
```

操作如下。

```
▶ 2RR
 1. 李磊 JFKTKZ
 2. HU7472 Y   FR29MAR   KWETYN RR1   1205 1435           E T2T1
 3. TAO/T TAO/T 0532-83835555/QINGDAO PENGFEI AIRLINES SERVICE LTD.,CO/LI TAO ABCDEFG
 4. FC/A/KWE HU TYN 1480.00Y CNY1480.00END
 5. SSR FOID HU HK1 NI1801002013O8160010/P1
 6. OSI HU CTCT19088004518
 7. OSI HU CTCM19088004518/P1
 8. RMK CMS/A/**
 9. RMK OT/A/0/84260/0 - 1HU4165P1TYN
10. RMK CA/MKX016
11. RMK AUTOMATIC FARE QUOTE
 +
```

说明：客票状态已从 HK 更改为 RR 状态。

五、出票

电子客票使用 ETDZ：指令出票。指令格式与 DZ：指令相同，格式如下。

```
指令格式> ETDZ：打票机号
```

【格式说明】

打票机号：打票机的编号。

示例：请将该 JFKTKZ 记录出票。

```
▶ RT JFKTKZ
 1. 李磊 JFKTKZ
 2. HU7472 Y   FR29MAR   KWETYN RR1   1205 1435           E T2T1
 3. TAO/T TAO/T 0532-83835555/QINGDAO PENGFEI AIRLINES SERVICE LTD.,CO/LI TAO ABCDEFG
 4. FC/A/KWE HU TYN 1480.00Y CNY1480.00END
 5. SSR FOID HU HK1 NI1801002013O8160010/P1
 6. OSI HU CTCT19088004518
 7. OSI HU CTCM19088004518/P1
 8. RMK CMS/A/**
 9. RMK OT/A/0/84260/0 - 1HU4165P1TYN
10. RMK CA/MKX016
11. RMK AUTOMATIC FARE QUOTE
 +
```

操作如下。

```
▶ ETDZ:3
CNY1680.00   JFKTKZ
ET PROCESSING... PLEASE WAIT!
ELECTRONIC TICKET ISSUED
```

说明：代理人执行 ETDZ 指令之后，系统首先会返回金额和 CRS PNR 记录编号，然后出现"ET PROCESSING... PLEASE WAIT!"的提示，出票成功后系统返回信息提示"ELECTRONIC TICKET ISSUED"。

【知识补充】

如果一个订座记录里有多名旅客，但仅为其中一名旅客出票，可以使用如下格式。

ETDZ：打票机号/旅客编号或编号范围

如 ETDZ:3/P1，表示为记录中的第一名旅客出票。

六、航空运输电子客票行程单

航空运输电子客票行程单（以下简称"行程单"）由国家税务总局监制并按照《中华人民共和国发票管理办法》纳入税务机关发票管理，是旅客购买国内航空运输电子客票的付款及报销的凭证。行程单既是专用发票，又是运输凭证，还是航空运输合同成立的初步证据和记名式有价证券（票证）。根据国家税务总局、民航局规定（国税发[2006]39 号），2006 年 6 月 1 日起使用航空运输电子客票行程单作为旅客购买电子客票的报销凭证（见图 3-1）。

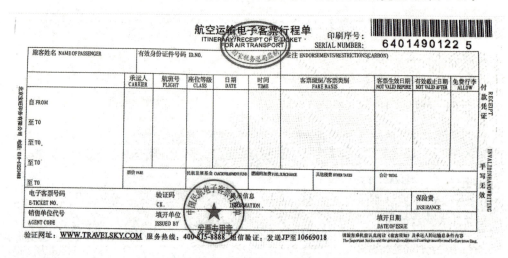

图 3-1 航空运输电子客票行程单

任务导入

请为旅客李磊预订 3 月 29 日贵阳到太原的客票，身份证号码为 180100201308160010，电话号码为 19088004518，建立 PNR，出票并打印行程单。

任务实施

【步骤一】 查询航班。

```
▲AVH/KWETYN/29MAR
 29MAR(FRI)   KWETYN
1-   HU7472   DS♯ C8 D8 Z6 I4 R2 J2 YA BA HA KA    KWETYN 1205    1435    738 0^L   E
>                 LA MA XA VA NA QA PA AA UQ TQ S6 OQ                T2 T1   2:30
              ** BAZ BCZ BES BLZ BNZ BOS BZZ HAZ HCZ HES HLZ HNZ AV:C/1
2    SC4961   DS♯ F8 A5 P2 O1 YA BA MA HA KA LA    KWETYN 1250    1525    738 0 L   E
>                 QA GA VA UA ZA TS ES S2                            T2 --   2:35
3   *CA4961   DS♯ F8 O1 YA BA MA UA HA QA VA WA    KWETYN 1250    1525    738 0 L   E
>    SC4961       SA T2                                              T2 T1   2:35
4   *3U1047   DS♯ YA TA HA GA LA EA                KWETYN 1250    1525    738 0 L   E
>    SC4961                                                          T2 T2   2:35
5    MU9606   DS♯ UQ FA P4 JC CQ DQ QQ IQ WC YA    KWETYN 1550    1810    73B 0^D   E
>                 BA MA EA HA KA LA NA RA SQ VQ TQ GQ ZA             T2 T2   2:20
6+   FM9460   DS♯ UQ F5 P1 J6 C6 D5 Q4 I3 WQ YA    KWEPVG 0715    0940    73H 0^B   E
>                 BA MA EA HA KA LA NA RA SA VQ TQ GQ ZQ             T2 T1   2:25
     FM9163   DS♯ UQ F6 P2 J1 CS D1 QS IS WQ YA    SHATYN 0645 + 1 0910 + 1 738 0^B   E
>                 BA MA EA HA KA LA NA RA SA VA TS GQ ZA             T2 T2  25:55
**   CZ FARE KWETYN/TYNKWE    YI:CZ/TZ251
**   please check in 45 minutes before departure at KWE
```

【步骤二】 建立航段。

```
▲SD1Y1
1. HU7472 Y   FR29MAR   KWETYN DK1   1205 1435              738 L 0    R E T2T1
2. TAO/T TAO/T 0532 - 83835555/QINGDAO PENGFEI AIRLINES SERVICE LTD.,CO/LI TAO ABCDEFG
3. TAO220
```

【步骤三】 输入旅客姓名。

```
▲NM1 李磊
1. 李磊
2. HU7472 Y   FR29MAR   KWETYN DK1   1205 1435              738 L 0    R E T2T1
3. TAO/T TAO/T 0532 - 83835555/QINGDAO PENGFEI AIRLINES SERVICE LTD.,CO/LI TAO ABCDEFG
4. TAO220
```

【步骤四】 输入旅客联系方式。

```
▲OSI HU CTCT19088004518
1. 李磊
2. HU7472 Y   FR29MAR   KWETYN DK1   1205 1435              738 L 0    R E T2T1
3. TAO/T TAO/T 0532 - 83835555/QINGDAO PENGFEI AIRLINES SERVICE LTD.,CO/LI TAO ABCDEFG
4. OSI HU CTCT19088004518
5. TAO220
```

> OSI HU CTCM19088004518/P1
1. 李磊
2.   HU7472 Y FR29MAR KWETYN DK1 1205 1435   738 L 0 R E T2T1
3. TAO/T TAO/T 0532－83835555/QINGDAO PENGFEI AIRLINES SERVICE LTD.,CO/LI TAO ABCDEFG
4. OSI HU CTCT19088004518
5. OSI HU CTCM19088004518/P1
6. TAO220

【步骤五】 输入出票时限。

> TKTL/1800/./TAO220
1. 李磊
2. HU7472 Y FR29MAR KWETYN DK1 1205 1435   738 L 0 R E T2T1
3. TAO/T TAO/T 0532－83835555/QINGDAO PENGFEI AIRLINES SERVICE LTD.,CO/LI TAO ABCDEFG
4. TL/1800/21JAN/TAO220
5. OSI HU CTCT19088004518
6. OSI HU CTCM19088004518/P1
7. TAO220

【步骤六】 封口。

> @
JFKTKZ － EOT SUCCESSFUL, BUT ASR UNUSED FOR 1 OR MORE SEGMENTS
JFKTKZ   Y FR29MAR KWETYN DK1 1205 1435
航空公司使用自动出票时限，请检查 PNR
   *** 预订酒店指令 HC，详情 _x0010_HC:HELP   ***

【步骤七】 提取 PNR。

> RT: JFKTKZ
1. 李磊 JFKTKZ
2. HU7472 Y FR29MAR KWETYN HK1 1205 1435   E T2T1
3. TAO/T TAO/T 0532－83835555/QINGDAO PENGFEI AIRLINES SERVICE LTD.,CO/LI TAO ABCDEFG
4. TL/1800/21JAN/TAO220
5. OSI HU CTCT19088004518
6. OSI HU CTCM19088004518/P1
7. RMK CA/MKX016
8. TAO220

【步骤八】 输入旅客证件号码。

> SSR FOID HU HK/NI180100201308160010
1. 李磊 JFKTKZ
2. HU7472 Y FR29MAR KWETYN HK1 1205 1435   E T2T1
3. TAO/T TAO/T 0532－83835555/QINGDAO PENGFEI AIRLINES SERVICE LTD.,CO/LI TAO ABCDEFG
4. TL/1800/21JAN/TAO220
5. SSR FOID HU HK1 NI180100201308160010/P1
6. OSI HU CTCT19088004518

7. OSI HU CTCM19088004518/P1
8. RMK CA/MKX016
9. TAO220

【步骤九】 调取运价并输入。

▶ PAT:A
> PAT:A
01 Y FARE:CNY1480.00 TAX:CNY50.00 YQ:TEXEMPTYQ TOTAL:1530.00
SFC:01 SFN:01
SFC:01
1. 李磊 JFKTKZ
2. HU7472 Y FR29MAR KWETYN HK1 1205 1435   E T2T1
3. TAO/T TAO/T 0532－83835555/QINGDAO PENGFEI AIRLINES SERVICE LTD.,CO/LI TAO ABCDEFG
4. TL/1800/21JAN/TAO220
5. FC/A/KWE HU TYN 1480.00Y CNY1480.00END
6. SSR FOID HU HK1 NI1801002013081600010/P1
7. OSI HU CTCT19088004518
8. OSI HU CTCM19088004518/P1
9. RMK CMS/A/＊＊
10. RMK OT/A/0/84260/0－1HU4165P1TYN
11. RMK   CA/MKX016
+

【步骤十】 删除出票时限。

▶ XE4
1. 李磊 JFKTKZ
2. HU7472 Y FR29MAR KWETYN HK1 1205 1435   E T2T1
3. TAO/T TAO/T 0532－83835555/QINGDAO PENGFEI AIRLINES SE RVICE LTD.,CO/LI TAO ABCDEFG
4. FC/A/KWE HU TYN 1480.00Y CNY1480.00END
5. SSR FOID HU HK1 NI1801002013081600010/P1
6. OSI HU CTCT19088004518
7. OSI HU CTCM19088004518/P1
8. RMK CMS/A/＊＊
9. RMK OT/A/0/84260/0－1HU4165P1TYN
10. RMK CA/MKX016
11. RMK AUTOMATIC FARE QUOTE
+

【步骤十一】 变更客票状态为 RR 状态。

▶ 2RR
1. 李磊 JFKTKZ
2. HU7472 Y FR29MAR KWETYN RR1 1205 1435   E T2T1

```
3. TAO/T TAO/T 0532-83835555/QINGDAO PENGFEI AIRLINES SERVICE LTD.,CO/LI TAO ABCDEFG
4. FC/A/KWE HU TYN 1480.00Y CNY1480.00END
5. SSR FOID HU HK1 NI180100201308160010/P1
6. OSI HU CTCT19088004518
7. OSI HU CTCM19088004518/P1
8. RMK CMS/A/ **
9. RMK OT/A/0/84260/0-1HU4165P1TYN
10. RMK CA/MKX016
11. RMK AUTOMATIC FARE QUOTE
   +
```

【步骤十二】 出票。

```
▶ ETDZ:3
CNY1530.00 JFKTKZ
ET PROCESSING... PLEASE WAIT!
ELECTRONIC TICKET ISSUED
```

【步骤十三】 打印行程单(见图3-2)。

图 3-2 行程单

 操作练习

(1) 请为自己预订10月18日上海到西安的航班,并出票,电话号码用自己的电话号码,身份证号码用自己的身份证号码。

(2) 请为自己预订11月17日沈阳到青岛的航班,并出票,电话号码用自己的电话号码,身份证号码用自己的身份证号码。

(3) 请为自己预订10月20日北京到广州的航班,并出票,电话号码用自己的电话号码,身份证号码用自己的身份证号码。

(4) 请为自己预订 11 月 20 日济南到杭州的航班,并出票,电话号码用自己的电话号码,身份证号码用自己的身份证号码。

(5) 请为自己预订 11 月 5 日哈尔滨到天津的航班,并出票,电话号码用自己的电话号码,身份证号码用自己的身份证号码。

(6) 请为自己预订 12 月 5 日南京到天津的航班,并出票,电话号码用自己的电话号码,身份证号码用自己的身份证号码。

项目 4 各种航程客票的预订

本项目主要介绍联程、来回程、缺口程的基本知识,让学生掌握联程、来回程、缺口程客票预订的基本技能,能够为旅客办理联程、来回程、缺口程客票的预订及出票。

知识目标
(1) 了解联程、来回程、缺口的基本概念。
(2) 掌握联程、来回程、缺口程客票预订的基本操作。
(3) 熟练联程、来回程、缺口程客票出票的基本操作。

能力目标
(1) 能够识别航程的种类及各种航程客票预订的注意事项。
(2) 能够为旅客办理联程、来回程、缺口程客票的预订及出票。

思政目标
(1) 培养学生敬畏职责的精神。
(2) 培养学生严谨的工作作风。

考证标准
(1) 民用航空运输销售代理岗位技能培训合格证。
(2) 1+X 民航旅客地面服务职业技能等级证书。

经典案例
票务员王某为旅客李某预订广州至郑州往返程客票,去程广州至郑州航段票务员王某输入正确,但是票务员王某在预订回程客票时错误地把郑州的三字代码输成了"CGQ",致使旅客李某回程客票预订成了长春至广州,旅客李某到达郑州机场办理登机手续时才发现自己的航程有误,李某进行投诉。

思考题:
(1) 票务员王某的做法存在哪些错误?
(2) 票务员王某的正确做法是什么?

任务 1 联程客票的预订

知识目标

(1) 掌握联程的基本概念。

（2）掌握联程客票预订的注意事项。

 能力目标

能够完成联程客票预订的基本操作。

 基础知识

联程客票的预订
操作演示

一、联程的基本概念

联程是指两个或两个以上航段。例如：HRB-SHA-CAN、PEK-MOW-LON-SFO。

二、联程客票预订的注意事项

（1）联程航班的转机时间：国内转国内一般要求间隔 2 小时以上，国内转国际、国际转国际一般要求间隔 3 小时以上。

（2）如果建立在同一个 PNR 中，联程票必须预订同一个航空公司的航班。

（3）联程航班因为有两个或两个以上航段，要根据航段序号把所有航段状态都变更为 RR 状态。

 任务导入

请为旅客李磊预订 4 月 10 日天津到上海，4 月 15 日上海到广州的客票，身份证号码为 180100199910210010，电话号码为 19088004518。

 任务实施

【步骤一】 查询第一航段航班。

```
> AVH/TSNPVG/10APR
10APR(WED) TSNPVG
1-    FM9070   DS#  UQ F4 P2 J4 C3 DQ QQ IQ WQ YA  TSNPVG 0740   0950   738 0^    E
>                   BA MA EA HA KA LA NA RA SA VQ TQ GQ ZA         T2 T1  2:10
2     GS7881   DS#  YA BQ HQ KQ LQ MQ XQ VQ NQ QQ  TSNPVG 0805   1010   32F 0^    E
>                   PQ AQ UQ TQ EQ WQ SQ GQ OQ                     T2 T2  2:05
3     FM9132   DS#  UQ F5 P2 J3 C2 DQ QQ IQ WQ YA  TSNPVG 1230   1425   738 0^    E
>                   BA MA EA HA KA LQ NQ RQ SQ VQ TQ GQ ZQ         T2 T1  1:55
4     MU2370   DS#  UQ F4 P1 J3 CQ DQ QQ IQ WQ YA  TSNPVG 1900   2105   320 0^    E
>                   BA MQ EQ HQ KQ LQ NQ RQ SQ VQ TQ GQ ZQ         T2 T1  2:05
5     CA1655   DS#  J4 CS DS ZS RS YA BS MS US HS  TSNPVG 2015   2215   73L 0^    E
>                   QS VS WS SS T5 LS N3 KS                        T2 T2  2:00
              ** M1S S1S
6 +   MU6010B DS#   XQ                             TSNPEK 0500   0730   BUS 0    E
>                                                                  T2 T2  2:30
      MU271    DS#  UQ FC PC JA CQ DQ QQ IQ WC YA  PVG    1255   1520   321 0^   E
>                   BA MQ EQ HQ KQ LQ NQ RQ SQ VQ TQ GQ ZQ         T2 T1 10:20
      ** FLIGHT OF DR PLEASE CHECK IN 40 MINUTES BEFORE DEPARTURE AT TSN
      ** All scheduled MU or FM flights operated by MU or FM
```

【步骤二】 建立第一航段航班。

▶ SD5Y1
1. CA1655 Y   WE10APR   TSNPVG DK1   2015 2215   73L   0   R E T2T2
2. TAO/T TAO/T 0532－83835555/QINGDAO PENGFEI AIRLINES SERVICE LTD.,CO/LI TAO ABCDEFG
3. TAO220

【步骤三】 查询第二航段航班。

▶ AVH/PVGCAN/15APR
15APR(MON) PVGCAN
1 -   CZ3549   DS♯ J4 CQ DQ IQ OC WA SQ YA PA BQ   PVGCAN 0655   0930   32G 0^C   E
>   MQ HQ KA UQ AQ LQ QS EQ VQ ZQ TQ NQ RQ GA XC   T2 T2   2:35
2   HU7142   DS♯ C8 DQ ZQ IQ RQ JQ YA BQ HQ KQ   PVGCAN 0815   1040   738 0^   E
>   LQ MQ XQ VQ NQ QQ PQ AQ UQ TQ SQ OQ   T2 T1   2:25
3 * MU9303   DS♯ UQ F3 PQ J2 CQ DQ QQ IQ WQ YA   PVGCAN 0900   1135   738 0^   E
>   FM9303   BA MQ EQ HQ KQ LQ NQ RQ SQ VQ TQ GQ ZQ   T1 T1   2:35
4   FM9303   DS♯ UQ F3 PQ J2 CQ DQ QQ IQ WQ YA   PVGCAN 0900   1135   738 0^   E
>   BA MQ EQ HQ KQ LQ NQ RQ SQ VQ TQ GQ ZQ   T1 T1   2:35
5   CZ380   DS♯ J4 CQ DQ IQ OC YA PQ BQ MQ HQ   PVGCAN 1245   1515   32M 0^L   E
>   KQ UQ AQ LQ QQ EQ VQ ZQ TQ NQ RQ GS XC   T2 T2   2:30
6   FM9527   DS♯ UQ F3 PQ J5 CQ DQ QQ IQ WQ YA   PVGCAN 1620   1840   738 0^   E
>   BA MQ EQ HQ KQ LQ NQ RQ SQ VQ TQ GQ ZQ   T1 T1   2:20
7   CA1865   DS♯ J4 CS DS ZS RS YA BS MS US HS   PVGCAN 1705   1940   332 0^   E
>   QS VS WS SS T5 LS N3 KS   T2 T1   2:35
8 +   CZ3585   DS♯ J4 CQ DQ IQ OC WA SQ YA PA BQ   PVGCAN 1905   2140   32G 0^C   E
>   MQ HQ KA UQ AQ LQ QS EQ VQ ZQ TQ NQ RQ G5 XC   T2 T2   2:35
**   JD5100 - JD5800 PLEASE CHECK IN 45 MINUTES BEFORE DEPARTURE AT PVG
**   All scheduled MU or FM flights operated by MU or FM

【步骤四】 建立第二航段航班。

▶ SD7Y1
1. CA1655 Y   WE10APR   TSNPVG DK1   2015 2215   73L   0   R E T2T2
2. CA1865 Y   MO15APR   PVGCAN DK1   1705 1940   332   0   R E T2T1
3. TAO/T TAO/T 0532－83835555/QINGDAO PENGFEI AIRLINES SERVICE LTD.,CO/LI TAO ABCDEFG
4. TAO220

【步骤五】 输入旅客姓名。

▶ NM1 李磊
1. 李磊
2. CA1655 Y   WE10APR   TSNPVG DK1   2015 2215   73L   0   R E T2T2
3. CA1865 Y   MO15APR   PVGCAN DK1   1705 1940 332   0   R E T2T1
4. TAO/T TAO/T 0532－83835555/QINGDAO PENGFEI AIRLINES SERVICE LTD.,CO/LI TAO ABCDEFG
5. TAO220

【步骤六】 输入旅客联系方式。

▶ OSI CA CTCT19088004518
1. 李磊
2. CA1655 Y   WE10APR   TSNPVG DK1   2015 2215   73L   0   R E T2T2

```
   3. CA1865  Y    MO15APR   PVGCAN DK1   1705 1940           332  0   R E T2T1
   4. TAO/T TAO/T 0532－83835555/QINGDAO PENGFEI AIRLINES SERVICE LTD.,CO/LI TAO ABCDEFG
   5. OSI CA CTCT19088004518
   6. TAO220
▶ OSI CA CTCM19088004518/P1
   1. 李磊
   2. CA1655  Y    WE10APR   TSNPVG DK1   2015 2215           73L  0   R E T2T2
   3. CA1865  Y    MO15APR   PVGCAN DK1   1705 1940           332  0   R E T2T1
   4. TAO/T TAO/T 0532－83835555/QINGDAO PENGFEI AIRLINES SERVICE LTD.,CO/LI TAO ABCDEFG
   5. OSI CA CTCT19088004518
   6. OSI CA CTCM19088004518/P1
   7. TAO220
```

【步骤七】 输入出票时限。

```
▶ TKTL/1800/./TAO220
   1. 李磊
   2. CA1655  Y    WE10APR   TSNPVG DK1   2015 2215           73L  0R E T2T2
   3. CA1865  Y    MO15APR   PVGCAN DK1   1705 1940           332  0   R E T2T1
   4. TAO/T TAO/T 0532－83835555/QINGDAO PENGFEI AIRLINES SERVICE LTD.,CO/LI TAO ABCDEFG
   5. TL/1800/21JAN/TAO220
   6. OSI CA CTCT19088004518
   7. OSI CA CTCM19088004518/P1
   8. TAO220
```

【步骤八】 封口。

```
▶ @
JGKS28 – EOT SUCCESSFUL, BUT ASR UNUSED FOR 1 OR MORE SEGMENTS
CA1655   Y WE10APR   TSNPVG DK1   2015 2215
CA1865   Y MO15APR   PVGCAN DK1   1705 1940
航空公司使用自动出票时限，请检查 PNR
*** 预订酒店指令 HC，详情    HC:HELP    ***
```

【步骤九】 提取 PNR。

```
▶ RT:JGKS28
   1. 李磊 JGKS28
   2. CA1655  Y    WE10APR   TSNPVG HK1   2015 2215           E T2T2
   3. CA1865  Y    MO15APR   PVGCAN HK1   1705 1940           E T2T1
   4. TAO/T TAO/T 0532－83835555/QINGDAO PENGFEI AIRLINES SERVICE LTD.,CO/LI TAO ABCDEFG
   5. TL/1800/21JAN/TAO220
   6. SSR FOID CA HK1 NI180100201308160010/P1
   7. SSR FQTV CA HK1 TSNPVG 1655 Y10APR CA111562506901/P1
   8. SSR FQTV CA HK1 PVGCAN 1865 Y15APR CA111562506901/P1
   9. OSI CA CTCT19088004518
  10. OSI CA CTCM19088004518/P1
  11. RMK CA/MHTP7M
  +
```

【步骤十】 输入旅客证件号码。

▶ SSR FOID CA HK/NI180100201308160010
1. 李磊
2. CA1655 Y   WE10APR   TSNPVG DK1   2015 2215   73L 0   R E T2T2
3. CA1865 Y   MO15APR   PVGCAN DK1   1705 1940   332 0   R E T2T1
4. TAO/T TAO/T 0532－83835555/QINGDAO PENGFEI AIRLINES SERVICE LTD.,CO/LI TAO ABCDEFG
5. TL/1800/21JAN/TAO220
6. SSR FOID CA HK1 NI180100201308160010/P1
7. SSR FQTV CA HK1 TSNPVG 1655 Y10APR CA111562506901/P1
8. SSR FQTV CA HK1 PVGCAN 1865 Y15APR CA111562506901/P1
9. OSI CA CTCT19088004518
10. OSI CA CTCM19088004518/P1
11. TAO220

【步骤十一】 调取运价并输入。

▶ PAT:A
> PAT:A
01 Y+Y FARE:CNY3380.00 TAX:CNY100.00 YQ:TEXEMPTYQ   TOTAL:3480.00
SFC:01   SFN:01/01   SFN:01/02
SFC:01
1. 李磊 JGKS28
2. CA1655 Y   WE10APR   TSNPVG HK1   2015 2215   E T2T2
3. CA1865 Y   MO15APR   PVGCAN HK1   1705 1940   E T2T1
4. TAO/T TAO/T 0532－83835555/QINGDAO PENGFEI AIRLINES SERVICE LTD.,CO/LI TAO ABCDEFG
5. TL/1800/21JAN/TAO220
6. FC/A/TSN A－21JAN20 CA PVG 1760.00Y A－21JAN20 CA CAN 1620.00Y CNY3380.00END
7. SSR FOID CA HK1 NI180100201308160010/P1
8. SSR FQTV CA HK1 TSNPVG 1655 Y10APR CA111562506901/P1
9. SSR FQTV CA HK1 PVGCAN 1865 Y15APR CA111562506901/P1
10. OSI CA CTCT19088004518
11. OSI CA CTCM19088004518/P1
12. RMK CMS/A/﹡﹡
13. RMK OT/A/0/97399/0－1CA3968P1SHA.1CA3968P1CAN
14. RMK CA/MHTP7M
15. RMK AUTOMATIC FARE QUOTE
16. FN/A/FCNY3380.00/SCNY3380.00/C0.00/XCNY100.00/TCNY100.00CN/TEXEMPTYQ/
    ACNY3480.00
17. EI/GAIQITUIPIAOSHOUFEI 改期退票收费
＋

【步骤十二】 删除出票时限。

▶ XE5
1. 李磊 JGKS28
2. CA1655 Y   WE10APR   TSNPVG HK1   2015 2215   E T2T2
3. CA1865 Y   MO15APR   PVGCAN HK1   1705 1940   E T2T1
4. TAO/T TAO/T 0532－83835555/QINGDAO PENGFEI AIRLINES SERVICE LTD.,CO/LI TAO ABCDEFG
5. FC/A/TSN A－21JAN20 CA PVG 1760.00Y A－21JAN20 CA CAN 1620.00Y CNY3380.00END

```
 6. SSR FOID CA HK1 NI180100201308160010/P1
 7. SSR FQTV CA HK1 TSNPVG 1655 Y10APR CA111562506901/P1
 8. SSR FQTV CA HK1 PVGCAN 1865 Y15APR CA111562506901/P1
 9. OSI CA CTCT19088004518
10. OSI CA CTCM19088004518/P1
11. RMK CMS/A/**
+
```

【步骤十三】 变更第一航段客票状态为 RR 状态。

▶ 2RR

```
 1. 李磊 JGKS28
 2. CA1655 Y   WE10APR   TSNPVG RR1   2015 2215         E T2T2
 3. CA1865 Y   MO15APR   PVGCAN HK1   1705 1940         E T2T1
 4. TAO/T TAO/T 0532-83835555/QINGDAO PENGFEI AIRLINES SERVICE LTD.,CO/LI TAO ABCDEFG
 5. FC/A/TSN A-21JAN20 CA PVG 1760.00Y A-21JAN20 CA CAN 1620.00Y CNY3380.00END
 6. SSR FOID CA HK1 NI180100201308160010/P1
 7. SSR FQTV CA HK1 TSNPVG 1655 Y10APR CA111562506901/P1
 8. SSR FQTV CA HK1 PVGCAN 1865 Y15APR CA111562506901/P1
 9. OSI CA CTCT19088004518
10. OSI CA CTCM19088004518/P1
11. RMK CMS/A/**
12. RMK OT/A/0/97399/0-1CA3968P1SHA.1CA3968P1CAN
13. RMK CA/MHTP7M
14. RMK AUTOMATIC FARE QUOTE
15. FN/A/FCNY3380.00/SCNY3380.00/C0.00/XCNY100.00/TCNY100.00CN/TEXEMPTYQ/ACNY3480.00
16. EI/GAIQITUIPIAOSHOUFEI 改期退票收费
17. FP/CASH,CNY
+
```

【步骤十四】 变更第二航段客票状态为 RR 状态。

▶ 3RR

```
 1. 李磊 JGKS28
 2. CA1655 Y   WE10APR   TSNPVG RR1   2015 2215         E T2T2
 3. CA1865 Y   MO15APR   PVGCAN RR1   1705 1940         E T2T1
 4. TAO/T TAO/T 0532-83835555/QINGDAO PENGFEI AIRLINES SERVICE LTD.,CO/LI TAO ABCDEFG
 5. FC/A/TSN A-21JAN20 CA PVG 1760.00Y A-21JAN20 CA CAN 1620.00Y CNY3380.00END
 6. SSR FOID CA HK1 NI180100201308160010/P1
 7. SSR FQTV CA HK1 TSNPVG 1655 Y10APR CA111562506901/P1
 8. SSR FQTV CA HK1 PVGCAN 1865 Y15APR CA111562506901/P1
 9. OSI CA CTCT19088004518
10. OSI CA CTCM19088004518/P1
11. RMK CMS/A/**
12. RMK OT/A/0/97399/0-1CA3968P1SHA.1CA3968P1CAN
13. RMK CA/MHTP7M
14. RMK AUTOMATIC FARE QUOTE
15. FN/A/FCNY3380.00/SCNY3380.00/C0.00/XCNY100.00/TCNY100.00CN/TEXEMPTYQ/ACNY3480.00
16. EI/GAIQITUIPIAOSHOUFEI 改期退票收费
17. FP/CASH,CNY
+
```

【步骤十五】 出票。

```
▶ETDZ:3
CNY3480.00  JGKS28
ET PROCESSING... PLEASE WAIT!
ELECTRONIC TICKET ISSUED
```

 操作练习

（1）请为自己预订 11 月 2 日青岛到深圳，11 月 3 日深圳到南京的航班，电话号码用自己的电话号码，身份证号码用自己的身份证号码。

（2）请为自己预订 11 月 8 日青岛到福州，11 月 9 日福州到青岛往返航班，电话号码用自己的电话号码，身份证号码用自己的身份证号码。

（3）请为自己预订 10 月 30 日济南到长沙，11 月 2 日长沙到上海的航班，电话号码用自己的电话号码，身份证号码用自己的身份证号码。

（4）请为自己预订 10 月 31 日北京到西安，11 月 5 日西安到成都的航班，电话号码用自己的电话号码，身份证号码用自己的身份证号码。

（5）请为自己预订 10 月 15 日青岛到西安，10 月 20 日西安到乌鲁木齐的航班，电话号码用自己的电话号码，身份证号码用自己的身份证号码。

（6）请为自己预订 11 月 12 日北京到杭州，11 月 20 日杭州到成都的航班，电话号码用自己的电话号码，身份证号码用自己的身份证号码。

任务 2　来回程客票的预订

 知识目标

（1）掌握来回程的基本概念。
（2）掌握来回程客票预订的注意事项。

 能力目标

能够完成来回程客票预订的基本操作。

 基础知识

一、来回程的基本概念

来回程是指从始发地出发，前往目的地，之后再返回始发地，并且全程都是航空运输的航程。例如：TAO-XIY-TAO、YVR-CHI-YVR。

二、来回程客票预订的注意事项

（1）来回程航班的去程和回程次序不能颠倒，如果是电话预订不能想当然的认为旅客就是营业员所在的城市。

（2）如果建立在同一个 PNR 中，来回程票必须预订同一个航空公司的航班。

（3）来回程航班因为有两个或两个以上航段，要根据航段序号把所有航段状态都变更为 RR 状态。

 任务导入

请为旅客李磊预订 4 月 20 日南京到西安，4 月 28 日西安到南京的航班，身份证号码为 180100199910210010，电话号码为 19088004518。

 任务实施

【步骤一】 查询去程航段航班。

```
▶ AVH/NKGSIA/20APR
20APR(SAT) NKGSIA
1-    MU2875   DS# UC FA PQ JC CQ DQ QQ IQ WC YA   NKGXIY 0820   1020      320 0^    E
>                 BA MQ EQ HQ KQ LQ NQ RQ SQ VQ TQ GQ ZQ       T2 T3    2:00
2     MU2388   DS# UQ F8 PS J2 CQ DQ QQ IQ WQ YA   NKGXIY 1050   1245      325 0^    E
>                 B8 MS ES HS KS LS NS RS SQ VQ TQ GQ ZQ        T2 T3    1:55
3     MU2769   DS# UC FA PQ JC CQ DQ QQ IQ WC YA   NKGXIY 1200   1355      320 0^    E
>                 BA MQ EQ HQ KQ LQ NQ RQ SQ VQ TQ GQ ZQ        T2 T3    1:55
4     MU2895   DS# UC FA PQ JC CQ DQ QQ IQ WA YA   NKGXIY 1600   1805      32L 0^    E
>                 BA MQ EQ HQ KQ LQ NQ RQ SQ VQ TQ GQ ZQ        T2 T3    2:05
5     MU2885   DS# UC FA PQ JC CQ DQ QQ IQ WC     YANKGXIY 1730  1935      320 0^    E
>                 BA MQ EQ HQ KQ LQ NQ RQ SQ VQ TQ GQ ZQ        T2 T3    2:05
6     HU7504   DS# C8 ZQ IQ RQ JQ YA BQ HQ KQ     NKGXIY 2105   2305      738 0^    E
>                 LQ MQ XQ VQ NQ QQ PQ AQ UQ TQ SQ OQ           T2 T2    2:00
              ** BCZ BEQ BNZ BOQ BZZ HCZ HEQ HNZ HOQ HZZ KCZ KEQ AV:C/6
7+    GS7658   DS# YA BQ HQ KQ LQ MQ XQ VQ NQ QQ   NKGXIY 2255   0105 +1 32F 0^    E
>                 PQ AQ UQ TQ EQ WQ SQ GQ OQ                    T2 T2    2:10
 **   JD5100 - JD5800 PLEASE CHECK IN 40 MINUTES BEFORE DEPARTURE AT NKG
```

【步骤二】 建立去程航段航班。

```
▶ SD1Y1
1. MU2875 Y   SA20APR   NKGXIY DK1   0820 1020            320  0  R E T2T3
2. TAO/T TAO/T 0532 - 83835555/QINGDAO PENGFEI AIRLINES SERVICE LTD.,CO/LI TAO ABCDEFG
3. TAO220
```

【步骤三】 查询回程航段航班。

```
▶ AVH/SIANKG/28APR
28APR(SUN) SIANKG
1-    MU2387   DS# UQ F7 P1 J5 CQ DQ QQ IQ WQ YA   XIYNKG 0755   0950      325 0^    E
>                 B7 MA EA HS KA LQ NQ RQ SQ VQ TQ GQ ZQ        T3 T2    1:55
2     MU2876   DS# UC FA PQ JC CQ DQ QQ IQ WC YA   XIYNKG 1120   1305      320 0^    E
>                 BA MQ EQ HQ KQ LQ NQ RQ SQ VQ TQ GQ ZQ        T3 T2    1:45
```

```
 3     GS7657   DS#   YA BQ HQ KQ LQ MQ XQ VQ NQ QQ    XIYNKG 1250    1500      32F 0^       E
>                    PQ AQ UQ TQ EQ WQ SQ GQ OQ                                T2 T2   2:10
 4     HU7503   DS#   C8 DQ ZQ IQ RQ JQ YA BQ HQ KQ    XIYNKG 1810    2000      738 0^D      E
>                    LQ MQ XQ VQ NQ QQ PQ AQ UQ TQ SQ OQ                       T2 T2   1:50
 5     MU2896   DS#   UC FA PQ JC CQ DQ QQ IQ WA YA    XIYNKG 1910    2110      32L 0^       E
>                    BA MQ EQ HQ KQ LQ NQ RQ SQ VQ TQ GQ ZQ                    T3 T2   2:00
 6     MU2886   DS#   UC FA PQ JC CQ DQ QQ IQ WC YA    XIYNKG 2035    2235      320 0^       E
>                    BA MQ EQ HQ KQ LQ NQ RQ SQ VQ TQ GQ ZQ                    T3 T2   2:00
 7     MU2770   DS#   UC FA PQ JC CQ DQ QQ IQ WC YA    XIYNKG 2355    0150+1    320 0^       E
>                    BA MQ EQ HQ KQ LQ NQ RQ SQ VQ TQ GQ ZQ                    T3 T2   1:55
 8+    MU2943   DS#   UC FA PQ JC CQ DQ QQ IQ WC YA    XIYPEK 0605    0755      320 0^       E
>                    BA MQ EQ HQ KQ LQ NQ RQ SQ VQ TQ GQ ZQ                    T3 T2   1:50
       MU2802   DS#   UC FA PQ JC CQ DQ QQ IQ WC YA    NKG    1050    1250      320 0^       E
>                    BA MQ EQ HQ KQ LQ NQ RQ SQ VQ TQ GQ ZQ                    T2 T2   6:45
**     JD5100 - JD5800 PLEASE CHECK IN 40 MINUTES BEFORE DEPARTURE AT SIA
```

【步骤四】 建立回程段航班。

▶ SD1Y1
1. MU2875 Y   SA20APR   NKGXIY DK1   0820 1020   320   0   R E T2T3
2. MU2387 Y   SU28APR   XIYNKG DK1   0755 0950   325   0   R E T3T2
3. TAO/T TAO/T 0532 - 83835555/QINGDAO PENGFEI AIRLINES SERVICE LTD., CO/LI TAO ABCDEFG
4. TAO220

【步骤五】 输入旅客姓名。

▶ NM1 李磊
1. 李磊
2. MU2875 Y   SA20APR   NKGXIY DK1   0820 1020   320   0   R E T2T3
3. MU2387 Y   SU28APR   XIYNKG DK1   0755 0950   325   0   R E T3T2
4. TAO/T TAO/T 0532 - 83835555/QINGDAO PENGFEI AIRLINES SERVICE LTD., CO/LI TAO ABCDEFG
5. TAO220

【步骤六】 输入旅客联系方式。

▶ OSI MU CTCT19088004518
1. 李磊
2. MU2875 Y   SA20APR   NKGXIY DK1   0820 1020   320   0   R E T2T3
3. MU2387 Y   SU28APR   XIYNKG DK1   0755 0950   325   0   R E T3T2
4. TAO/T TAO/T 0532 - 83835555/QINGDAO PENGFEI AIRLINES SERVICE LTD., CO/LI TAO ABCDEFG
5. OSI MU CTCT19088004518
6. TAO220
▶ OSI MU CTCM19088004518/P1
1. 李磊
2. MU2875 Y   SA20APR   NKGXIY DK1   0820 1020   320   0   R E T2T3
3. MU2387 Y   SU28APR   XIYNKG DK1   0755 0950   325   0   R E T3T2
4. TAO/T TAO/T 0532 - 83835555/QINGDAO PENGFEI AIRLINES SERVICE LTD., CO/LI TAO ABCDEFG
5. OSI MU CTCT19088004518
6. OSI MU CTCM19088004518/P1
7. TAO220

【步骤七】 输入出票时限。

▶ TKTL/1800/./TAO220
1. 李磊
2. MU2875 Y   SA20APR   NKGXIY DK1   0820 1020   320 0 R E T2T3
3. MU2387 Y   SU28APR   XIYNKG DK1   0755 0950   325 0 R E T3T2
4. TAO/T TAO/T 0532－83835555/QINGDAO PENGFEI AIRLINES SERVICE LTD.,CO/LI TAO ABCDEFG
5. TL/1800/21JAN/TAO220
6. OSI MU CTCT19088004518
7. OSI MU CTCM19088004518/P1
8. TAO220

【步骤八】 输入旅客证件号码。

▶ SSR FOID MU HK/NI1801001999910210010
1. 李磊
2. MU2875 Y   SA20APR   NKGXIY DK1   0820 1020   320 0 R E T2T3
3. MU2387 Y   SU28APR   XIYNKG DK1   0755 0950   325 0 R E T3T2
4. TAO/T TAO/T 0532－83835555/QINGDAO PENGFEI AIRLINES SERVICE LTD.,CO/LI TAO ABCDEFG
5. TL/1800/21JAN/TAO220
6. SSR FOID MU HK1 NI1801001999910210010/P1
7. OSI MU CTCT19088004518
8. OSI MU CTCM19088004518/P1
9. TAO220

【步骤九】 封口。

▶ @
HF2FS6 – EOT SUCCESSFUL, BUT ASR UNUSED FOR 1 OR MORE SEGMENTS
MU2875   Y SA20APR   NKGXIY DK1   0820 1020
MU2387   Y SU28APR   XIYNKG DK1   0755 0950
航空公司使用自动出票时限,请检查 PNR
   *** 预订酒店指令 HC,详情   HC:HELP   ***

【步骤十】 提取 PNR。

▶ RT: HF2FS6
1. 李磊 HF2FS6
2. MU2875 Y   SA20APR   NKGXIY HK1   0820 1020   E T2T3
3. MU2387 Y   SU28APR   XIYNKG HK1   0755 0950   E T3T2
4. TAO/T TAO/T 0532－83835555/QINGDAO PENGFEI AIRLINES SERVICE LTD.,CO/LI TAO   ABCDEFG
5. TL/1800/21JAN/TAO220
6. SSR FOID MU HK1 NI1801001999910210010/P1
7. OSI MU CTCT19088004518
8. OSI MU CTCM19088004518/P1
9. RMK CA/NFSGEQ
10. TAO220

【步骤十一】 调取运价并输入。

▶ PAT:A
01 RT/Y + RT/Y FARE:CNY2420.00 TAX:CNY100.00 YQ:TEXEMPTYQ TOTAL:2520.00
SFC:01 SFN:01/01 SFN:01/02
02 Y + Y FARE:CNY2580.00 TAX:CNY100.00 YQ:TEXEMPTYQ TOTAL:2680.00
SFC:02 SFN:02/01 SFN:02/02
SFC:01
1. 李磊 HF2FS6
2. MU2875 Y SA20APR NKGXIY HK1 0820 1020   E T2T3
3. MU2387 Y SU28APR XIYNKG HK1 0755 0950   E T3T2
4. TAO/T TAO/T 0532 - 83835555/QINGDAO PENGFEI AIRLINES SERVICE LTD.,CO/LI TAO ABCDEFG
5. TL/1800/21JAN/TAO220
6. FC/A/NKG MU XIY 1210.00RT/Y MU NKG 1210.00RT/Y CNY2420.00END
7. SSR FOID MU HK1 NI1801001999102100l0/P1
8. OSI MU CTCT19088004518
9. OSI MU CTCM19088004518/P1
10. RMK CMS/A/**
11. RMK OT/A/0/97399/2 - 1MU4126P1SIA.1MU4126P1NKG
12. RMK CA/NFSGEQ
13. RMK AUTOMATIC FARE QUOTE
14. FN/A/FCNY2420.00/SCNY2420.00/C0.00/XCNY100.00/TCNY100.00CN/TEXEMPTYQ/ACNY2520.00
15. EI/Q/NONEND RTOJ DISCT
16. FP/CASH,CNY
17. TAO220

【步骤十二】 删除出票时限。

▶ XE5
1. 李磊 HF2FS6
2. MU2875 Y SA20APR NKGXIY HK1 0820 1020   E T2T3
3. MU2387 Y SU28APR XIYNKG HK1 0755 0950   E T3T2
4. TAO/T TAO/T 0532 - 83835555/QINGDAO PENGFEI AIRLINES SERVICE LTD.,CO/LI TAO ABCDEFG
5. FC/A/NKG MU XIY 1210.00RT/Y MU NKG 1210.00RT/YCNY2420.00END
6. SSR FOID MU HK1 NI1801001999102100l0/P1
7. OSI MU CTCT19088004518
8. OSI MU CTCM19088004518/P1
9. RMK CMS/A/**
10. RMK OT/A/0/97399/2 - 1MU4126P1SIA.1MU4126P1NKG
11. RMK CA/NFSGEQ
12. RMK AUTOMATIC FARE QUOTE
13. FN/A/FCNY2420.00/SCNY2420.00/C0.00/XCNY100.00/TCNY100.00CN/TEXEMPTYQ/
    ACNY2520.00
14. EI/Q/NONEND RTOJ DISCT
15. FP/CASH,CNY
16. TAO220

【步骤十三】 变更第一航段客票状态为 RR 状态。

▶ 2RR
1. 李磊 HF2FS6
2. MU2875 Y   SA20APR   NKGXIY RR1   0820 1020   E T2T3
3. MU2387 Y   SU28APR   XIYNKG HK1   0755 0950   E T3T2
4. TAO/T TAO/T 0532-83835555/QINGDAO PENGFEI AIRLINES SERVICE LTD.,CO/LI TAO ABCDEFG
5. FC/A/NKG MU XIY 1210.00RT/Y MU NKG 1210.00RT/Y CNY2420.00END
6. SSR FOID MU HK1 NI1801001999102100110/P1
7. OSI MU CTCT19088004518
8. OSI MU CTCM19088004518/P1
9. RMK CMS/A/**
10. RMK OT/A/0/97399/2-1MU4126P1SIA.1MU4126P1NKG
11. RMK CA/NFSGEQ
+

【步骤十四】 变更第二航段客票状态为 RR 状态。

▶ 3RR
1. 李磊 HF2FS6
2. MU2875 Y   SA20APR   NKGXIY RR1   0820 1020   E T2T3
3. MU2387 Y   SU28APR   XIYNKG RR1   0755 0950   E T3T2
4. TAO/T TAO/T 0532-83835555/QINGDAO PENGFEI AIRLINES SERVICE LTD.,CO/LI TAO ABCDEFG
5. FC/A/NKG MU XIY 1210.00RT/Y MU NKG 1210.00RT/Y CNY2420.00END
6. SSR FOID MU HK1 NI1801001999102100110/P1
7. OSI MU CTCT19088004518
8. OSI MU CTCM19088004518/P1
9. RMK CMS/A/**
10. RMK OT/A/0/97399/2-1MU4126P1SIA.1MU4126P1NKG
11. RMK CA/NFSGEQ
12. RMK AUTOMATIC FARE QUOTE
13. FN/A/FCNY2420.00/SCNY2420.00/C0.00/XCNY100.00/TCNY100.00CN/TEXEMPTYQ/ACNY2520.00
14. EI/Q/NONEND RTOJ DISCT
15. FP/CASH,CNY
16. TAO220

【步骤十五】 出票。

▶ ETDZ:3
CNY2520.00   HF2FS6
ET PROCESSING... PLEASE WAIT!
ELECTRONIC TICKET ISSUED

 操作练习

(1) 请为自己预订 11 月 10 日青岛到天津,11 月 15 日天津到青岛的航班,电话号码用自己的电话号码,身份证号码用自己的身份证号码。

(2) 请为自己预订 11 月 21 日西安到深圳,11 月 28 日深圳到西安的航班,电话号码用自己的电话号码,身份证号码用自己的身份证号码。

(3) 请为自己预订 11 月 8 日青岛到福州,11 月 9 日福州到青岛的航班,电话号码用自己的电话号码,身份证号码用自己的身份证号码。

(4) 请为自己预订 10 月 18 日青岛到西安,11 月 28 日西安到青岛的航班,电话号码用自己的电话号码,身份证号码用自己的身份证号码。

(5) 请为自己预订 10 月 22 日济南到福州,11 月 26 日福州到济南的航班,电话号码用自己的电话号码,身份证号码用自己的身份证号码。

(6) 请为自己预订 11 月 18 日济南到长沙,11 月 21 日长沙到济南的航班,电话号码用自己的电话号码,身份证号码用自己的身份证号码。

任务 3　缺口程客票的预订

知识目标

(1) 掌握缺口程的基本概念。
(2) 掌握缺口程客票预订的注意事项。

能力目标

能够完成缺口程客票预订的基本操作。

缺口程客票的预订

基础知识

一、缺口程的基本概念

缺口程是指飞行旅程中,在到达目的地之前中间有一段地面运输的情况。
(1) 始发地缺口 PEK-FOC-TSN,始发地缺口实际上就是联程。
(2) 目的地缺口 SHE-NKG-地面运输-HGH-SHE。
(3) 双缺口 SHE-PEK-地面运输-SZX-SHA-地面运输-TAO-DLC。

二、缺口程客票预订的注意事项

(1) 缺口程需要使用 SA 指令连接中间地面运输段。例如,SA:NKGHGH;SA:HKGSZX。
(2) 如果建立在同一个 PNR 中,缺口程客票必须预订同一个航空公司的航班。
(3) 缺口程航班因为有两个或两个以上航段,要根据航段序号把所有航段状态都变更为 RR 状态。

任务导入

请为旅客李磊预订 4 月 22 日沈阳到南京,4 月 26 日杭州到沈阳的客票,身份证号码为 180100199910210010,电话号码为 19088004518。

任务实施

【步骤一】 查询第一航段航班。

```
▶ AVH/SHENKG/22APR
22APR(MON) SHENKG
1-    CZ6451   DS# J8 CQ DQ IQ OC WA SQ YA PA BQ    SHENKG 0805    1025    319 0^C   E
>                  MQ HQ KA UQ AQ LQ QA EQ VQ ZQ TQ NQ RQ G6 XC                  2:20
2     MU2828   DS# UC FA PQ JC CQ DQ QQ IQ WC YA    SHENKG 1210    1430    320 0^    E
>                  BA MQ EQ HQ KQ LQ NQ RQ SQ VQ TQ GQ ZQ                T3 T2  2:20
3     CZ6581   DS# J4 CQ DQ IQ OC WA SQ YA PA BQ    SHENKG 1240    1500    32E 0^L   E
>                  MQ HQ KA UQ AQ LQ QA EQ VQ ZQ TQ NQ RQ G5 XC                  2:20
4     CZ3656   DS# J4 CQ DQ IQ OC WA SQ YA PA BQ    SHENKG 1435    1655    73N 0^C   E
>                  MQ HQ KA UQ AQ LQ QA EQ VQ ZQ TQ NQ RQ G6 XC                  2:20
5     ZH9705   DS# FA PQ AQ OQ CA DQ GQ YA BQ RQ    SHENKG 1520    1730    320 0^S   E
>                  MQ UQ HQ QQ VQ WQ SQ EQ TQ LQ X2 NQ KQ                        2:10
6     MU2764   DS# UC FA PQ JC CQ DQ QQ IQ WA YA    SHENKG 1840    2105    32L 0^    E
>                  BA MQ EQ HQ KQ LQ NQ RQ SQ VQ TQ GQ ZQ                T3 T2  2:25
7+    MU5602   DS# UQ F6 P2 J1 CQ DQ QQ IQ WQ YA    SHEPVG 0745    1025    320 0^    E
>                  BA MA EA HA KA LA NA RA SQ VQ TQ GQ ZQ                T3 T1  2:40
      MU2882   DS# UC FA PQ JC CQ DQ QQ IQ WC YA    NKG    2300    0005+1  321 0^    E
>                  BA MA EA HA KA LA NA RA SA VA TA GQ ZA                T1 T2 16:20
**    CZ   PLEASE CHECK IN 45 MINUTES BEFORE DEPARTURE AT SHE
**    JD5100 - JD5800 PLEASE CHECK IN 45 MINUTES BEFORE DEPARTURE AT SHE
**    FLIGHT OF DR PLEASE CHECK IN 45 MINUTES BEFORE DEPARTURE AT SHE
```

【步骤二】 建立第一航段航班。

```
▶ SD1Y1
1. CZ6451 Y  MO22APR   SHENKG DK1   0805 1025         319 C 0    R E
2. TAO/T TAO/T 0532 - 83835555/QINGDAO PENGFEI AIRLINES SERVICE LTD.,CO/LI TAO ABCDEFG
3. TAO220
```

【步骤三】 输入缺口程信息。

```
▶ SA:NKGHGH
1. CZ6451 Y  MO22APR   SHENKG DK1   0805 1025         319 C 0    R E
2.   ARNK             NKGHGH
3. TAO/T TAO/T 0532 - 83835555/QINGDAO PENGFEI AIRLINES SERVICE LTD.,CO/LI TAO ABCDEFG
4. TAO220
```

【步骤四】 查询第二航段航班。

```
▶ AVH/HGHSHE/26APR
26APR(FRI) HGHSHE
1-  CZ6230    DS# J4 CQ DQ IQ OC WA SQ YA PA BQ    HGHSHE 1155 1435    31G 0^L  E  >
    MQ HQ KA UQ AQ LQ QA EQ VQ ZQ TQ NQ RQ G1 XC                       2:40
```

```
    2  CZ6288   DS#  J4 CQ DQ IQ OC WA SQ YA PA BQ    HGHSHE  1905   2145    32G 0^C   E    >
       MQ HQ KA UQ AQ LQ QA EQ VQ ZQ TQ NQ RQ G1 XC                   2:40
    3  CZ6484   DS#  J4 CQ DQ IQ OC WA SQ YA PA BQ    HGHSHE  2205   0045+1 32L 0^C   E    >
       MQ HQ KA UQ AQ LQ QA EQ VQ ZQ TQ NQ RQ G5 XC                   2:40
    4  MU6114   DS#  X5                               HZDSHA  0648   0803   TRN 0     E
>                                                   -- T2  1:15
       MU5607   DS#  UQ F4 P1 J4 CQ DQ QQ IQ WQ YA    PVGSHE  1445   1725    320 0^      E
>              BA MA EA HA KA LA NA RA SQ VQ TQ GQ ZQ                T1 T3 10:37
    5+ MU6114   DS#  X5                               HZDSHA  0648   0803   TRN 0     E
>                                                   -- T2  1:15
       MU5609   DS#  UQ F7 P4 JC CQ DQ QQ IQ WQ YA    PVGSHE  1730   2125    320 1^      E
>              BA MA EA HA KA LA NA RA SQ VQ TQ GQ ZQ       T1 T3 14:37
    **   JD5100 - JD5800 PLEASE CHECK IN 40 MINUTES BEFORE DEPARTURE AT HGH
```

【步骤五】 建立第二航段航班。

```
▶ SD1Y1
1. CZ6451 Y   MO22APR   SHENKG DK1   0805 1025        319 C 0    R E
2.    ARNK              NKGHGH
3. CZ6230 Y   FR26APR   HGHSHE DK1   1155 1435        31G L 0    R E
4. TAO/T TAO/T 0532 - 83835555/QINGDAO PENGFEI AIRLINES SERVICE LTD.,CO/LI TAO ABCDEFG
5. TAO220
```

【步骤六】 输入旅客证联系方式。

```
▶ OSI CZ CTCT19088004518
1. 李磊
2. CZ6451 Y   MO22APR   SHENKG DK1   0805 1025        319 C 0    R E
3.    ARNK              NKGHGH
4. CZ6230 Y   FR26APR   HGHSHE DK1   1155 1435        31G L 0    R E
5. TAO/T TAO/T 0532 - 83835555/QINGDAO PENGFEI AIRLINES SERVICE LTD.,CO/LI TAO ABCDEFG
6. OSI CZ CTCT19088004518
7. TAO220
▶ OSI CZ CTCM19088004518/P1
1. 李磊
2. CZ6451 Y   MO22APR   SHENKG DK1   0805 1025        319 C 0    R E
3.    ARNK              NKGHGH
4. CZ6230 Y   FR26APR   HGHSHE DK1   1155 1435        31G L 0    R E
5. TAO/T TAO/T 0532 - 83835555/QINGDAO PENGFEI AIRLINES SERVICE LTD.,CO/LI TAO ABCDEFG
6. OSI CZ CTCT19088004518
7. OSI CZ CTCM19088004518/P1
8. TAO220
```

【步骤七】 输入出票时限。

```
▶ TKTL/1800/./TAO220
1. 李磊
2. CZ6451 Y   MO22APR   SHENKG DK1   0805 1025        319 C 0    R E
3.    ARNK              NKGHGH
```

```
4. CZ6230 Y   FR26APR   HGHSHE DK1   1155 1435           31G L 0   R E
5. TAO/T TAO/T 0532-83835555/QINGDAO PENGFEI AIRLINES SERVICE LTD.,CO/LI TAO ABCDEFG
6. TL/1800/21JAN/TAO220
7. OSI CZ CTCT19088004518
8. OSI CZ CTCM19088004518/P1
9. TAO220
```

【步骤八】 输入旅客证件号码。

```
▶ SSR FOID CZ HK/NI180100201308160010
1. 李磊
2. CZ6451 Y   MO22APR   SHENKG DK1   0805 1025           319 C 0   R E
3.    ARNK              NKGHGH
4. CZ6230 Y   FR26APR   HGHSHE DK1   1155 1435           31G L 0   R E
5. TAO/T TAO/T 0532-83835555/QINGDAO PENGFEI AIRLINES SERVICE LTD.,CO/LI TAO ABCDEFG
6. TL/1800/21JAN/TAO220
7. SSR FOID CZ HK1 NI180100201308160010/P1
8. OSI CZ CTCT19088004518
9. OSI CZ CTCM19088004518/P1
10. TAO220
```

【步骤九】 封口。

```
▶@
KSWVS0 - EOT SUCCESSFUL, BUT ASR UNUSED FOR 1 OR MORE SEGMENTS
CZ6451   Y MO22APR   SHENKG DK1   0805 1025
CZ6230   Y FR26APR   HGHSHE DK1   1155 1435
航空公司使用自动出票时限,请检查 PNR
*** 预订酒店指令 HC,详情   HC:HELP   ***
```

【步骤十】 提取 PNR。

```
▶ RT:KSWVS0
1. 李磊 KSWVS0
2. CZ6451 Y   MO22APR   SHENKG HK1   0805 1025              E
3.    ARNK              NKGHGH
4. CZ6230 Y   FR26APR   HGHSHE HK1   1155 1435              E
5. TAO/T TAO/T 0532-83835555/QINGDAO PENGFEI AIRLINES SERVICE LTD.,CO/LI TAO ABCDEFG
6. TL/1800/21JAN/TAO220
7. SSR FOID CZ HK1 NI180100201308160010/P1
8. OSI CZ CTCT19088004518
9. OSI CZ CTCM19088004518/P1
10. RMK CA/PHYFGV
11. TAO220
```

【步骤十一】 调取运价并输入。

```
▶ PAT:A
> PAT:A
```

```
01 Y + Y FARE:CNY3450.00  TAX:CNY100.00 YQ:TEXEMPTYQ  TOTAL:3550.00
SFC:01   SFN:01/01   SFN:01/02
SFC:01
1. 李磊 KSWVS0
2. CZ6451 Y   MO22APR   SHENKG HK1   0805 1025          E
3.    ARNK           NKGHGH
4. CZ6230 Y   FR26APR   HGHSHE HK1   1155 1435          E
5. TAO/T TAO/T 0532-83835555/QINGDAO PENGFEI AIRLINES SERVICE LTD.,CO/LI TAO ABCDEFG
6. TL/1800/21JAN/TAO220
7. FC/A/SHE B-22APR19 A-22APR19 F-20KG CZ NKG 1640.00Y //HGH B-26APR19
      A-26APR19 F-20KG CZ SHE 1810.00Y CNY3450.00END
8. SSR FOID CZ HK1 NI1801002013081600010/P1
9. OSI CZ CTCT19088004518
10. OSI CZ CTCM19088004518/P1
11. RMK CMS/A/**
12. RMK OT/A/0/97399/0-1CZ3857P1NKG.1CZ3857P1SHE
13. RMK CA/PHYFGV
14. RMK AUTOMATIC FARE QUOTE
15. FN/A/FCNY3450.00/SCNY3450.00/C0.00/XCNY100.00/TCNY100.00CN/TEXEMPTYQ/
      ACNY3550.00
16. EI/BIANGENGTUIPIAOSHOUFEI 变更退票收费
17. FP/CASH,CNY
+
```

【步骤十二】 删除出票时限。

```
▶ XE6
1. 李磊 KSWVS0
2. CZ6451 Y   MO22APR   SHENKG HK1   0805 1025          E
3.    ARNK           NKGHGH
4. CZ6230 Y   FR26APR   HGHSHE HK1   1155 1435          E
5. TAO/T TAO/T 0532-83835555/QINGDAO PENGFEI AIRLINES SERVICE LTD.,CO/LI TAO ABCDEFG
6. FC/A/SHE B-22APR19 A-22APR19 F-20KG CZ NKG 1640.00Y //HGHB-26APR19
      A-26APR19 F-20KG CZ SHE 1810.00Y CNY3450.00END
7. SSR FOID CZ HK1 NI1801002013081600010/P1
8. OSI CZ CTCT19088004518
9. OSI CZ CTCM19088004518/P1
10. RMK CMS/A/**
11. RMK OT/A/0/97399/0-1CZ3857P1NKG.1CZ3857P1SHE
12. RMK CA/PHYFGV
13. RMK AUTOMATIC FARE QUOTE
14. FN/A/FCNY3450.00/SCNY3450.00/C0.00/XCNY100.00/TCNY100.00CN/TEXEMPTYQ/ACNY3550.00
15. EI/BIANGENGTUIPIAOSHOUFEI 变更退票收费
16. FP/CASH,CNY
17. TAO220
```

【步骤十三】 变更第一航段客票状态为 RR 状态。

▶ 2RR
1. 李磊 KSWVS0
2. CZ6451 Y   MO22APR   SHENKG RR1   0805 1025   E
3.   ARNK   NKGHGH
4. CZ6230 Y   FR26APR   HGHSHE HK1   1155 1435   E
5. TAO/T TAO/T 0532－83835555/QINGDAO PENGFEI AIRLINES SERVICE LTD.,CO/LI TAO ABCDEFG
6. FC/A/SHE B－22APR19 A－22APR19 F－20KG CZ NKG 1640.00Y //HGH B－26APR19
      A－26APR19 F－20KG CZ SHE 1810.00Y CNY3450.00END
7. SSR FOID CZ HK1 NI1801002013308160010/P1
8. OSI CZ CTCT19088004518
9. OSI CZ CTCM19088004518/P1
10. RMK CMS/A/＊＊
    ＋

【步骤十四】 变更第二航段客票状态为 RR 状态。

▶ 4RR
1. 李磊 KSWVS0
2. CZ6451 Y   MO22APR   SHENKG RR1   0805 1025   E
3.   ARNK   NKGHGH
4. CZ6230 Y   FR26APR   HGHSHE RR1   1155 1435   E
5. TAO/T TAO/T 0532－83835555/QINGDAO PENGFEI AIRLINES SERVICE LTD.,CO/LI TAO ABCDEFG
6. FC/A/SHE B－22APR19 A－22APR19 F－20KG CZ NKG 1640.00Y //HGH B－26APR19
      A－26APR19 F－20KG CZ SHE 1810.00Y CNY3450.00END
7. SSR FOID CZ HK1 NI1801002013308160010/P1
8. OSI CZ CTCT19088004518
9. OSI CZ CTCM19088004518/P1
10. RMK CMS/A/＊＊
11. RMK OT/A/0/97399/0－1CZ3857P1NKG.1CZ3857P1SHE
12. RMK CA/PHYFGV
13. RMK AUTOMATIC FARE QUOTE
14. FN/A/FCNY3450.00/SCNY3450.00/C0.00/XCNY100.00/TCNY100.00CN/TEXEMPTYQ/ACNY3550.00
15. EI/BIANGENGTUIPIAOSHOUFEI 变更退票收费
16. FP/CASH,CNY
17. TAO220

【步骤十五】 出票。

▶ ETDZ:3
CNY3550.00   KSWVS0
ET PROCESSING... PLEASE WAIT!
ELECTRONIC TICKET ISSUED

   操作练习

（1）请为自己预订 11 月 10 日青岛到天津，11 月 15 日北京到南京的航班，电话号码用自己的电话号码，身份证号码用自己的身份证号码。

（2）请为自己预订 11 月 21 日西安到深圳，11 月 28 日广州到厦门的航班，电话号码用自己的电话号码，身份证号码用自己的身份证号码。

（3）请为自己预订 11 月 8 日青岛到福州，11 月 9 日杭州到成都的航班，电话号码用自己的电话号码，身份证号码用自己的身份证号码。

（4）请为自己预订 10 月 18 日青岛到西安，10 月 28 日郑州到昆明的航班，电话号码用自己的电话号码，身份证号码用自己的身份证号码。

（5）请为自己预订 10 月 22 日济南到福州，10 月 26 日厦门到南宁的航班，电话号码用自己的电话号码，身份证号码用自己的身份证号码。

（6）请为自己预订 11 月 18 日济南到长沙，11 月 21 日重庆到济南的航班，电话号码用自己的电话号码，身份证号码用自己的身份证号码。

项目 5 各类旅客客票的预订

本项目主要介绍多人客票、儿童客票、婴儿客票、团体客票、重要旅客客票的预订,特殊服务的基本知识,掌握多人客票、儿童客票、婴儿客票、团体客票、重要旅客客票、特殊服务客票预订的基本技能,能够为多人、儿童、婴儿、团体、重要旅客、特殊旅客预订客票及出票。

知识目标
(1) 了解多人客票、儿童客票、婴儿客票、团体客票、重要旅客客票、特殊服务的基本概念。

(2) 掌握多人客票、儿童客票、婴儿客票、团体客票、重要旅客客票、各类旅客客票预订的基本操作。

(3) 熟练掌握多人客票、儿童客票、婴儿客票、团体客票、重要旅客客票、各类旅客客票出票的基本操作。

能力目标
(1) 能够识别旅客的种类及客票预订注意事项。

(2) 能够为多人、儿童、婴儿、团体、重要旅客、特殊旅客预订客票及出票。

思政目标
(1) 培养学生敬畏职责的精神。

(2) 培养学生严谨的工作作风。

考证标准
(1) 民用航空运输销售代理岗位技能培训合格证。

(2) 1+X 民航旅客地面服务职业技能等级证书。

经典案例
票务员王某为旅客李某和其 1 岁儿子预订青岛至西安往返程客票,去程青岛至西安航段票务员王某加入了李某儿子的婴儿票,但是票务员王某在预订回程客票时忘记加入李某儿子的婴儿票,致使旅客李某到达青岛机场办理登机手续时才发现没有儿子的婴儿票,幸好婴儿票不占用座位,票务员立即为旅客李某儿子办理了婴儿票,但是李某坚持要投诉。

思考题:

(1) 票务员王某的做法存在哪些错误?

(2) 票务员王某的正确做法是什么?

任务 1 多人客票的预订

 知识目标

(1) 了解多人客票输入的基本指令。
(2) 掌握多人客票预订的注意事项。

多人客票的预订
操作演示

 能力目标

能够完成多人客票预订的基本操作。

 基础知识

一、多人的基本概念

多人是指两个或两个以上旅客，但散客一个 PNR 中最多只能订 9 名旅客。

二、多人客票预订的注意事项

(1) 每一个旅客在姓名前都要用 1 隔开。

示例：NM：1李磊1韩梅梅，NM：1LI/LEI 1HAN/MEIMEI。

(2) 身份证号码要按照旅客人数输入，每一个旅客后面都要加/P♯。

SSR　FOID CA HK/NI1801001999910210010/P1
SSR　FOID CA HK/NI1801001999910210020/P2

(3) 多人客票会出现多个票号，在打印行程单时，每一个旅客打印一张行程单。

 任务导入

请为旅客李磊、韩梅梅预订3月5日北京到重庆的客票，李磊身份证号码为1801001999910210010，电话号码为19088004518；韩梅梅身份证号码为1801001999910210020，电话号码为19088004519。

 任务实施

【步骤一】查询航班。

```
▶ AVH/PEKCKG/5MAR
05MAR(TUE) BJSCKG
1-  *3U3013   DS♯  YA TQ HQ GQ SQ LQ EQ VQ        PEKCKG 0630   0940    33C 0^C  E
>    CZ3183                                                      T2 T3   3:10
2    CZ3183   DS♯  JA CQ DQ IQ OC YA PA BQ MQ HQ  PEKCKG 0630   0940    33C 0^C  E
>                 KA UQ AQ LQ QA EQ VQ ZQ TQ NQ RQ GA XC          T2 T3   3:10
3   *MF1085   DS♯  YA BQ MQ LQ KQ NQ QQ VQ SQ     PEKCKG 0630   0940    33C 0^C  E
>    CZ3183                                                      T2 T3   3:10
```

```
 4    * SC1437   DS#  S5                       PEKCKG 0700   1000    738 0^B   E
 >      CA1437                                                       T3 T3   3:00
 5    * ZH1437   DS#  BA MA UA QA VA WA T5 LA KS   PEKCKG 0700 1000  738 0^B  E
 >      CA1437                                                       T3 T3   3:00
 6      CA1437   DS#  F5 A2 J3 C1 D1 Z1 R1 YA BA MAPEKCKG 0700 1000  738 0^B  E
 >                    UA HA QA VA WA SA T5 LA NL KS                  T3 T3   3:00
                   ** M1A V1A S1A
 7    * CZ9368   DS#  YA BA HA AA LA           PEKCKG 0755   1050    32L 0^B  E
 >      MU2865                                                       T2 T3   2:55
 8  + * G56050   DS#  YA HA MA GA SA           PEKCKG 0755   1050    32L 0^B  E
 >      MU2865                                                       T2 T3   2:55
 **    SC FLIGHT PLEASE CHECK IN 45 MINUTES BEFORE DEPARTURE AT PEK T3
 **    HU FLIGHT PLEASE CHECK IN 45 MINUTES BEFORE DEPARTURE AT PEK
 **    FREE ACCOMADATION IN CTU OR CKG IF CONNECT TIME OVER 6 HRS 3U
```

【步骤二】 建立航段。

```
▶ SD6Y2
1. CA1437 Y    TU05MAR    PEKCKG DK2    0700 1000        738    0    R E T3T3
2. TAO/T TAO/T 0532－83835555/QINGDAO PENGFEI AIRLINES SERVICE LTD.,CO/LI TAO ABCDEFG
3. TAO220
```

【步骤三】 输入旅客姓名。

```
▶ NM1 李磊 1 韩梅梅
1. 韩梅梅 2.李磊
3. CA1437 Y    TU05MAR    PEKCKG DK2    0700 1000        738    0    R E T3T3
4. TAO/T TAO/T 0532－83835555/QINGDAO PENGFEI AIRLINES SERVICE LTD.,CO/LI TAO ABCDEFG
5. TAO220
```

【步骤四】 输入旅客联系方式。

```
▶ OSI CA CTCT19088004518
1. 韩梅梅 2.李磊
3. CA1437 Y    TU05MAR    PEKCKG DK2    0700 1000        738    0    R E T3T3
4. TAO/T TAO/T 0532－83835555/QINGDAO PENGFEI AIRLINES SERVICE LTD.,CO/LI TAO ABCDEFG
5. OSI CA CTCT19088004518
6. TAO220
▶ OSI CA CTCM19000004519/P1
2. 韩梅梅 1.李磊
3. CA1437 Y    TU05MAR    PEKCKG DK2    0700 1000        738    0    R E T3T3
4. TAO/T TAO/T 0532－83835555/QINGDAO PENGFEI AIRLINES SERVICE LTD.,CO/LI TAO ABCDEFG
5. OSI CA CTCT19088004518
6. OSI CA CTCM19088004519/P1
7. TAO220
```

【步骤五】 输入出票时限。

▶ TKTL/1800/./TAO220
1. 韩梅梅 2. 李磊
3. CA1437 Y　TU05MAR　PEKCKG DK2　0700 1000　　　　738　0　R E T3T3
4. TAO/T TAO/T 0532－83835555/QINGDAO PENGFEI AIRLINES SERVICE LTD.,CO/LI TAO ABCDEFG
5. TL/1800/21JAN/TAO220
6. OSI CA CTCT19088004518
7. OSI CA CTCM19088004519/P1
8. TAO220

【步骤六】 输入第一名旅客证件号码。

▶ SSR FOID CA HK/NI180100199910210010/P1
1. 韩梅梅 2. 李磊
3. CA1437 Y　TU05MAR　PEKCKG DK2　0700 1000　　　　738　0　R E T3T3
4. TAO/T TAO/T 0532－83835555/QINGDAO PENGFEI AIRLINES SERVICE LTD.,CO/LI TAO ABCDEFG
5. TL/1800/21JAN/TAO220
6. SSR FOID CA HK1 NI180100199910210010/P1
7. SSR FQTV CA HK1 PEKCKG 1437 Y05MAR CA111562506901/P1
8. OSI CA CTCT19088004518
9. OSI CA CTCM19088004519/P1
10. TAO220

【步骤七】 输入第二名旅客证件号码。

▶ SSR FOID　CA HK/NI180100199910210020/P2
1. 韩梅梅 2. 李磊
3. CA1437 Y　TU05MAR　PEKCKG DK2　0700 1000　　　　738　0　R E T3T3
4. TAO/T TAO/T 0532－83835555/QINGDAO PENGFEI AIRLINES SERVICE LTD.,CO/LI TAO ABCDEFG
5. TL/1800/21JAN/TAO220
6. SSR FOID CA HK1 NI180100199910210020/P2
7. SSR FOID CA HK1 NI180100199910210010/P1
8. SSR FQTV CA HK1 PEKCKG 1437 Y05MAR CA058009191786/P2
9. SSR FQTV CA HK1 PEKCKG 1437 Y05MAR CA111562506901/P1
10. OSI CA CTCT19088004518
11. OSI CA CTCM19088004519/P1
12. TAO220

【步骤八】 封口。

▶@
KY191B － EOT SUCCESSFUL, BUT ASR UNUSED FOR 1 OR MORE SEGMENTS
CA1437　Y TU05MAR　PEKCKG DK2　0700 1000
航空公司使用自动出票时限，请检查 PNR
*** 预订酒店指令 HC, 详情　HC:HELP　***

【步骤九】 提取 PNR。

▶ RT:KY191B
1. 韩梅梅 2. 李磊 KY191B
3. CA1437 Y   TU05MAR   PEKCKG HK2   0700 1000   E T3T3
4. TAO/T TAO/T 0532－83835555/QINGDAO PENGFEI AIRLINES SERVICE LTD.,CO/LI TAO ABCDEFG
5. TL/1800/21JAN/TAO220
6. SSR FOID CA HK1 NI1801001999910210020/P1
7. SSR FOID CA HK1 NI1801001999910210010/P2
8. SSR FQTV CA HK1 PEKCKG 1437 Y05MAR CA058009191786/P1
9. SSR FQTV CA HK1 PEKCKG 1437 Y05MAR CA111562506901/P2
10. OSI CA CTCT19088004518
11. OSI CA CTCM19088004519/P1
12. RMK CA/NLC2Z3
13. TAO220

【步骤十】 调取运价并输入。

▶ PAT:A
01 Y FARE:CNY1980.00 TAX:CNY50.00 YQ:TEXEMPTYQ TOT AL:2030.00
SFC:01 SFN:01
SFC:01
1. 韩梅梅 2. 李磊 KY191B
3. CA1437 Y   TU05MAR   PEKCKG HK2   0700 1000   E T3T3
4. TAO/T TAO/T 0532－83835555/QINGDAO PENGFEI AIRLINES SERVICE LTD.,CO/LI TAO ABCDEFG
5. TL/1800/21JAN/TAO220
6. FC/A/PEK A－21JAN20 CA CKG 1980.00Y CNY1980.00END
7. SSR FOID CA HK1 NI1801001999910210020/P1
8. SSR FOID CA HK1 NI1801001999910210010/P2
9. SSR FQTV CA HK1 PEKCKG 1437 Y05MAR CA058009191786/ P1
10. SSR FQTV CA HK1 PEKCKG 1437 Y05MAR CA111562506901/P2
11. OSI CA CTCT19088004518
12. OSI CA CTCM19088004519/P1
13. RMK CMS/A/＊＊
14. RMK OT/A/0/97399/0－1CA3968P1CKG
15. RMK CA/NLC2Z3
16. RMK AUTOMATIC FARE QUOTE
17. FN/A/FCNY1980.00/SCNY1980.00/C0.00/XCNY50.00/TCNY50.00CN/TEXEMPTYQ/ACNY2030.00
18. EI/GAIQITUIPIAOSHOUFEI 改期退票收费
＋

【步骤十一】 删除出票时限。

▶ XE5
1. 韩梅梅 2. 李磊 KY191B
3. CA1437 Y   TU05MAR   PEKCKG HK2   0700 1000   E T3T3
4. TAO/T TAO/T 0532－83835555/QINGDAO PENGFEI AIRLINES SERVICE LTD.,CO/LI TAO ABCDEFG
5. FC/A/PEK A－21JAN20 CA CKG 1980.00Y CNY1980.00END
6. SSR FOID CA HK1 NI1801001999910210020/P1
7. SSR FOID CA HK1 NI1801001999910210010/P2

```
8. SSR FQTV CA HK1 PEKCKG 1437 Y05MAR CA058009191786/P1
9. SSR FQTV CA HK1 PEKCKG 1437 Y05MAR CA111562506901/P2
10. OSI CA CTCT19088004518
11. OSI CA CTCM19088004519/P1
12. RMK CMS/A/**
13. RMK OT/A/0/97399/0-1CA3968P1CKG
14. RMK CA/NLC2Z3
15. RMK AUTOMATIC FARE QUOTE
16. FN/A/FCNY1980.00/SCNY1980.00/C0.00/XCNY50.00/TCNY50.00CN/TEXEMPTYQ/ACNY2030.00
17. EI/GAIQITUIPIAOSHOUFEI 改期退票收费
18. FP/CASH,CNY
```

【步骤十二】 变更客票状态为 RR 状态。

```
▶ 3RR
1. 韩梅梅 2. 李磊 KY191B
3. CA1437 Y  TU05MAR  PEKCKG RR2  0700 1000         E T3T3
4. TAO/T TAO/T 0532-83835555/QINGDAO PENGFEI AIRLINES SERVICE LTD.,CO/LI TAO ABCDEFG
5. FC/A/PEK A-21JAN20 CA CKG 1980.00Y CNY1980.00END
6. SSR FOID CA HK1 NI1801001999102100020/P1
7. SSR FOID CA HK1 NI1801001999102100010/P2
8. SSR FQTV CA HK1 PEKCKG 1437 Y05MAR CA058009191786/P1
9. SSR FQTV CA HK1 PEKCKG 1437 Y05MAR CA111562506901/P2
10. OSI CA CTCT19088004518
11. OSI CA CTCM19088004519/P1
12. RMK CMS/A/**
13. RMK OT/A/0/97399/0-1CA3968P1CKG
14. RMK CA/NLC2Z3
15. RMK AUTOMATIC FARE QUOTE
16. FN/A/FCNY1980.00/SCNY1980.00/C0.00/XCNY50.00/TCNY50.00CN/TEXEMPTYQ/ACNY2030.00
17. EI/GAIQITUIPIAOSHOUFEI 改期退票收费
18. FP/CASH,CNY                                                                   +
```

【步骤十三】 出票。

```
▶ ETDZ:3
CNY2030.00   KY191B
ET PROCESSING... PLEASE WAIT!
ELECTRONIC TICKET ISSUED
```

操作练习

（1）请为自己、李磊预订 10 月 18 日上海到西安的航班，并出票，电话号码用自己的电话号码，身份证号码用自己的身份证号码；李磊身份证号码为 180100199910210010，电话号码为 19088004518。

（2）请为自己、李磊、韩梅梅预订 11 月 8 日青岛到南宁的航班，并出票，电话号码用自己的电话号码，身份证号码用自己的身份证号码；李磊身份证号码为 180100199910210010，电话号码为 19088004518；韩梅梅身份证号码为 180100199910210020，电话号码为

19088004519。

（3）请为自己、李磊、韩梅梅预订11月8日青岛到福州，11月9日福州到青岛往返航班，并出票，电话号码用自己的电话号码，身份证号码用自己的身份证号码；李磊身份证号码为180100199910210010，电话号码为19088004518；韩梅梅身份证号码为180100199910210020，电话号码为19088004519。

（4）请为自己、李磊、韩梅梅预订11月21日西安到深圳，11月28日深圳到西安的航班，电话号码用自己的电话号码，身份证号码用自己的身份证号码；李磊身份证号码为180100199910210010，电话号码为19088004518；韩梅梅身份证号码为180100199910210020，电话号码为19088004519。

（5）请为自己、李磊预订11月21日西安到深圳，11月28日广州到厦门的航班，电话号码用自己的电话号码，身份证号码用自己的身份证号码；李磊身份证号码为180100199910210010，电话号码为19088004518。

（6）请为自己、李磊、韩梅梅预订11月21日西安到深圳，11月28日广州到厦门的航班，电话号码用自己的电话号码，身份证号码用自己的身份证号码；李磊身份证号码为180100199910210010，电话号码为19088004518；韩梅梅身份证号码为180100199910210020，电话号码为19088004519。

任务 2　旅客订座记录的分离

知识目标

（1）了解旅客订座记录分离的方法。
（2）掌握旅客订座记录分离的指令。

旅客订座记录的
分离操作演示

能力目标

（1）能够为旅客分离订座记录。
（2）能够对分离后的订座记录分别处理。

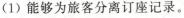

基础知识

有时一个PNR中的部分旅客要更改航程，这时就要用到SP指令将这部分旅客分离出来生成一个新的PNR进行修改，而将其他旅客保留在原PNR中。其指令格式如下。

指令格式> SP:旅客序号/旅客序号……

有一些系统中规定，某些航班只允许分离一次，因此，PNR中存在这些航段时，该PNR只允许分离一次，若仍有旅客需要更改行程，只能为其重新建立新的记录。

任务导入

有3人的PNR如下，现在需要将HAO/HAIDONG和XIE/FENG分离出来。

>RT MS5RV
1.HAO/HAIDONG 2.LI/BING 3.XIE/FENG MS5RV
4.MU5118 Y TU20OCT PEKTNA HK3 1050 1130
(PNR 其他项省略)

任务实施

【步骤一】 输入分离指令。

>SP:1/3
1.HAO/HAIDONG 2.XIE/FENG
3.MU5118 Y TU20OCT PEKTNA HK2 1050 1130
(PNR 其他项省略)

【步骤二】 封口。

>@
MU5118 Y TU20OCT PEKTNA HK2 1050 1130
MS6XS SPLIT FROM MS5RV

【步骤三】 提取 PNR 确认分离。

>RT MS6XS
1.HAO/HAIDONG 2.XIE/FENG MS6XS
3.MU5118 Y TU20OCT PEKTNA HK2 1050 1130
(PNR 其他项省略)
>RT MS5RV
1.LI/BING MS5RV
2.MU5118 Y TU20OCT PEKTNA HK1 1050 1130
(PNR 其他项省略)

操作练习

（1）请为自己、李磊预订 10 月 18 日上海到西安的航班,电话号码用自己的电话号码,身份证号码用自己的身份证号码；李磊身份证号码为 180100199910210010,电话号码为 19088004518,并将李磊的订座记录分离。

（2）请为自己、李磊、韩梅梅预订 11 月 8 日青岛到南宁的航班,电话号码用自己的电话号码,身份证号码用自己的身份证号码；李磊身份证号码为 180100199910210010,电话号码为 19088004518；韩梅梅身份证号码为 180100199910210020,电话号码为 19088004519,并将自己的订座记录分离。

（3）请为自己、李磊、韩梅梅预订 11 月 8 日青岛到福州,11 月 9 日福州到青岛的往返航班,电话号码用自己的电话号码,身份证号码用自己的身份证号码；李磊身份证号码为 180100199910210010,电话号码为 19088004518；韩梅梅身份证号码为 180100199910210020,电话号码为 19088004519,并将自己与李磊的订座记录分离。

(4) 请为自己、李磊、韩梅梅预订11月21日西安到深圳，11月28日深圳到西安的航班，电话号码用自己的电话号码，身份证号码用自己的身份证号码；李磊身份证号码为180100199910210010，电话号码为19088004518；韩梅梅身份证号码为180100199910210020，电话号码为19088004519，并将自己和韩梅梅的订座记录分离。

(5) 请为自己、李磊预订11月21日西安到深圳，11月28日广州到厦门的航班，电话号码用自己的电话号码，身份证号码用自己的身份证号码；李磊身份证号码为180100199910210010，电话号码为19088004518，并将自己的订座记录分离。

(6) 请为自己、李磊、韩梅梅预订11月21日西安到深圳，11月28日广州到厦门的航班，电话号码用自己的电话号码，身份证号码用自己的身份证号码；李磊身份证号码为180100199910210010，电话号码为19088004518；韩梅梅身份证号码为180100199910210020，电话号码为19088004519，并将李磊和韩梅梅的订座记录分离。

任务 3　儿童客票的预订

 知识目标

(1) 了解儿童客票的基本概念。
(2) 掌握儿童客票预订的注意事项。

儿童客票的预订
操作演示

 能力目标

能够完成儿童客票预订的基本操作。

 基础知识

一、儿童的基本概念

儿童是指已满2周岁，未满12周岁的人，儿童占座，按成人全价的50%购票，与成人具有相同的免费行李额。

二、儿童客票预订的注意事项

(1) 儿童应当单独建立PNR，不可以和成人混定。
(2) 儿童只能定Y舱。
(3) 在儿童姓名后需加"CHD"。
(4) 需输入儿童申请 SSR CHLD YY HK1 儿童出生日月年/PN。
(5) 儿童票价 PAT:A*CH。
(6) 需备注成人编码 SSR OTHS CA AOT JZGVMB CA8238 08MAY YP1。

 任务导入

请为旅客李明（2018年8月16日生）预订5月8日青岛到武汉的航班，身份证号码为180100201808160010，电话号码为19088004518。

任务实施

【步骤一】 查询第一航段航班。

```
▲ AVH/TAOWUH/8MAY
  08MAY(WED) TAOWUH
1-   MU2518  DS#  UC FA PQ JC CQ DQ QQ IQ WC YA   TAOWUH 1520  1730    73E 0^     E
>                 BA MQ EQ HQ KQ LQ NQ RQ SQ VQ TQ GQ ZQ            -- T3    2:10
2    CZ3632  DS#  J8 CQ DQ IQ OC WA SQ YA PA BQ   TAOWUH 1700  1920    73K 0^C    E
>                 MQ HQ KA UQ AQ LQ QA EQ VQ ZQ TQ NQ RQ G6 XC       -- T3    2:20
3    CA8238  DS#  JC CC DC ZC RC YA BS MS US HS   TAOWUH 1825  2030    320 0^     E
>                 QS VS WS SS T5 LS N3 KS                             -- T3    2:05
                ** M1S S1S
4    CZ3670  DS#  J8 CQ DQ IQ OC WA SQ YA PA BQ   TAOWUH 2105  2320    73K 0^C    E
>                 MQ HQ KA UQ AQ LQ QA EQ VQ ZQ TQ NQ RQ G6 XC       -- T3    2:15
5    MU5512  DS#  UQ F4 P2 J4 CQ DQ QQ IQ WQ YA   TAOPVG 0710  0855    320 0^     E
>                 BA MA EA HA KA LA NA RA SQ VQ TQ GQ ZQ            -- T1    1:45
     MU2534  DS#  UQ FA P4 JC CQ DQ QQ IQ WC YA          WUH 1400  1610    73H 0^     E
>                 BA MA EA HA KA LA NA RA SQ VQ TQ GQ ZQ            T1 T3    9:00
6+   MU5497  DS#  UQ F4 P1 J4 CQ DQ QQ IQ WQ YA   TAOKMG 0710  1050    320 0^     E
>                 BA MA EA HA KA LA NA RA SQ VQ TQ GQ ZQ                   3:40
     MU9739  DS#  UQ F4 PS J4 CQ DQ QQ IQ WQ YA          WUH 1245  1640    737 1^     E
>                 BA MA EA H8 K7 L6 N5 R4 SQ VQ TQ GQ ZQ            -- T3    9:30
```

【步骤二】 建立第一航段航班。

```
▲ SD3Y1
1. CA8238 Y  WE08MAY  TAOWUH DK1  1825 2030         320  0  R E -- T3
2. TAO/T TAO/T 0532 - 83835555/QINGDAO PENGFEI AIRLINES SERVICE LTD.,CO/LI TAO ABCDEFG
3. TAO220
```

【步骤三】 输入儿童的姓名。

```
▲ NM1 李明 CHD
1. 李明 CHD
2. CA8238 Y  WE08MAY  TAOWUH DK1  1825 2030         320  0  R E -- T3
3. TAO/T TAO/T 0532 - 83835555/QINGDAO PENGFEI AIRLINES SERVICE LTD.,CO/LI TAO ABCDEFG
4. TAO220
```

【步骤四】 输入儿童的联系方式。

```
▲ OSI CA CTCT19088004518
1. 李明 CHD
2. CA8238 Y  WE08MAY  TAOWUH DK1  1825 2030         320  0  R E -- T3
3. TAO/T TAO/T 0532 - 83835555/QINGDAO PENGFEI AIRLINES SERVICE LTD.,CO/LI TAO ABCDEFG
4. OSI CA CTCT19088004518
5. TAO220
```

```
▲ OSI CA CTCM19088004518/P1
 1. 李明 CHD
 2. CA8238 Y   WE08MAY   TAOWUH DK1   1825 2030           320  0  R E -- T3
 3. TAO/T TAO/T 0532-83835555/QINGDAO PENGFEI AIRLINES SERVICE LTD.,CO/LI TAO ABCDEFG
 4. OSI CA CTCT19088004518
 5. OSI CA CTCM19088004518/P1
 6. TAO220
```

【步骤五】 输入出票时限。

```
▲ TKTL/1800/./TAO220
 1. 李明 CHD
 2. CA8238 Y   WE08MAY TAOWUH DK1   1825 2030           320  0  R E -- T3
 3. TAO/T TAO/T 0532-83835555/QINGDAO PENGFEI AIRLINES SERVICE LTD.,CO/LI TAO ABCDEFG
 4. TL/1800/21JAN/TAO220
 5. OSI CA CTCT19088004518
 6. OSI CA CTCM19088004518/P1
 7. TAO220
```

【步骤六】 输入儿童申请。

```
▲ SSR CHLD CA HK1 16AUG18/P1
 1. 李明 CHD
 2. CA8238 Y   WE08MAY   TAOWUH DK1   1825 2030           320  0  R E -- T3
 3. TAO/T TAO/T 0532-83835555/QINGDAO PENGFEI AIRLINES SERVICE LTD.,CO/LI TAO ABCDEFG
 4. TL/1800/21JAN/TAO220
 5. SSR CHLD CA HK1 16AUG18/P1
 6. OSI CA CTCT19088004518
 7. OSI CA CTCM19088004518/P1
 8. TAO220
```

【步骤七】 输入儿童身份证号码。

```
▲ SSR FOID YY HK/NI180100201808160010/P1
 1. 李明 CHD
 2. CA8238 Y   WE08MAY   TAOWUH DK1   1825 2030           320  0  R E -- T3
 3. TAO/T TAO/T 0532-83835555/QINGDAO PENGFEI AIRLINES SERVICE LTD.,CO/LI TAO ABCDEFG
 4. TL/1800/21JAN/TAO220
 5. SSR FOID YY HK1 NI180100201808160010/P1
 6. SSR CHLD CA HK1 16AUG18/P1
 7. OSI CA CTCT19088004518
 8. OSI CA CTCM19088004518/P1
 9. TAO220
```

【步骤八】 封口。

```
▲ @
JZGVMB - EOT SUCCESSFUL, BUT ASR UNUSED FOR 1 OR MORE SEGMENTS
CA8238  Y WE08MAY   TAOWUH DK1   1825 2030
航空公司使用自动出票时限，请检查 PNR
*** 预订酒店指令 HC, 详情    HC:HELP    ***
```

【步骤九】 提取 PNR。

▶ RT：JZGVMB
1. 李明 CHD JZGVMB
2. CA8238 Y   WE08MAY   TAOWUH HK1   1825 2030   E -- T3
3. TAO/T TAO/T 0532-83835555/QINGDAO PENGFEI AIRLINES SERVICE LTD.,CO/LI TAO ABCDEFG
4. TL/1800/21JAN/TAO220
5. SSR FOID CA HK1 NI1801002018081600010/P1
6. SSR CHLD CA HK1 16AUG18/P1
7. OSI CA CTCT19088004518
8. OSI CA CTCM19088004518/P1
9. RMK CA/PEQ2V4
10. TAO220

【步骤十】 使用 PAT:A*CH 调取儿童运价并输入。

▶ PAT:A*CH
01 Y FARE:CNY550.00 TAX:CNY.00 YQ:TEXEMPTYQ TOTAL:550.00
SFC:01   SFN:01
SFC:01
1. 李明 CHD JZGVMB
2. CA8238 Y   WE08MAY   TAOWUH HK1   1825 2030   E -- T3
3. TAO/T TAO/T 0532-83835555/QINGDAO PENGFEI AIRLINES SERVICE LTD.,CO/LI TAO ABCDEFG
4. TL/1800/21JAN/TAO220
5. FC/A/TAO A-21JAN20 CA WUH 550.00Y CNY550.00END
6. SSR FOID CA HK1 NI1801002018081600010/P1
7. SSR CHLD CA HK1 16AUG18/P1
8. OSI CA CTCT19088004518
9. OSI CA CTCM19088004518/P1
10. RMK CMS/A/**
11. RMK OT/A/0/97399/0-1CA3968P1WUH
12. RMK CA/PEQ2V4
13. RMK AUTOMATIC FARE QUOTE
14. FN/A/FCNY550.00/SCNY550.00/C0.00/XCNY0.00/TCNY0.00CN/TEXEMPTYQ/ACNY550.00
15. EI/GAIQITUIPIAOSHOUFEI 改期退票收费
16. FP/CASH,CNY
17. TAO220

【步骤十一】 备注成人编码。

▶ SSR OTHS CA AOT JZGVMB CA8238 08MAY YP1
01 Y FARE:CNY550.00 TAX:CNY.00 YQ:TEXEMPTYQ TOTAL:550.00
SFC:01   SFN:01
SFC:01
1. 李明 CHD JZGVMB
2. CA8238 Y WE08MAY TAOWUH HK1 1825 2030   E -- T3
3. TAO/T TAO/T 0532-83835555/QINGDAO PENGFEI AIRLINES SERVICE LTD.,CO/LI TAO ABCDEFG
4. TL/1800/21JAN/TAO220
5. FC/A/TAO A-21JAN20 CA WUH 550.00Y CNY550.00END
6. SSR FOID CA HK1 NI1801002018081600010/P1
7. SSR CHLD CA HK1 16AUG18/P1
8. SSR OTHS CA AOT JZGVMB CA8238 08MAY YP1

9. OSI CA CTCT19088004518
10. OSI CA CTCM19088004518/P1
11. RMK CMS/A/**
12. RMK OT/A/0/97399/0-1CA3968P1WUH
13. RMK CA/PEQ2V4
14. RMK AUTOMATIC FARE QUOTE
15. FN/A/FCNY550.00/SCNY550.00/C0.00/XCNY0.00/TCNY0.00CN/TEXEMPTYQ/ACNY550.00
16. EI/GAIQITUIPIAOSHOUFEI 改期退票收费
17. FP/CASH,CNY
18. TAO220

【步骤十二】 删除出票时限。

▶ XE4
1. 李明 CHD JZGVMB
2. CA8238 Y　WE08MAY　TAOWUH HK1　1825 2030　　　　　E -- T3
3. TAO/T TAO/T 0532-83835555/QINGDAO PENGFEI AIRLINES SERVICE LTD.,CO/LI TAO ABCDEFG
4. FC/A/TAO A-21JAN20 CA WUH 550.00Y CNY550.00END
5. SSR FOID CA HK1 NI180100201808160010/P1
6. SSR CHLD CA HK1 16AUG18/P1
7. OSI CA CTCT19088004518
8. OSI CA CTCM19088004518/P1
9. RMK CMS/A/**
10. RMK OT/A/0/97399/0-1CA3968P1WUH
11. RMK CA/PEQ2V4
12. RMK AUTOMATIC FARE QUOTE
13. FN/A/FCNY550.00/SCNY550.00/C0.00/XCNY0.00/TCNY0.00CN/TEXEMPTYQ/ACNY550.00
14. EI/GAIQITUIPIAOSHOUFEI 改期退票收费
15. FP/CASH,CNY
16. TAO220

【步骤十三】 变更客票状态为 RR 状态。

▶ 2RR
1. 李明 CHD JZGVMB
2. CA8238 Y　WE08MAY　TAOWUH RR1　1825 2030　　　　　E -- T3
3. TAO/T TAO/T 0532-83835555/QINGDAO PENGFEI AIRLINES SERVICE LTD.,CO/LI TAO ABCDEFG
4. FC/A/TAO A-21JAN20 CA WUH 550.00Y CNY550.00END
5. SSR FOID CA HK1 NI180100201808160010/P1
6. SSR CHLD CA HK1 16AUG18/P1
7. OSI CA CTCT19088004518
8. OSI CA CTCM19088004518/P1
9. RMK CMS/A/**
10. RMK OT/A/0/97399/0-1CA3968P1WUH
11. RMK CA/PEQ2V4
12. RMK AUTOMATIC FARE QUOTE
13. FN/A/FCNY550.00/SCNY550.00/C0.00/XCNY0.00/TCNY0.00CN/TEXEMPTYQ/ACNY550.00
14. EI/GAIQITUIPIAOSHOUFEI 改期退票收费
15. FP/CASH,CNY
16. TAO220

【步骤十四】 出票。

```
▶ ETDZ:3
CNY550.00 JZGVMB
ET PROCESSING... PLEASE WAIT!
ELECTRONIC TICKET ISSUED
```

操作练习

（1）请为旅客李明（2018年1月1日生）预订5月10日北京到上海的航班，并出票，身份证号码为180100201801010010，电话号码为19088004518。

（2）请为旅客李明（2018年1月1日生）预订5月18日济南到深圳，5月28日深圳到济南的航班，并出票，身份证号码为180100201801010010，电话号码为19088004518。

（3）请为旅客李明（2018年1月1日生）预订6月12日北京到上海，6月20日上海到广州的航班，并出票，身份证号码为180100201801010010，电话号码为19088004518。

（4）请为旅客李明（2018年1月1日生）预订7月15日青岛到上海，7月18日杭州到重庆的航班，并出票，身份证号码为180100201801010010，电话号码为19088004518。

（5）请为自己、旅客李明（2018年1月1日生）预订6月12日青岛到上海的航班，并出票，电话号码用自己的电话号码，身份证号码用自己的身份证号码；李明身份证号码为180100201801010010，电话号码为19088004518。

（6）请为自己、旅客李明（2018年1月1日生）预订8月5日青岛到上海，8月20日上海到青岛的航班，并出票，电话号码用自己的电话号码，身份证号码用自己的身份证号码；李明身份证号码为180100201801010010，电话号码为19088004518。

任务4　婴儿客票的预订

婴儿客票的预订
操作演示

知识目标

（1）掌握婴儿客票的基本概念。
（2）掌握婴儿客票预订的注意事项。

能力目标

能够完成婴儿客票预订的基本操作。

基础知识

一、婴儿客票的基本概念

婴儿是指已满14天，未满2周岁的人，婴儿不占座，按成人全价的10％购票，大部分航空公司给婴儿票10千克的免费行李额，小部分航空公司对婴儿票没有免费行李额。

二、婴儿客票预订的注意事项

（1）婴儿需跟成人订在同一个PNR中。

（2）先做好成人客票的预订，再添加婴儿的信息。

（3）婴儿姓名的输入：XN:IN/婴儿名 INF(婴儿出生月年)/PN。

（4）输入婴儿申请：SSR INFT 航空公司代码 NN1 婴儿姓/婴儿名 出生日月年/PN/SN(航段)。例如：SSR INFT CA NN1 LI/LEI 15DEC18/P1/S2。

（5）婴儿票价:PAT:*IN 或 PAT:A*IN。

任务导入

请为旅客李磊、韩梅梅、李明(2021年8月13日生)预订5月16日天津到福州，5月26日厦门到北京的航班，李磊身份证号码为180100199910210010，电话号码为19088004518；韩梅梅身份证号码为180100199910210020，电话号码为19088004519。

任务实施

【步骤一】 查询第一航段航班。

```
▶ AVH/TSNFOC/16MAY
16MAY(THU) TSNFOC
1 -   CA1641   DS#  JC CC DC ZC RC YA BS MS US HS   TSNFOC 0655   0935    73L 0^     E
>                   QS VS WS SS T5 LS N3 KS                              T2 --  2:40
                 ** M1S S1S
2     MF8331   DS#  FC AC JA CS DS IS OS YA HA BS   TSNFOC 0905   1145    738 0^L    E
>                   MS LS KS NS QS VS TS RS US GS S5 ZS ES                T2 --  2:40
3     MF8278   DS#  FC AC J8 CS DS IS OS YA HA BS   TSNFOC 1235   1515    738 0^L    E
>                   MS LS KS NS QS VS TS RS US GS S3 ZS ES                T2 --  2:40
4     HX363    DS#                                  TSNHKG 0725   1055    332 0^B    E
>                                                                         1   1  3:30
      HX145    DS#                                  FOC    2120   2325    32S 0^S    E
>                                                                         1   -- 16:00
5 +   CA1427   DS#  J4 CS DS ZS RS YA BS MS US HS   TSNCTU 0730   1030    73N 0^     E
>                   QS VS WS SS T5 LS N3 KS                              T2 T2  3:00
                 ** M1S S1S
      CA4229   DS#  JC CC DC ZC RC YA BS MS US HS   FOC    1610   1845    319 0^S    E
>                   QS VS WS SS TA LS N3 KS                              T2 -- 11:15
  **  FLIGHT OF DR PLEASE CHECK IN 40 MINUTES BEFORE DEPARTURE AT TSN
  **  FREE ACCOMADATION IN CTU OR CKG IF CONNECT TIME OVER 6 HRS 3U
```

【步骤二】 建立第一航段。

```
▶ SD1Y2
1. CA1641 Y  TH16MAY   TSNFOC DK2   0655 0935    73L   0   R E T2 --
2. TAO/T TAO/T 0532-83835555/QINGDAO PENGFEI AIRLINES SERVICE LTD.,CO/LI TAO     ABCDEFG
3. TAO220
```

【步骤三】 建立缺口程航段。

```
▶ SA:FOCXMN
1. CA1641 Y  TH16MAY   TSNFOC DK2   0655 0935          73L   0   R E T2 --
2. ARNK                FOCXMN
3. TAO/T TAO/T 0532-83835555/QINGDAO PENGFEI AIRLINES SERVICE LTD.,CO/LI TAO ABCDEFG
4. TAO220
```

【步骤四】 查询第二航段航班。

```
▶ AVH/XMNPEK/26MAY
26MAY(SUN) XMNBJS
1-    MF8117   DS# FA AS JA CS DS IS OS YA HA BS   XMNPEK 0700   0945       788 0^S    E
>                  MS LS KS NS QS VS TS RS US GS S5 ZS ES                    T3 T2    2:45
2     CA1802   DS# J2 C2 DC ZC RC YA BS MS US HS   XMNPEK 0750   1035       32A 0^     E
>                  QS VS WS SS T5 LS N3 KS                                   T4 T3    2:45
                ** M1S S1S
3    *AC6623   DS! J4 C4 D4 Z0 P0 Y4 B4 M4 U4 H4   XMNPEK 0750   1035       321 0      E
>     CA1802       QC VC WC SC TC LC KC                                      T4 T3    2:45
4     MF8127   DS# FC AC J8 CS DS IS OS YA HA BS   XMNPEK 0900   1150       738 0^L    E
>                  MS LS KS NS QS VS TS RS US GS S5 ZS ES                    T3 T2    2:50
5     MF8101   DS# FC AC JA CS DS IS OS YA H8 BS   XMNPEK 1100   1350       789 0^S    E
>                  MS LS KS NS QS VS TS RS US GS SS ZS ES                    T3 T2    2:50
6     CA1810   DS# J2 C2 DC ZC RC YA BS MS US HS   XMNPEK 1225   1525       32A 0^     E
>                  QS VS WS SS T5 LS N3 KS                                   T4 T3    3:00
                ** M1S S1S
7    *AC6633   DS! J4 C4 D4 Z0 P0 Y4 B4 M4 U4 H4   XMNPEK 1225   1525       321 0      E
>     CA1810       QC VC WC SC TC LC KC                                      T4 T3    3:00
8 +   HU7192   DS# C8 DQ ZQ IQ RQ JQ YA BQ HQ KQ   XMNPEK 1300   1545       738 0^     E
>                  LQ MO XQ VQ NQ QQ PQ AQ UQ TQ SQ OQ                       T4 T1    2:45
```

【步骤五】 建立第二航段。

```
▶ SD2Y2
1. CA1641 Y   TH16MAY   TSNFOC DK2   0655 0935             73L  0   R E T2 --
2.    ARNK               FOCXMN
3. CA1802 Y   SU26MAY   XMNPEK DK2   0750 1035             32A  0   R E T4T3
4. TAO/T TAO/T 0532－83835555/QINGDAO PENGFEI AIRLINES SERVICE LTD.,CO/LI TAO ABCDEFG
5. TAO220
```

【步骤六】 输入旅客姓名。

```
▶ NM1 李磊 1.韩梅梅
2. 韩梅梅 1.李磊
3. CA1641 Y   TH16MAY   TSNFOC DK2   0655 0935             73L  0   R E T2 --
4.    ARNK               FOCXMN
5. CA1802 Y   SU26MAY   XMNPEK DK2   0750 1035             32A 0   R E T4T3
6. TAO/T TAO/T 0532－83835555/QINGDAO PENGFEI AIRLINES SERVICE LTD.,CO/LI TAO ABCDEFG
7. TAO220
```

【步骤七】 输入旅客联系方式。

```
▶ OSI CA CTCT19088004518
2. 韩梅梅 1.李磊
3. CA1641 Y   TH16MAY   TSNFOC DK2   0655 0935             73L  0   R E T2 --
4.    ARNK               FOCXMN
5. CA1802 Y   SU26MAY   XMNPEK DK2   0750 1035             32A 0   R E T4T3
6. TAO/T TAO/T 0532－83835555/QINGDAO PENGFEI AIRLINES SERVICE LTD.,CO/LI TAO ABCDEFG
7. OSI CA CTCT19088004518
```

```
   8. TAO220
▶ OSI CA CTCM19088004519/P2
   2. 韩梅梅 1.李磊
   3. CA1641 Y   TH16MAY   TSNFOC DK2   0655 0935           73L  0   R E T2 --
   4.    ARNK            FOCXMN
   5. CA1802 Y   SU26MAY   XMNPEK DK2   0750 1035           32A  0   R E T4T3
   6. TAO/T TAO/T 0532 – 83835555/QINGDAO PENGFEI AIRLINES SERVICE LTD.,CO/LI TAO ABCDEFG
   7. OSI CA CTCT19088004518
   8. OSI CA CTCM19088004519/P2
   9. TAO220
```

【步骤八】 输入第一名旅客证件号码。

```
▶ SSR FOID CA HK/NI1801001999102210010/P1
   2. 韩梅梅 1.李磊
   3. CA1641 Y   TH16MAY   TSNFOC DK2   0655 0935           73L  0   R E T2 --
   4.    ARNK            FOCXMN
   5. CA1802 Y   SU26MAY   XMNPEK DK2   0750 1035           32A  0   R E T4T3
   6. TAO/T TAO/T 0532 – 83835555/QINGDAO PENGFEI AIRLINES SERVICE LTD.,CO/LI TAO ABCDEFG
   7. SSR FOID CA HK1 NI1801001999102210010/P1
   8. SSR FQTV CA HK1 TSNFOC 1641 Y16MAY CA111562506901/P1
   9. SSR FQTV CA HK1 XMNPEK 1802 Y26MAY CA111562506901/P1
  10. OSI CA CTCT19088004518
  11. OSI CA CTCM19088004519/P2
  12. TAO220
```

【步骤九】 输入第二名旅客证件号码。

```
▶ SSR FOID CA HK/NI1801001999102210020/P2
   2. 韩梅梅 1.李磊
   3. CA1641 Y   TH16MAY   TSNFOC DK2   0655 0935           73L  0   R E T2 --
   4.    ARNK            FOCXMN
   5. CA1802 Y   SU26MAY   XMNPEK DK2   0750 1035           32A  0   R E T4T3
   6. TAO/T TAO/T 0532 – 83835555/QINGDAO PENGFEI AIRLINES SERVICE LTD.,CO/LI TAO ABCDEFG
   7. SSR FOID CA HK1 NI1801001999102210020/P2
   8. SSR FOID CA HK1 NI1801001999102210010/P1
   9. SSR FQTV CA HK1 TSNFOC 1641 Y16MAY CA111562506901/P1
  10. SSR FQTV CA HK1 XMNPEK 1802 Y26MAY CA111562506901/P1
  11. OSI CA CTCT19088004518
  12. OSI CA CTCM19088004519/P2
   +
```

【步骤十】 输入出票时限。

```
▶ TKTL/1800/./TAO220
   2. 韩梅梅 1.李磊
   3. CA1641 Y   TH16MAY   TSNFOC DK2   0655 0935           73L  0   R E T2 --
   4.    ARNK            FOCXMN
   5. CA1802 Y   SU26MAY   XMNPEK DK2   0750 1035           32A  0   R E T4T3
   6. TAO/T TAO/T 0532 – 83835555/QINGDAO PENGFEI AIRLINES SERVICE LTD.,CO/LI TAO ABCDEFG
   7. TL/1800/21JAN/TAO220
   8. SSR FOID CA HK1 NI1801001999102210020/P2
   9. SSR FOID CA HK1 NI1801001999102210010/P1
```

```
10. SSR FQTV CA HK1 TSNFOC 1641 Y16MAY CA111562506901/P1
11. SSR FQTV CA HK1 XMNPEK 1802 Y26MAY CA111562506901/P1
12. OSI CA CTCT19088004518
 +
```

【步骤十一】 封口。

```
▶ @
KMQSET - EOT SUCCESSFUL, BUT ASR UNUSED FOR 1 OR MORE SEGMENTS
CA1641   Y  TH16MAY    TSNFOC DK2    0655 0935
CA1802   Y  SU26MAY    XMNPEK DK2    0750 1035
航空公司使用自动出票时限，请检查 PNR
*** 预订酒店指令 HC，详情    HC:HELP    ***
```

【步骤十二】 提取 PNR。

```
▶ RT KMQSET
1. 韩梅梅 2.李磊 KMQSET
3. CA1641 Y   TH16MAY    TSNFOC HK2   0655 0935           E T2 --
4.    ARNK            FOCXMN
5. CA1802 Y   SU26MAY    XMNPEK HK2   0750 1035           E T4T3
6. TAO/T TAO/T 0532 - 83835555/QINGDAO PENGFEI AIRLINES SERVICE LTD.,CO/LI TAO ABCDEFG
7. TL/1800/21JAN/TAO220
8. SSR FOID CA HK1 NI180100199910210020/P1
9. SSR FOID CA HK1 NI180100199910210010/P2
10. SSR FQTV CA HK1 TSNFOC 1641 Y16MAY CA111562506901/P2
11. SSR FQTV CA HK1 XMNPEK 1802 Y26MAY CA111562506901/P2
12. OSI CA CTCT19088004518
13. OSI CA CTCM19088004519/P1
14. RMK CA/PXLBR3
15. TAO220
```

【步骤十三】 输入婴儿姓名。

```
▶ XN:IN/李明 INF(AUG21)/P1
1. 韩梅梅 2.李磊 KMQSET
3. CA1641 Y   TH16MAY    TSNFOC HK2   0655 0935           E T2 --
4.    ARNK            FOCXMN
5. CA1802 Y   SU26MAY    XMNPEK HK2   0750 1035           E T4T3
6. TAO/T TAO/T 0532 - 83835555/QINGDAO PENGFEI AIRLINES SERVICE LTD.,CO/LI TAO ABCDEFG
7. TL/1800/21JAN/TAO220
8. SSR FOID CA HK1 NI180100199910210020/P1
9. SSR FOID CA HK1 NI180100199910210010/P2
10. SSR FQTV CA HK1 TSNFOC 1641 Y16MAY CA111562506901/P2
11. SSR FQTV CA HK1 XMNPEK 1802 Y26MAY CA111562506901/P2
12. SSR INFT CA NN1 TSNFOC 1641 Y16MAY LI/MING 13AUG18/P1
13. SSR INFT CA NN1 XMNPEK 1802 Y26MAY LI/MING 13AUG18/P1
14. OSI CA CTCT19088004518
15. OSI CA CTCM19088004519/P1
16. RMK CA/PXLBR3
17. XN/IN/李明 INF(AUG21)/P1
 +
```

【步骤十四】 输入婴儿申请。

▶ SSR INFT CA NN1/LI/MING 13AUG21/P1/S3/S5
1. 韩梅梅 2.李磊 KMQSET
3. CA1641 Y   TH16MAY   TSNFOC HK2   0655 0935   E T2--
4.   ARNK   FOCXMN
5. CA1802 Y   SU26MAY   XMNPEK HK2   0750 1035   E T4T3
6. TAO/T TAO/T 0532-83835555/QINGDAO PENGFEI AIRLINES SERVICE LTD.,CO/LI TAO ABCDEFG
7. TL/1800/21JAN/TAO220
8. SSR FOID CA HK1 NI1801001999102100020/P1
9. SSR FOID CA HK1 NI1801001999102100010/P2
10. SSR FQTV CA HK1 TSNFOC 1641 Y16MAY CA111562506901/P2
11. SSR FQTV CA HK1 XMNPEK 1802 Y26MAY CA111562506901/P2
12. SSR INFT CA NN1 TSNFOC 1641 Y16MAY LI/MING 13AUG21/P1
13. SSR INFT CA NN1 XMNPEK 1802 Y26MAY LI/MING 13AUG21/P1
14. OSI CA CTCT19088004518
15. OSI CA CTCM19088004519/P1
16. OSI YY 1INF LIMING INF/P1
17. RMK CA/PXLBR3
18. XN/IN/李明 INF(AUG21)/P1
 +

【步骤十五】 调取成人运价并输入。

▶ PAT:A
> PAT:A
01 Y + Y FARE:CNY3750.00 TAX:CNY100.00 YQ:TEXEMPTYQ   TOTAL:3850.00
SFC:01   SFN:01/01   SFN:01/02
SFC:01
1. 韩梅梅 2.李磊 KMQSET
3. CA1641 Y   TH16MAY   TSNFOC HK2   0655 0935   E T2--
4.   ARNK   FOCXMN
5. CA1802 Y   SU26MAY   XMNPEK HK2   0750 1035   E T4T3
6. TAO/T TAO/T 0532-83835555/QINGDAO PENGFEI AIRLINES SERVICE LTD.,CO/LI TAO ABCDEFG
7. TL/1800/21JAN/TAO220
8. FC/A/TSN A-21JAN20 CA FOC 1630.00Y //XMN A-21JAN20 CA PEK 2120.00Y CNY3750.00END
9. SSR FOID CA HK1 NI1801001999102100020/P1
10. SSR FOID CA HK1 NI1801001999102100010/P2
11. SSR FQTV CA HK1 TSNFOC 1641 Y16MAY CA111562506901/P2
12. SSR FQTV CA HK1 XMNPEK 1802 Y26MAY CA111562506901/P2
13. SSR INFT CA NN1 TSNFOC 1641 Y16MAY LI/MING 13AUG21/P1
14. SSR INFT CA NN1 XMNPEK 1802 Y26MAY LI/MING 13AUG21/P1
15. OSI CA CTCT19088004518
16. OSI CA CTCM19088004519/P1
17. OSI YY 1INF LIMING INF/P1
18. RMK CMS/A/ **   +

【步骤十六】 使用PAT:A*IN调取婴儿运价并输入。

▶ PAT:A*IN
> PAT:A*IN
01 Y + Y FARE:CNY370.00 TAX:CNY100.00 YQ:TEXEMPTYQ   TOTAL:370.00
SFC:01   SFN:01/01   SFN:01/02

```
SFC:01
1. 韩梅梅 2.李磊 KMQSET
3. CA1641 Y  TH16MAY  TSNFOC HK2  0655 0935          E T2--
4.     ARNK             FOCXMN
5. CA1802 Y  SU26MAY  XMNPEK HK2  0750 1035          E T4T3
6. TAO/T TAO/T 0532-83835555/QINGDAO PENGFEI AIRLINES SERVICE LTD.,CO/LITAO ABCDEFG
7. TL/1800/21JAN/TAO220
8. FC/A/TSN A-21JAN20 CA FOC 1630.00Y //XMN A-21JAN20 CA PEK 2120.00Y CNY3750.00END
9. FC/A/TSN A-21JAN20 CA FOC 160.00Y //XMN A-21JAN20 CA PEK 210.00Y CNY370.00END
10. SSR FOID CA HK1 NI1801001999910210020/P1
11. SSRFOID CA HK1 NI1801001999910210010/P2
12. SSR FQTV CA HK1 TSNFOC 1641 Y16MAY CA111562506901/P2
13. SSR FQTV CA HK1 XMNPEK 1802 Y26MAY CA111562506901/P2
14. SSR INFT CA NN1 TSNFOC 1641 Y16MAY LI/MING 13AUG21/P1
15. SSR INFT CA NN1 XMNPEK 1802 Y26MAY LI/MING 13AUG21/P1
16. OSI CA CTCT19088004518
17. OSI CA CTCM19088004519/P1
```

【步骤十七】 删除出票时限。

▶ XE7

```
1. 韩梅梅 2.李磊 KMQSET
3. CA1641 Y  TH16MAY  TSNFOC HK2  0655 0935          E T2--
4.     ARNK             FOCXMN
5. CA1802 Y  SU26MAY  XMNPEK HK2  0750 1035          E T4T3
6. TAO/T TAO/T 0532-83835555/QINGDAO PENGFEI AIRLINES SERVICE LTD.,CO/LI TAO ABCDEFG
7. FC/A/TSN A-21JAN20 CA FOC 1630.00Y //XMN A-21JAN20 CA PEK 2120.00Y CNY3750.00END
8. FC/A/TSN A-21JAN20 CA FOC 160.00Y //XMN A-21JAN20 CA PEK 210.00Y CNY3750.00END
9. SSR FOID CA HK1 NI1801001999910210020/P1
10. SSR FOID CA HK1 NI1801001999910210010/P2
11. SSR FQTV CA HK1 TSNFOC 1641 Y16MAY CA111562506901/P2
12. SSR FQTV CA HK1 XMNPEK 1802 Y26MAY CA111562506901/P2
13. SSR INFT CA NN1 TSNFOC 1641 Y16MAY LI/MING 13AUG21/P1
14. SSR INFT CA NN1 XMNPEK 1802 Y26MAY LI/MING 13AUG21/P1
15. OSI CA CTCT19088004518
16. OSI CA CTCM19088004519/P1
17. OSI YY 1INF LIMING INF/P1
18. RMK CMS/A/**
```

【步骤十八】 更改客票第一航段为RR状态。

▶ 3RR

```
1. 韩梅梅 2.李磊 KMQSET
3. CA1641 Y  TH16MAY  TSNFOC RR2  0655 0935          E T2--
4.     ARNK             FOCXMN
5. CA1802 Y  SU26MAY  XMNPEK HK2  0750 1035          E T4T3
6. TAO/T TAO/T 0532-83835555/QINGDAO PENGFEI AIRLINES SERVICE LTD.,CO/LI TAO ABCDEFG
7. FC/A/TSN A-21JAN20 CA FOC 1630.00Y //XMN A-21JAN20 CA PEK 2120.00Y CNY3750.00END
8. FC/A/TSN A-21JAN20 CA FOC 160.00Y //XMN A-21JAN20 CA PEK 210.00Y CNY3750.00END
```

```
9. SSR FOID CA HK1 NI180100199910210020/P1
10. SSR FOID CA HK1 NI180100199910210010/P2
11. SSR FQTV CA HK1 TSNFOC 1641 Y16MAY CA111562506901/P2
12. SSR FQTV CA HK1 XMNPEK 1802 Y26MAY CA111562506901/P2
13. SSR INFT CA NN1 TSNFOC1641 Y16MAY LI/MING 13AUG21/P1
14. SSR INFT CA NN1 XMNPEK 1802 Y26MAY LI/MING 13AUG21/P1
15. OSI CA CTCT19088004518
16. OSI CA CTCM19088004519/P1
17. OSI YY 1INFLIMING INF/P1
18. RMK CMS/A/**
```

【步骤十九】 更改客票第二航段为 RR 状态。

```
▶ 5RR
1. 韩梅梅 2.李磊 KMQSET
3. CA1641 Y   TH16MAY   TSNFOC RR2   0655 0935        E T2--
4.    ARNK               FOCXMN
5. CA1802 Y   SU26MAY   XMNPEK RR2   0750 1035        E T4T3
6. TAO/T TAO/T 0532-83835555/QINGDAO PENGFEI AIRLINES SERVICE LTD.,CO/LI TAO ABCDEFG
7. FC/A/TSN A-21JAN20 CA FOC 1630.00Y //XMN A-21JAN20 CA PEK 2120.00Y CNY3750.00END
8. FC/A/TSN A-21JAN20 CA FOC 160.00Y //XMN A-21JAN20 CA PEK 210.00Y CNY3750.00END
9. SSR FOID CA HK1 NI180100199910210020/P1
10. SSR FOID CA HK1 NI180100199910210010/P2
11. SSR FQTV CA HK1 TSNFOC 1641 Y16MAY CA111562506901/P2
12. SSR FQTV CA HK1 XMNPEK 1802 Y26MAY CA111562506901/P2
13. SSR INFT CA NN1 TSNFOC 1641 Y16MAY LI/MING 13AUG21/P1
14. SSR INFT CA NN1 XMNPEK 1802 Y26MAY LI/MING 13AUG21/P1
15. OSI CA CTCT19088004518
16. OSI CA CTCM19088004519/P1
17. OSI YY 1INF LIMING INF/P1
18. RMK CMS/A/**
```

【步骤二十】 出票。

```
▶ ETDZ:3
CNY4120.00    KMQSET
ET PROCESSING... PLEASE WAIT!
ELECTRONIC TICKET ISSUED
```

操作练习

(1) 请为旅客李磊、李明(2024 年 10 月 15 日生)预订 6 月 5 日天津到福州的航班,并出票,李磊的身份证号码为 180100199910210010,电话号码为 19088004518。

(2) 请为旅客李磊、李明(2024 年 10 月 15 日生)预订 7 月 10 日青岛到南京,7 月 15 日南京到青岛的航班,并出票,李磊的身份证号码为 180100199910210010,电话号码为 19088004518。

(3) 请为旅客李磊、李明(2024 年 10 月 15 日生)预订 8 月 1 日济南到厦门,8 月 12 日厦门到广州的航班,并出票,李磊的身份证号码为180100199910210010,电话号码为19088004518。

(4) 请为旅客李磊、李明(2024 年 10 月 15 日生)预订 8 月 18 日重庆到南京,8 月 22 日杭州到青岛的航班,并出票,李磊的身份证号码为180100199910210010,电话号码为19088004518。

(5) 请为旅客李磊、韩梅梅、李明(2024 年 10 月 15 日生)预订 5 月 16 日天津到南昌的航班,并出票,李磊的身份证号码为180100199910210010,电话号码为19088004518;韩梅梅的身份证号码为180100199910210020,电话号码为19088004519。

(6) 请为旅客李磊、韩梅梅、李明(2024 年 10 月 15 日生)预订 6 月 12 日天津到南昌,6 月 18 日南昌到天津的航班,并出票,李磊的身份证号码为180100199910210010,电话号码为19088004518;韩梅梅的身份证号码为180100199910210020,电话号码为19088004519。

任务 5　团体客票的预订

知识目标

(1) 掌握团体客票的基本概念。
(2) 掌握团体客票预订的注意事项。

能力目标

能够完成团体客票预订的基本操作。

团体客票的预订
操作演示

基础知识

一、团体的基本概念

团体是指 10 人以上(含 10 人),购买相同的航程、乘机日期、航班、舱位等级并按相同票价支付票款的旅客,购买儿童、婴儿和享受特种票价的旅客计入团体旅客人数内。

二、团体客票预订的注意事项

(1) 团体 PNR 必须输入团体名。
(2) 团体名输入指令格式 GN:团体订座人数团名,例如:GN:12TAISHAN。
(3) 团名只可由英文字母和斜线(/)组成,不可用中文做团名。
(4) 团名最长为 50 个字符,最短为 2 个字符。
(5) 团名建立后不可更改。
(6) 在代理人系统,10 人(含 10 人)以上的 PNR 必须成团,9 人以下不能团。
(7) 一个团体最多可有 511 名旅客。
(8) 旅客姓名可以在建立团体 PNR 时输入,也可在以后分步输入。
(9) 代理人可以按团名或团体中任一旅客的姓名提取该 PNR。
(10) 在建立团体 PNR 后,代理人可根据实际需要取消或分离部分旅客,分离出的新 PNR 团名仍为原团名。

任务导入

请为10名旅客预订团体名为"MINHANGAIHAOZHE",5月11日济南到长沙,5月12日长沙到深圳的客票,身份证号码自拟,电话号码自拟。

 任务实施

【步骤一】 建立团体名。

▶ GN12MINHANGAIHAOZHE
0.12 MINHANGAIHAOZHE NM0
1. TAO/T TAO/T 0532－83835555/QINGDAO PENGFEI AIRLINES SERVICE LTD.,CO/LI TAO ABCDEFG
2. TAO220

【步骤二】 查询第一航段航班。

```
▶ AVH/TNACSX/11MAY
11MAY(SAT) TNACSX
1-    HU7228   DS♯ CA DQ ZQ IQ RQ JQ YA BQ HQ KQ    TNACSX 1350   1605     738 0^       E
>                  LQ MQ XQ VQ NQ QQ PQ AQ UQ TQ SQ OQ                  -- T2   2:15
                ** BAZ BBZ BCZ BDZ BES BIZ BKZ HAZ HBZ HCZ HDZ HES AV:C/1
2     CZ3926   DS♯ JA CQ DQ IQ OC WA SQ YA PA BQ    TNACSX 1655   1855     320 0^D      E
>                  MQ HQ KA UQ AQ LQ QA EQ VQ ZQ TQ NQ RQ G5 XC         -- T2   2:00
3     MU2429   DS♯ UQ F3 PS J5 CQ DQ QQ IQ WQ YA    TNAXIY 0705   0850     320 0^       E
>                  BA MS ES HS KS LS NS RS SQ VQ TQ GQ ZQ               -- T3   1:45
      MU2265   DS♯ UQ FA PQ JQ CQ DQ QQ IQ WQ YA           CSX 1605   1750  325 0^      E
>                  BA MQ EQ HQ KQ LQ NQ RQ SQ VQ TQ GQ ZQ               T3 T2 10:45
4     MU2429   DS♯ UQ F3 PS J5 CQ DQ QQ IQ WQ YA    TNAXIY 0705   0850     320 0^       E
>                  BA MS ES HS KS LS NS RS SQ VQ TQ GQ ZQ               -- T3   1:45
      MU2383   DS♯ UQ F4 PQ JQ CQ DQ QQ IQ WQ YA           CSX 1725   1920  320 0^      E
>                  BA MQ EQ HQ KQ LQ NQ RQ SQ VQ TQ GQ ZQ               T3 T2 12:15
5+    MU5534   DS♯ UQ F6 P4 J2 CQ DQ QQ IQ WQ YA    TNAPVG 0730   0915     320 0^       E
>                  BA MA EA HA KA LA NA RA SQ VQ TQ GQ ZQ               -- T1   1:45
      MU5271   DS♯ UQ F4 P1 J4 CQ DQ QQ IQ WQ YA    SHACSX 1405   1555     320 0^       E
>                  BA MS ES HS KS LS NS RS SQ VQ TQ GQ ZQ               T2 T2   8:25
  **  FLIGHT OF DR PLEASE CHECK IN 40 MINUTES BEFORE DEPARTURE AT TNA
```

【步骤三】 建立第一航段航班。

▶ SD2Y12
0.12MINHANGAIHAOZHE NM0
1.   CZ3926 Y   SA11MAY   TNACSX NN12   1655 1855   320 D   R E -- T2
2. TAO/T TAO/T 0532－83835555/QINGDAO PENGFEI AIRLINES SERVICE LTD.,CO/LI TAO ABCDEFG
3. TAO220

【步骤四】 查询第二航段航班。

▶ AVH/CSXCZX/12MAY
12MAY(SUN) CSXCZX

```
1 -   CZ6408   DS#  JA CQ DQ IQ OC WA SQ YA PA BQ CSXCZX 1320   1450      320 0^C        E
>                  MQ HQ KA UQ AQ LQ Q1 EQ VQ ZQ TQ NQ RQ G5 XC           T2 --    1:30
  2   MU5368   DS#  UQ F4 P1 J4 CQ DQ QQ IQ WQ YA   CSXPVG 0750   0955    319 0^          E
>                  BA MA EA HA KA LA NA RA SQ VQ TQ GQ ZQ                 T2 T1    2:05
      MU6051   DS#  X5                             SHACZX 1407   1512    TRN 0           E
>                                                                         T2 --    7:22
  3   MU5368   DS#  UQ F4 P1 J4 CQ DQ QQ IQ WQ YA   CSXPVG 0750   0955    319 0^          E
>                  BA MA EA HA KA LA NA RA SQ VQ TQ GQ ZQ                 T2 T1    2:05
      MU6023   DS#  X5                             SHACZX 1718   1830    TRN 0           E
>                                                                         T2 --   10:40
  4   CZ332    DS#  JA CQ DQ IQ OC YA PQ BQ MQ HQ   CSXCAN 0815   0940    33H 0^          E
>                  KQ UQ AQ LQ QQ EQ VQ ZQ TQ NQ RQ G2 XC                 T2 T2    1:25
      CZ3637   DS#  J6 CQ DQ IQ OC WA SQ YA PA BQ          CZX 1355   1735    E90 1^C     E
>                  MQ HQ KA UQ AQ LQ Q5 EQ VQ ZQ TQ NQ RQ G1 XC           T2 --    9:20
  5 + CZ3387   DS#  J4 CQ DQ IQ OC WA SQ YA PA BQ   CSXCAN 0910   1035    32G 0^          E
>                  MQ HQ KA UQ AQ LQ QA EQ VQ ZQ TQ NQ RQ G5 XC           T2 T2    1:25
      CZ3637   DS#  J6 CQ DQ IQ OC WA SQ YA PA BQ          CZX 1355   1735    E90 1^C     E
>                  MQ HQ KA UQ AQ LQ Q5 EQ VQ ZQ TQ NQ RQ G1 XC           T2 --    8:25
  **  FLIGHT OF DR PLEASE CHECK IN 40 MINUTES BEFORE DEPARTURE AT CSX
  **  MF please check in 45 minutes before departure at CAN T2
```

【步骤五】 建立第二航段航班。

```
▶ SD1Y12
0.12   MINHANGAIHAOZHE NM0
1. CZ3926 Y   SA11MAY   TNACSX NN12   1655 1855        320 D     R E -- T2
2. CZ6408 Y   SU12MAY   CSXCZX NN12   1320 1450        320 C     R E T2 --
3. TAO/T TAO/T 0532-83835555/QINGDAO PENGFEI AIRLINES SERVICE LTD., CO/LI TAO ABCDEFG
4. TAO220
```

说明：团队票需订完PNR编码后，把PNR编码告知航空公司工作人员，把客票状态变更为KK状态后方可出票，出票步骤同普通旅客，这里不再重复阐述。

操作练习

（1）请为10名旅客预订团体名为"MINHANGAIHAOZHE"，时间为6月18日青岛到上海的航班，并出票，身份证号码自拟，电话号码自拟。

（2）请为10名旅客预订团体名为"MINHANGAIHAOZHE"，时间为6月22日济南到成都，6月28日成都到济南的航班，并出票，身份证号码自拟，电话号码自拟。

（3）请为10名旅客预订团体名为"MINHANGAIHAOZHE"，时间为7月1日北京到南昌，7月5日南昌到广州的航班，并出票，身份证号码自拟，电话号码自拟。

（4）请为10名旅客预订团体名为"MINHANGAIHAOZHE"，时间为8月6日天津到武汉，8月11日长沙到三亚的航班，并出票，身份证号码自拟，电话号码自拟。

（5）请为10名旅客预订团体名为"MINHANGAIHAOZHE"，时间为9月6日石家庄到厦门，9月12日厦门到昆明，9月16日昆明到石家庄的航班，并出票，身份证号码自拟，电话号码自拟。

(6) 请为 10 名旅客预订团体名为"MINHANGAIHAOZHE",时间为 10 月 1 日青岛到郑州,10 月 4 日郑州到重庆,10 月 12 日重庆到青岛的航班,并出票,身份证号码自拟,电话号码自拟。

任务 6　重要旅客客票的预订

 知识目标

(1) 掌握重要旅客客票的基本概念。
(2) 掌握重要旅客客票预订的注意事项。

 能力目标

能够完成重要旅客客票预订的基本操作。

 基础知识

一、重要旅客的基本概念

重要旅客按照现行的服务标准分为两大类,一类是 VIP(very important person);另一类是 CIP(commercially important person)。一般来说,航空公司和机场本身的 VIP 原则上只有国家领导人、省部级领导、两院院士、政府机构相关重要人士等,也就是通常说的"要客",其他的"贵宾"统统都是 CIP。

早在 1994 年,中国民用航空总局就公布实施了修订后的《关于重要旅客乘坐民航班机运输服务工作的规定》(以下简称《规定》)。《规定》显示,要客乘坐航班,可享受到一系列高于普通旅客的优质服务。其中包含为要客提供订票优先、行李交付优先等优质服务。在过去几十年时间里,这一规定成为各航空公司、机场为要客服务的重要准则。而如今,要客服务依然存在,这就是公众熟知的 VIP 服务。

航空公司、机场为相应的金卡、银卡和头等舱旅客等重要客人提供一些高于普通旅客的优质服务,这类客人的服务就是 CIP 服务。

不论是 VIP 还是 CIP,航空公司和机场都会给予高度重视,从订票、值机、安检、行李托运或是航班的退改签,重要客人都比普通旅客享受到更热情、更周到、更贴心、更便捷的服务,这样的服务一直以来也是中国民航服务引领其他服务优势所在。民航的重要客人服务是民航服务的重要组成部分,是航空公司和机场高度重视的服务内容。重要客人的满意和忠诚不仅关系民航行业形象,更是航空公司和机场可持续发展的支持和保障。因此,做好重要旅客的服务,不仅是提升民航服务品质的需要,更是航空公司、机场经营发展的动力。

二、重要旅客客票预订的注意事项

(1) 重要旅客姓名后应加上 VIP 标识。例如:NM1 李磊 VIP。
(2) 需要输入 OSI 项。例如:OSI:CA VIP/P1。
(3) 销售代理人没有销售重要旅客客票的权限,仅限于航空公司销票处。

任务导入

请为旅客李磊(中国科学院院士)预订5月18日北京到西安,5月20日西安到兰州,5月22日兰州到乌鲁木齐的客票,身份证号码和电话号码自拟。

 任务实施

【步骤一】 查询第一航段航班。

```
> AVH/PEKSIA/18MAY
18MAY(SAT) BJSSIA
1-   CZ3173   DS# JA CQ DQ IQ OC WA SQ YA PA BQ   PEKXIY 0655   0900   33G 0^C   E
>                MQ HQ KA UQ AQ LQ QA EQ VQ ZQ TQ NQ RQ GA XC         T2 T3 2:05
2    HU7137   DS# C8 DQ ZQ IQ RQ JQ YA BQ HQ KQ   PEKXIY 0705   0910   738 0^    E
>                LQ MQ XQ VQ NQ QQ PQ AQ UQ TQ SQ OQ                  T1 T2 2:05
                 ** BBZ BCZ BEQ BLZ BNZ BOQ BZZ HBZ HCZ HEQ HLZ HNZ AV:C/2
3   *NZ3995   DS! CO DO ZO JO YO BO MO HO QO VO   PEKXIY 0735   0945   738 0 B   E
>    CA1231       WO TO LO SO GO KO                                    T3 T2 2:10
4    CA1231   DS# JC CC DC ZC RC YA BS MS US HS   PEKXIY 0735   0945   73U 0^    E
>                QS VS WS SS T5 LS N3 KS                                T3 T2 2:10
                 ** M1S U1S H1S Q1S V1S S1S
5    MU2102   DS# UQ FA P2 J4 CQ DQ QQ IQ WQ YA   PEKXIY 0740   1000   321 0^    E
>                B1 M1 ES HS KS LS NS RS SQ VQ TQ GQ ZA                 T2 T3 2:20
6    MU2104   DS# UQ F8 P2 J4 CQ DQ QQ IQ WQ YA   PEKXIY 0840   1055   325 0^    E
>                BA MA EA HA KA LA N8 R7 SQ VQ TQ GQ ZA                 T2 T3 2:15
7   *NZ3999   DS! CO DO ZO JO YO BO MO HO QO VO   PEKXIY 0900   1105   738 0 B   E
>    CA1289       WO TO LO SO GO KO                                     T3 T2 2:05
8+   CA1289   DS# JC CC DC ZC RC YA BS MS US HS   PEKXIY 0900   1105   73N 0^    E
>                QS VS WS SS T5 LS N3 KS                                T3 T2 2:05
                 ** M1S U1S H1S Q1S V1S S1S
**   SC FLIGHT PLEASE CHECK IN 45 MINUTES BEFORE DEPARTURE AT PEK T3
**   HU FLIGHT PLEASE CHECK IN 45 MINUTES BEFORE DEPARTUREAT PEK
```

【步骤二】 建立第一航段航班。

```
> SD5Y1
1. MU2102 Y  SA18MAY  PEKXIY DK1  0740 1000         321  0  R E T2T3
2. TAO/T TAO/T 0532-83835555/QINGDAO PENGFEI AIRLINES SERVICE LTD.,CO/LI TAO ABCDEFG
3. TAO220
```

【步骤三】 查询第二航段航班。

```
> AVH/SIALHW/20MAY
20MAY(MON) SIALHW
1-   MU2326   DS# UQ F8 P4 JC CQ DQ QQ IQ WQ YA   XIYLHW 1730  1855  320 0^  E
>                BA MA EA HS KS LS NS RS SQ VQ TQ GQ ZQ              T3 T2 1:25
2    MU2943   DS# UC FA PQ JC CQ DQ QQ IQ WC YA   XIYPEK 0605  0755  320 0^  E
>                BA MQ EQ HQ KQ LQ NQ RQ SQ VQ TQ GQ ZQ              T3 T2 1:50
```

```
         MU2412   DS#  UQ F8 PS JC CQ DQ QQ IQ WQ YA    LHW 1115   1350        320 0^   E
>                      BA MS ES HS KS LS NS RS SQ VQ TQ GQ ZQ                  T2 T2   7:45
3        MU2125   DS#  UQ F4 P1 J4 CQ DQ QQ IQ WQ YA    XIYWUH 0640  0815      319 0^   E
>                      BA MA EA HS KA LA NA RA SQ VQ TQ GQ ZQ                  T3 T3   1:35
         MU2474   DS#  UC FA PQ JC CQ DQ QQ IQ WC YA    LHW 1820   2025        73E 0^   E
>                      BA MA EA HA KA LA NA RA SQ VQ TQ GQ ZQ                  T3 T2  13:45
4 +      CA1206   DS#  JC CC DC ZC RC YA BS MS US HS    XIYPEK 0830  1025      32A 0^   E
>                      QS VS WS SS T5 LS N3 KS                                 T2 T3   1:55
                       ** M1S U1S H1S Q1S V1S S1S
         CA1271   DS#  JC CC DC ZC RC YA BS MS US HS    LHW 1210   1445        738 0^   E
>                      QS VS WS SS T5 LS N3 KS                                 T3 T2   6:15
                       ** M1S H1S S1S
   **  10    B AIRPORT CHARGE FOR LATERAL FLIGHT
   **  JD5100 – JD5800 PLEASE CHECK IN 40 MINUTES BEFORE DEPARTURE AT SIA
   **  HKG – HX – PEK – * HX – LHW and v.v., NO STOPOVER AT PEK IS PERMITTED
```

【步骤四】 建立第二航段航班。

```
▶ SD1Y1
1. MU2102 Y    SA18MAY    PEKXIY DK1   0740 1000          321  0   R E T2T3
2. MU2326 Y    MO20MAY    XIYLHW DK1   1730 1855          320  0   R E T3T2
3. TAO/T TAO/T 0532 – 83835555/QINGDAO PENGFEI AIRLINES SERVICE LTD.,CO/LI TAO ABCDEFG
4. TAO220
```

【步骤五】 查询第三航段航班。

```
▶ AVH/LHWURC/22MAY
22MAY(WED) LHWURC
1 –      CZ6929   DS#  J4 CQ DQ IQ OC WA SQ YA PA BQ    LHWURC 1145   1430    32G 0^L  E
>                      MQ HQ KA UQ AQ LQ QA EQ VQ ZQ TQ NQ RQ G5 XC            T2 T3   2:45
2        CZ6491   DS#  J8 CQ DQ IQ OC WA SQ YA PA BQ    LHWURC 1300   1545    319 0^L  E
>                      MQ HQ KA UQ AQ LQ QA EQ VQ ZQ TQ NQ RQ GS XC            T2 T3   2:45
3        3U8062   DS#  C8 IS JS AS YA BA TA HA GA SA    LHWURC 1815   2100    320 0^D  E
>                      LA EA VA RA KA N5 XS U3 WS QS MS ZS                     T2 T2   2:45
                       ** W1S
4        MU2997   DS#  UC FA PQ JC CQ DQ QQ IQ WC YA    LHWURC 2155   0045+1  320 0^   E
>                      BA MQ EQ HQ KQ LQ NQ RQ SQ VQ TQ GQ ZQ                  T2 T2   2:50
5        FM9221   DS#  UQ FA P4 JC CQ DQ QQ IQ WQ YA    LHWURC 2200   0050+1  738 0^   E
>                      BA MS ES HS KS LS NS RS SQ VQ TQ GQZQ                   T2 T2   2:50
6 +      MU2325   DS#  UQ F8 PQ JQ CQ DQ QQ IQ WQ YA    LHWXIY 0730   0835    320 0^   E
>                      BQ MQ EQ HQ KQ LQ NQ RQ SQ VQ TQ GQ ZQ                  T2 T3   1:05
         MU2461   DS#  UC FA PQ JC CQ DQ QQ IQ WC YA    URC 1045   1420       73E 0^   E
>                      BA MA EQ HQ KQ LQ NQ RQ SQ VQ TQ GQ ZQ                  T3 T2   6:50
   **  8L9815 – 8L9816 PLEASE CHECK IN 40 MINUTES BEFORE DEPARTURE AT LHW
   **  FLIGHT OF DR PLEASE CHECK IN 40 MINUTES BEFORE DEPARTURE AT LHW
   **  MORE INFO PLEASE SEE    H3DP:C/LHWURC/O/LHW/D/URC/V/XIY
```

【步骤六】 建立第三航段航班。

▶ SD4Y1
1. MU2102 Y　SA18MAY　PEKXIY DK1　0740 1000　　　　321　0　R E T2T3
2. MU2326 Y　MO20MAY　XIYLHW DK1　1730 1855　　　　320　0　R E T3T2
3. MU2997 Y　WE22MAY　LHWURC DK1　2155 0045 + 1　　320　0　R E T2T2
4. TAO/T TAO/T 0532 – 83835555/QINGDAO PENGFEI AIRLINES SERVICE LTD.,CO/LI TAO ABCDEFG
5. TAO220

【步骤七】 输入旅客姓名。

▶ NM1 李磊 VIP
1. 李磊 VIP
2. MU2102 Y　SA18MAY　PEKXIY DK1　0740 1000　　　　321　0　R E T2T3
3. MU2326 Y　MO20MAY　XIYLHW DK1　1730 1855　　　　320　0　R E T3T2
4. MU2997 Y　WE22MAY　LHWURC DK1　2155 0045 + 1　　320　0　R E T2T2
5. TAO/T TAO/T 0532 – 83835555/QINGDAO PENGFEI AIRLINES SERVICE LTD.,CO/LI TAO ABCDEFG
6. TAO220

【步骤八】 输入旅客联系方式。

▶ OSI MU CTCT19953225699
1. 李磊 VIP
2. MU2102 Y　SA18MAY　PEKXIY DK1　0740 1000　　　　321　0　R E T2T3
3. MU2326 Y　MO20MAY　XIYLHW DK1　1730 1855　　　　320　0　R E T3T2
4. MU2997 Y　WE22MAY　LHWURC DK1　2155 0045 + 1　　320　0　R E T2T2
5. TAO/T TAO/T 0532 – 83835555/QINGDAO PENGFEI AIRLINES SERVICE LTD.,CO/LI TAO ABCDEFG
6. OSI MU CTCT19953225699
7. TAO220
▶ OSI MU CTCM19953225699/P1
1. 李磊 VIP
2. MU2102 Y　SA18MAY　PEKXIY DK1　0740 1000　　　　321　0　R E T2T3
3. MU2326 Y　MO20MAY　XIYLHW DK1　1730 1855　　　　320　0　R E T3T2
4. MU2997 Y　WE22MAY　LHWURC DK1　2155 0045 + 1　　320　0　R E T2T2
5. TAO/T TAO/T 0532 – 83835555/QINGDAO PENGFEI AIRLINES SERVICE LTD.,CO/LI TAO ABCDEFG
6. OSI MU CTCT19953225699
7. OSI MU CTCM19953225699/P1
8. TAO220

【步骤九】 输入出票时限。

▶ TKTL/1800/./TAO220
1. 李磊 VIP
2. MU2102 Y　SA18MAY　PEKXIY DK1　0740 1000　　　　321　0　R E T2T3
3. MU2326 Y　MO20MAY　XIYLHW DK1　1730 1855　　　　320　0　R E T3T2
4. MU2997 Y　WE22MAY　LHWURC DK1　2155 0045 + 1　　320　0　R E T2T2
5. TAO/T TAO/T 0532 – 83835555/QINGDAO PENGFEI AIRLINES SERVICE LTD.,CO/LI TAO ABCDEFG
6. TL/1800/21JAN/TAO220
7. OSI MU CTCT19953225699

8. OSI MU CTCM19953225699/P1
9. TAO220

【步骤十】 输入旅客证件号码。

▶ SSR FOID MU HK/NI393325196509074518
1. 李磊 VIP
2. MU2102 Y　　SA18MAY　　PEKXIY DK1　0740 1000　　　　　321　0　R E T2T3
3. MU2326 Y　　MO20MAY　　XIYLHW DK1　1730 1855　　　　　320　0　R E T3T2
4. MU2997 Y　　WE22MAY　　LHWURC DK1　2155 0045＋1　　　 320　0　R E T2T2
5. TAO/T TAO/T 0532－83835555/QINGDAO PENGFEI AIRLINES SERVICE LTD.,CO/LI TAO ABCDEFG
6. TL/1800/21JAN/TAO220
7. SSR FOID MU HK1 NI393325196509074518/P1
8. OSI MU CTCT19953225699
9. OSI MU CTCM19953225699/P1
10. TAO220

【步骤十一】 封口。

▶ @
HEQ97N － EOT SUCCESSFUL, BUT ASR UNUSED FOR 1 OR MORE SEGMENTS
MU2102　Y SA18MAY　PEKXIY DK1　0740 1000
MU2326　Y MO20MAY　XIYLHW DK1　1730 1855
MU2997　Y WE22MAY　LHWURC DK1　2155 0045＋1
航空公司使用自动出票时限，请检查 PNR
***预订酒店指令 HC, 详情　　HC:HELP　***

【步骤十二】 提取 PNR。

▶ RT HEQ97N
1. 李磊 VIP　HEQ97N
2. MU2102 Y　SA18MAY　PEKXIY HK1　0740 1000　　　　　E T2T3
3. MU2326 Y　MO20MAY　XIYLHW HK1　1730 1855　　　　　E T3T2
4. MU2997 Y　WE22MAY　LHWURC HK1　2155 0045＋1　　　E T2T2
5. TAO/T TAO/T 0532－83835555/QINGDAO PENGFEI AIRLINES SERVICE LTD.,CO/LI TAO ABCDEFG
6. TL/1800/21JAN/TAO220
7. SSR FOID MU HK1 NI393325196509074518/P1
8. OSI MU CTCT19953225699
9. OSI MU CTCM19953225699/P1
10. RMK CA/MK4B4P
11. TAO220

【步骤十三】 输入重要旅客信息。

▶ OSI:MU 中国科学院院士/P1
1. 李磊 VIP　HEQ97N
2. MU2102 Y　SA18MAY　PEKXIY HK1　0740 1000　　　　　E T2T3
3. MU2326 Y　MO20MAY　XIYLHW HK1　1730 1855　　　　　E T3T2
4. MU2997 Y　WE22MAY　LHWURC HK1　2155 0045＋1　　　E T2T2

5. TAO/T TAO/T 0532－83835555/QINGDAO PENGFEI AIRLINES SERVICE LTD.,CO/LI TAO ABCDEFG
6. TL/1800/21JAN/TAO220
7. SSR FOID MU HK1 NI393325196509074518/P1
8. OSI MU CTCT19953225699
9. OSI MU CTCM19953225699/P1
10. OSI MU VIP 中国科学院院士/P1
11. RMK CA/MK4B4P
12. TAO220

【步骤十四】 调取运价并输入。

▶ PAT:A
> PAT:A
01 MT/Y+MT/Y+MT/Y FARE:CNY4560.00 TAX:CNY150.00 YQ:TEXEMPTYQ TOTAL:4710.00
SFC:01 SFN:01/01 SFN:01/02 SFN:01/03
02 Y+Y+Y FARE:CNY5030.00 TAX:CNY150.00 YQ:TEXEMPTYQ TOTAL:5180.00
SFC:02 SFN:02/01 SFN:02/02 SFN:02/03
SFC:01
1. 李磊 VIP HEQ97N
2. MU2102 Y SA18MAY PEKXIY HK1 0740 1000 E T2T3
3. MU2326 Y MO20MAY XIYLHW HK1 1730 1855 E T3T2
4. MU2997 Y WE22MAY LHWURC HK1 2155 0045+1 E T2T2
5. TAO/T TAO/T 0532－83835555/QINGDAO PENGFEI AIRLINES SERVICE LTD.,CO/LI TAO ABCDEFG
6. TL/1800/21JAN/TAO220
7. FC/A/PEK MU XIY 2120.00MT/Y MU LHW 950.00MT/Y MU URC 1490.00MT/Y CNY4560.00END
8. SSR FOID MU HK1 NI393325196509074518/P1
9. OSI MU CTCT19953225699
10. OSI MU CTCM19953225699/P1
11. OSI MU VIP 中国科学院院士/P1
12. RMK CMS/A/**
13. RMK OT/A/0/84260/2－1MU4126P1SIA.1MU4126P1LHW.1MU4126P1URC
14. RMK CA/MK4B4P
15. RMK AUTOMATIC FARE QUOTE
16. FN/A/FCNY4560.00/SCNY4560.00/C0.00/XCNY150.00/TCNY150.00CN/TEXEMPTYQ/ACNY4710.00
17. EI/Q/NONEND RMMT DISCT
18. FP/CASH,CNY   +

【步骤十五】 删除出票时限。

▶ XE6
1. 李磊 VIP HEQ97N
2. MU2102 Y SA18MAY PEKXIY HK1 0740 1000 E T2T3
3. MU2326 Y MO20MAY XIYLHW HK1 17301855 E T3T2
4. MU2997 Y WE22MAY LHWURC HK1 2155 0045+1 E T2T2
5. TAO/T TAO/T 0532－83835555/QINGDAO PENGFEI AIRLINES SERVICE LTD.,CO/LI TAO ABCDEFG
6. FC/A/PEK MU XIY 2120.00MT/Y MU LHW 950.00MT/Y MU URC 1490.00MT/Y NY4560.00END
7. SSR FOID MU HK1 NI393325196509074518/P1
8. OSI MU CTCT19953225699

9. OSI MU CTCM19953225699/P1
10. OSI MU VIP 中国科学院院士/P1
11. RMK CMS/A/**
12. RMK OT/A/0/84260/2-1MU4126P1SIA.1MU4126P1LHW.1MU4126P1URC
13. RMK CA/MK4B4P
14. RMK AUTOMATIC FARE QUOTE
15. FN/A/FCNY4560.00/SCNY4560.00/C0.00/XCNY150.00/TCNY150.00CN/TEXEMPTYQ/ACNY4710.00
16. EI/Q/NONEND RMMT DISCT
17. FP/CASH,CNY

【步骤十六】 变更第一航段客票状态为 RR 状态。

▶ 2RR
1. 李磊 HEQ97N
2. MU2102 Y   SA18MAY   PEKXIY RR1   0740 1000   E T2T3
3. MU2326 Y   MO20MAY   XIYLHW HK1   1730 1855   E T3T2
4. MU2997 Y   WE22MAY   LHWURC HK1   2155 0045+1   E T2T2
5. TAO/T TAO/T 0532-83835555/QINGDAO PENGFEI AIRLINES SERVICE LTD.,CO/LI TAO ABCDEFG
6. FC/A/PEK MU XIY 2120.00MT/Y MU LHW 950.00MT/Y MU URC 1490.00MT/Y NY4560.00END
7. SSR FOID MU HK1 NI393325196509074518/P1
8. OSI MU CTCT19953225699
9. OSI MU CTCM19953225699/P1
10. OSI MU VIP 中国科学院院士/P1
   CMS/A/**
+

【步骤十七】 变更第二航段客票状态为 RR 状态。

▶ 3RR
1. 李磊 HEQ97N
2. MU2102 Y   SA18MAY   PEKXIY RR1   0740 1000   E T2T3
3. MU2326 Y   MO20MAY   XIYLHW RR1   1730 1855   E T3T2
4. MU2997 Y   WE22MAY   LHWURC HK1   2155 0045+1   E T2T2
5. TAO/T TAO/T 0532-83835555/QINGDAO PENGFEI AIRLINES SERVICE LTD.,CO/LI TAO ABCDEFG
6. FC/A/PEK MU XIY 2120.00MT/Y MU LHW 950.00MT/Y MU URC 1490.00MT/Y NY4560.00END
7. SSR FOID MU HK1 NI393325196509074518/P1
8. OSI MU CTCT19953225699
9. OSI MU CTCM19953225699/P1
10. OSI MU VIP 中国科学院院士/P1
   CMS/A/**
+

【步骤十八】 变更第三航段客票状态为 RR 状态。

▶ 4RR
1. 李磊 HEQ97N
2. MU2102 Y   SA18MAY   PEKXIY RR1   0740 1000   E T2T3
3. MU2326 Y   MO20MAY   XIYLHW RR1   1730 1855   E T3T2
4. MU2997 Y   WE22MAY   LHWURC RR1   2155 0045+1   E T2T2

5. TAO/T TAO/T 0532－83835555/QINGDAO PENGFEI AIRLINES SERVICE LTD.,CO/LI TAO ABCDEFG
6. FC/A/PEK MU XIY 2120.00MT/Y MU LHW 950.00MT/Y MU URC 1490.00MT/Y NY4560.00END
7. SSR FOID MU HK1 NI393325196509074518/P1
8. OSI MU CTCT19953225699
9. OSI MU CTCM19953225699/P1
10. OSI MU VIP 中国科学院院士/P1
11. RMK CMS/A/ ＊＊
12. RMK OT/A/0/84260/2－1MU4126P1SIA.1MU4126P1LHW.1MU4126P1URC
13. RMK CA/MK4B4P
14. RMK AUTOMATIC FARE QUOTE
15. FN/A/FCNY4560.00/SCNY4560.00/C0.00/XCNY150.00/TCNY150.00CN/TEXEMPTYQ/ACNY4710.00
16. EI/Q/NONEND RMMT DISCT
17. FP/CASH,CNY
18. TAO220

【步骤十九】 出票。

▶ ETDZ:3
CNY4710.00 HEQ97N
ET PROCESSING... PLEASE WAIT!
ELECTRONIC TICKET ISSUED

  操作练习

（1）请为旅客李磊（某省省长）预订5月1日北京到青岛的客票，身份证号码和电话号码自拟。

（2）请为旅客李磊（某省省长）预订6月5日南京到西安，6月7日西安到南京的客票，身份证号码和电话号码自拟。

（3）请为旅客李磊（某省省长）预订7月12日济南到重庆，7月14日重庆到兰州的客票，身份证号码和电话号码自拟。

（4）请为旅客李磊（某省省长）预订8月1日天津到武汉，8月5日长沙到兰州的客票，身份证号码和电话号码自拟。

（5）请为旅客李磊（某省省长）预订8月12日上海到重庆，8月15日重庆到西宁，8月22日西宁到上海的客票，身份证号码和电话号码自拟。

（6）请为旅客李磊（某省省长）预订8月28日南京到广州，9月1日广州到昆明，9月3日昆明到乌鲁木齐的客票，身份证号码和电话号码自拟。

任务 7　特殊服务的预订

  知识目标

（1）了解特殊服务的种类和代码。
（2）掌握特殊服务预订的注意事项。

能力目标

能够为旅客进行特殊服务申请操作。

 基础知识

一、病残旅客

由于身体或精神的缺陷或病态,在航空旅行中,不能自行照料自己的旅途生活,需由他人帮助照料的旅客为病残旅客。病残旅客一般可以分为以下几种。

(1) 身体患病旅客。

(2) 盲人旅客是指有双目失明缺陷的旅客,而不是指眼睛有疾病的旅客;对眼睛有疾病的旅客,应按伤病旅客办理。

(3) 精神病患者。

(4) 使用担架患者。

(5) 肢体伤残,但有先天性疾病,如先天性跛足等,不归入病残旅客的范围。

(6) 轮椅旅客。轮椅旅客又分为 WCHR、WCHS、WCHC 三种不同的情况。

① WCHR 指旅客能够自行上、下飞机,并且在机舱内可以自己走到座位上去。

② WCHS 指旅客不能够自行上、下飞机,但在机舱内可以自己走到自己的座位上去。

③ WCHC 指旅客完全不能自己行动,需要别人扶着或抬着才能进到机舱内的座位上去。

二、无成人陪伴儿童

1. 无成人陪伴儿童的定义

无成人陪伴儿童旅客(unaccompanied minor,UM)是指航空运输开始之日年龄满 5 周岁但不满 12 周岁,无 18 周岁以上成人陪伴单独乘机的儿童旅客。

2. 服务对象

(1) 年满 5 周岁未满 12 周岁儿童旅客单独乘机,必须办理无成人陪伴儿童服务手续。

(2) 儿童与成人一起旅行时,所乘坐的飞机物理舱位不同,视为无成人陪伴儿童。

注意: 有些国家为入境儿童签发需陪同儿童签证(例如:C-VISIT-CHILD ACCOMPANIED),这类签证要求必须由指定成人陪同儿童入境,儿童不能独自入境。如果儿童需要持此类签证乘机,机构将不能提供无成人陪同儿童服务。

3. 数量限制

常见机型中可提供无成人陪伴儿童旅客服务人数如表 5-1 所示。

表 5-1　数量限制表

机　　型	人数
A330/A350/B777/B787	5
B767	4
A319/A320/A321/B737	3

4. 证件要求

儿童凭有效身份证件购票,如身份证、户口簿(16岁以下)、护照,并持与购票时一致的证件原件办理乘机手续。接送机时,接送机人须持有效身份证件原件在机场办理接送机手续。

5. 申请航线范围

可申请航线范围应具体查阅航空公司网站信息。有些航空公司仅接受开通此服务机场的直达航班的无成人陪伴儿童服务申请,不接受经停、中转及多航段等的无成人陪伴儿童服务申请。

6. 申请时限

(1)国内航班:旅客最晚在航班计划离港时间前48小时申请。

(2)国际(地区)航班:旅客最晚在航班计划离港时间前96小时申请。

7. 申请方式

由儿童的监护人或监护人的授权委托人前往航空公司售票处/拨打客服电话/APP/网站提出无成人陪伴儿童运输申请,填写《无成人陪伴儿童乘机申请书》,并提供始发站和目的站送接人员的姓名、地址和联系电话。

8. 适用票价

无成人陪伴儿童,符合国际运输条件的,按成人适用票价购买客票,符合国内运输条件的,按成人公布正常票价的50%购买客票。

9. 指令格式

特殊服务客票操作指令格式如下。

SSR UMNR CZ NN1 CANSIN CZ353Y25NOV

三、特殊餐食

若旅客对餐食有特殊要求则应查询有关文件看该航空公司能否提供此类特殊餐食,为确保特殊餐食能及时装机,一般应在订票时或订票后航班离站前24小时提前预订特殊餐食。

航空公司一般能够提供的特殊餐食包括:清真餐、素食餐、低糖餐、儿童餐、婴儿餐、水果餐、低胆固醇餐、低脂餐、新鲜蔬菜餐、海鲜餐、溃疡餐、高纤维餐、低蛋白质餐、低盐餐等。特殊餐食代码请查看附录5。

特殊餐食预订的注意事项如下。

(1)特殊餐食信息输入的格式为"SSR 餐食代码 公司两字代码 申请状态 城市对 航班号舱位日期/Pn"。

特殊情况,比较生僻如外航可保障、航信不能提供的餐食代码VOML、VVML等部分国际餐食代码,如不能用以上指令输入,可使用"SSR SPML 公司两字代码 NN*(*为旅客预订数)城市对 航班号 舱位日期 餐食代码/Pn(Passenger number)"申请。

(2)航班起飞前24小时申请的特殊餐食,必须以"NN"的状态进行申请,以便经过特殊餐食处理系统的自动监控证实。具体操作指令为SSR MOML HU NN2 HZGXIY 7524 Y15SEP/P1/P2 或 SSR SPML HU NN1 PEKHAK 7382 Y01OCT AVML/P1(特殊不能输入的餐食代码可用该指令)。

(3)特殊情况下,航班起飞前24小时以内的订餐,必须在通过电话或传真与配餐单位、地服部门确认可提供配餐保障的情况下,才可使用"KK"状态进行申请,否则禁止使用"HK"或"KK"进行人工预订申请。具体操作指令为 SSR MOML HU KK1 HAKPEK 7181 Y06MAY/P1,SSR 餐食代码 公司两字代码 KK*(*为旅客预订数)城市对 航班号 舱位日期/Pn(Passenger number)。

示例:SSR MOML HU KK2 HZGXIY 7524 Y18SEP/P1/P2 或也可以使用"SSR SPML 公司两字代码 HK*(*为旅客预订数)城市对航班号 舱位日期 餐食代码/Pn (Passenger number)"指令申请。

示例:SSR SPML HU HK1 PEKHAK 7382 Y01OCT AVML/P1。

若团队中有预订多个特餐的旅客,可在 PNR 中用 SSR 项分批预订,同类餐食每次输入多个,具体格式为"SSR 餐食代码 公司两字代码 申请状态 城市对 航班号 舱位日期/P1/Pn/Sn(显示的行段序号)"。

示例:SSR MOML HU NN3 PEKSHA 7601 Y20JAN/P1/P3/P4/S5。

若该团队中又有 2 个是预订亚洲印度餐的,可在该 PNR 记录中再输入。

示例:SSR AVML HU NN2 PEKSHA 7601 Y20JAN/P2/P5。

注意:24 小时内的特殊餐食申请原则上不予以保障。

任务导入

请为旅客李磊预订 5 月 23 日武汉到昆明,5 月 30 日昆明到南京的客票,并为其申请轮椅(WCHC)和无盐餐食(NO SALT),身份证号码为 1801001999910210010,电话号码为 19088004518。

任务实施

【步骤一】 查询第一航段航班。

```
▶ AVH/WUHKMG/23MAY
23MAY(THU) WUHKMG
1-    MU2497  DS# UC FA PQ JC CQ DQ QQ IQ WC YA    WUHKMG 0755   1010   73E 0^    E
>                 BA MA EA HA KA LA NA RA SQ VQ TQ GQ ZQ              T3 --    2:15
2     CZ6425  DS# J8 CQ DQ IQ OC WA SQ YA PA BQ    WUHKMG 1040   1250   320 0^L   E
>                 MQ HQ KA UQ AQ LQ QA EQ VQ ZQ TQ NQ RQ G1 XC        T3 --    2:10
3     MU2485  DS# UC FA PQ JC CQ DQ QQ IQ WC YA    WUHKMG 1200   1425   73E 0^    E
>                 BA MA EA HA KA LA NA RA SQ VQ TQ GQ ZQ              T3 --    2:25
4     MU5876  DS# UQ F4 P1 J4 CQ DQ QQ IQ WQ YA    WUHKMG 1225   1435   73E 0^    E
>                 BA MA EA HA KA LA NA RA SQ VQ TQ GQ ZQ              T3 --    2:10
5     CZ3469  DS# J4 CQ DQ IQ OC WA SQ YA PA BQ    WUHKMG 1355   1615   73N 0^C   E
>                 MQ HQ KA UQ AQ LQ QA EQ VQ ZQ TQ NQ RQ G1 XC        T3 --    2:20
6     MU5479  DS# UQ FA P4 JC CQ DQ QQ IQ WQ YA    WUHKMG 1655   1910   320 0^    E
>                 BA MA EA HA KA LA NA RA SQ VQ TQ GQ ZQ              T3 --    2:15
7     CZ6977  DS# J4 CQ DQ IQ OC WA SQ YA PA BQ    WUHKMG 1820   2035   73D 0^D   E
>                 MQ HQ KA UQ AQ LQ QA EQ VQ ZQ TQ NQ RQ G1 XC        T3 --    2:15
8     MU2493  DS# UC FA PQ JC CQ DQ QQ IQ WC YA    WUHKMG 1955   2215   73E 0^    E
>                 BA MA EA HA KA LA NA RA SQ VQ TQ GQ ZQ              T3 --    2:20
9+    CZ3542  DS# J4 CQ DQ IQ OC WA SQ YA PA BQ    WUHKMG 2200   0015+1 73M 0^C   E
>                 MQ HQ KA UQ AQ LQ QA EQ VQ ZQ TQ NQ RQ GS XC        T3 --    2:15
```

【步骤二】 建立第一航段航班。

▶ SD1Y1
1. MU2497 Y　TH23MAY　WUHKMG DK1　0755 1010　　　　73E　0　R E T3 --
2. TAO/T TAO/T 0532 - 83835555/QINGDAO PENGFEI AIRLINES SERVICE LTD.,CO/LI TAO　　ABCDEFG
3. TAO220

【步骤三】 查询第二航段航班。

▶ AVH/KMGNKG/30MAY

30MAY(THU) KMGNKG

```
1-    MU2706  DS#  UC FA PQ JC CQ DQ QQ IQ WC YA   KMGNKG 0800    1100     320 0^    E
>                  BA MQ EQ HQ KQ LQ NQ RQ SQ VQ TQ GQ ZQ                 -- T2   3:00
2     MU215   DS#  UQ FC PC JA CS DS QS IS WC YA   KMGNKG 0840    1120     33H 0^    E
>                  BS MS ES HS KS LS NS RS SS VS TS GS ZS                 -- T2   2:40
3     MU2716  DS#  UC FA PQ JC CQ DQ QQ IQ WC YA   KMGNKG 1000    1300     320 0^    E
>                  BA MQ EQ HQ KQ LQ NQ RQ SQ VQ TQ GQ ZQ                 -- T2   3:00
4     3U8117  DS#  C8 IS JS AS YA BA TA HA GASA    KMGNKG 1120    1410     320 0^    E
>                  LA EA VA RA KQ NQ XS U5 WS QQ MQ ZS                    -- T2   2:50
                            ** W1S
5     MU2726  DS#  UC FA PQ JC CQ DQ QQ IQ WA YA   KMGNKG  1130 1420       32L 0^    E
>                  BA MQ EQ HQ KQ LQ NQ RQ SQ VQ TQ GQ ZQ                 -- T2   2:50
6     MU2736  DS#  UC FA PQ JC CQ DQ QQ IQ WC YA   KMGNKG 1415    1705     320 0^    E
>                  BA MQ EQ HQ KQ LQ NQ RQ SQ VQ TQ GQ ZQ                 -- T2   2:50
7     MU2746  DS#  UC FA PQ JC CQ DQ QQ IQ WC YA   KMGNKG 1500    1800     325 0^    E
>                  BA MQ EQ HQ KQ LQ NQ RQ SQ VQ TQ GQ ZQ                 -- T2   3:00
8+    MU2756  DS#  UC FA PQ JC CQ DQ QQ IQ WC YA   KMGNKG 1800    2055     320 0^    E
>                  BA MQ EQ HQ KQ LQ NQ RQ SQ VQ TQ GQ ZQ                 -- T2   2:55
**    All scheduled MU or FM flights operated by MU or FM are "Eastern Express"
**    FLIGHT OF DR PLEASE CHECK IN 45 MINUTES BEFORE DEPARTURE AT KMG
```

【步骤四】 建立第二航段航班。

▶ SD1Y1
1. MU2497 Y　TH23MAY　WUHKMG DK1　0755 1010　　　　73E　0　R E T3 --
2. MU2706 Y　TH30MAY　KMGNKG DK1　0800 1100　　　　320　0　R E -- T2
3. TAO/T TAO/T 0532 - 83835555/QINGDAO PENGFEI AIRLINES SERVICE LTD.,CO/LI TAO ABCDEFG
4. TAO220

【步骤五】 输入旅客姓名。

▶ NM1 李磊
1. 李磊
2. MU2497 Y　TH23MAY　WUHKMG DK1　0755 1010　　　　73E　0　R E T3 --
3. MU2706 Y　TH30MAY　KMGNKG DK1　0800 1100　　　　320　0　R E -- T2
4. TAO/T TAO/T 0532 - 83835555/QINGDAO PENGFEI AIRLINES SERVICE LTD.,CO/LI TAO ABCDEFG
5. TAO220

【步骤六】 输入旅客联系方式。

▶ OSI MU CTCT19088004518
1. 李磊
2. MU2497 Y TH23MAY WUHKMG DK1 0755 1010 73E 0 R E T3 --
3. MU2706 Y TH30MAY KMGNKG DK1 0800 1100 320 0 R E -- T2
4. TAO/T TAO/T 0532－83835555/QINGDAO PENGFEI AIRLINES SERVICE LTD.,CO/LI TAO ABCDEFG
5. OSI MU CTCT19088004518
6. TAO220
▶ OSI MU CTCM19088004518/P1
1. 李磊
2. MU2497 Y TH23MAY WUHKMG DK1 0755 1010 73E 0 R E T3 --
3. MU2706 Y TH30MAY KMGNKG DK1 0800 1100 320 0 R E -- T2
4. TAO/T TAO/T 0532－83835555/QINGDAO PENGFEI AIRLINES SERVICE LTD.,CO/LI TAO ABCDEFG
5. OSI MU CTCT19088004518
6. OSI MU CTCM19088004518/P1
7. TAO220

【步骤七】 输入出票时限。

▶ TKTL/1800/./TAO220
1. 李磊
2. MU2497 Y TH23MAY WUHKMG DK1 0755 1010 73E 0 R E T3 --
3. MU2706 Y TH30MAY KMGNKG DK1 0800 1100 320 0 R E -- T2
4. TAO/T TAO/T 0532－83835555/QINGDAO PENGFEI AIRLINES SERVICE LTD.,CO/LI TAO ABCDEFG
5. TL/1800/21JAN/TAO220
6. OSI MU CTCT19088004518
7. OSI MU CTCM19088004518/P1
8. TAO220

【步骤八】 输入旅客证件号码。

▶ SSR FOID MU HK/NI180100199910210010
1. 李磊
2. MU2497 Y TH23MAY WUHKMG DK1 0755 1010 73E 0 R E T3 --
3. MU2706 Y TH30MAY KMGNKG DK1 0800 1100 320 0 R E -- T2
4. TAO/T TAO/T 0532－83835555/QINGDAO PENGFEI AIRLINES SERVICE LTD.,CO/LI TAO ABCDEFG
5. TL/1800/21JAN/TAO220
6. SSR FOID MU HK1 NI180100199910210010/P1
7. SSR FQTV MU HK1 WUHKMG 2497 Y23MAY MU634012285334/P1
8. SSR FQTV MU HK1 KMGNKG 2706 Y30MAY MU634012285334/P1
9. OSI MU CTCT19088004518
10. OSI MU CTCM19088004518/P1
11. TAO220

【步骤九】 封口。

▶ @
KSLP5Z － EOT SUCCESSFUL, BUT ASR UNUSED FOR 1 OR MORE SEGMENTS
MU2497 Y TH23MAY WUHKMG DK1 0755 1010
MU2706 Y TH30MAY KMGNKG DK1 0800 1100
航空公司使用自动出票时限，请检查 PNR
＊＊＊ 预订酒店指令 HC，详情 HC:HELP ＊＊＊

【步骤十】 提取 PNR。

▶ RT KSLP5Z
1. 李磊 KSLP5Z
2. MU2497 Y   TH23MAY   WUHKMG HK1   0755 1010   E T3 --
3. MU2706 Y   TH30MAY   KMGNKG HK1   0800 1100   E -- T2
4. TAO/T TAO/T 0532－83835555/QINGDAO PENGFEI AIRLINES SERVICE LTD.,CO/LI TAO ABCDEFG
5. TL/1800/21JAN/TAO220
6. SSR FOID MU HK1 NI1801001999910210010/P1
7. SSR FQTV MU HK1 WUHKMG 2497 Y23MAY MU634012285334/P1
8. SSR FQTV MU HK1 KMGNKG 2706 Y30MAY MU634012285334/P1
9. OSI MU CTCT19088004518
10. OSI MU CTCM19088004518/P1
11. RMK CA/PX79F4
12. TAO220

【步骤十一】 输入特殊服务项。

▶ SSR:SPML MU NN1 NOSALT/P1/S2/S3
1. 李磊 KSLP5Z
2. MU2497 Y   TH23MAY   WUHKMG HK1   0755 1010   E T3 --
3. MU2706 Y   TH30MAY   KMGNKG HK1   0800 1100   E -- T2
4. TAO/T TAO/T 0532－83835555/QINGDAO PENGFEI AIRLINES SERVICE LTD.,CO/LI TAO ABCDEFG
5. TL/1800/21JAN/TAO220
6. SSR FOID MU HK1 NI1801001999910210010/P1
7. SSR SPML MU NN1 WUHKMG 2497 23MAY NOSALT/P1
8. SSR SPML MU NN1 MKGNKG 2706 30MAY NOSALT/P1
9. SSR FQTV MU HK1 WUHKMG 2497 Y23MAY MU634012285334/P1
10. SSR FQTV MU HK1 KMGNKG 2706 Y30MAY MU634012285334/P1
11. OSI MU CTCT19088004518
12. OSI MU CTCM19088004518/P1
13. RMK CA/PX79F4
14. TAO220

▶ SSR:WCHC MU NN1/P1/S2/S3
1. 李磊 KSLP5Z
2. MU2497 Y   TH23MAY   WUHKMG HK1   0755 1010   E T3 --
3. MU2706 Y   TH30MAY   KMGNKG HK1   0800 1100   E -- T2
4. TAO/T TAO/T 0532－83835555/QINGDAO PENGFEI AIRLINES SERVICE LTD.,CO/LI TAO ABCDEFG
5. TL/1800/21JAN/TAO220
6. SSR FOID MU HK1 NI1801001999910210010/P1
7. SSR SPML MU NN1 WUHKMG 2497 23MAY NOSALT/P1
8. SSR SPML MU NN1 MKGNKG 2706 30MAY NOSALT/P1
9. SSR WCHC MU NN1 WUHKMG 2497 23MAY NOSALT/P1
10. SSR WCHC MU NN1 MKGNKG 2706 30MAY NOSALT/P1
11. SSR FQTV MU HK1 WUHKMG 2497 Y23MAY MU634012285334/P1
12. SSR FQTV MU HK1 KMGNKG 2706 Y30MAY MU634012285334/P1
13. OSI MU CTCT19088004518
14. OSI MU CTCM19088004518/P1
15. RMK CA/PX79F4
16. TAO220

【步骤十二】 调取运价并输入。

▶ PAT:A
> PAT:A
01 MT/Y + MT/Y FARE:CNY3520.00 TAX:CNY100.00 YQ:TEXEMPTYQ TOTAL:3620.00
SFC:01 SFN:01/01 SFN:01/02
02 Y + Y FARE:CNY3820.00 TAX:CNY100.00 YQ:TEXEMPTYQ TOTAL:3920.00
SFC:02 SFN:02/01 SFN:02/02
SFC:01
1. 李磊 KSLP5Z
2. MU2497 Y TH23MAY WUHKMG HK1   0755 1010   E T3 --
3. MU2706 Y TH30MAY KMGNKG HK1   0800 1100   E -- T2
4. TAO/T TAO/T 0532 - 83835555/QINGDAO PENGFEI AIRLINES SERVICE LTD.,CO/LI TAO ABCDEFG
5. TL/1800/21JAN/TAO220
6. FC/A/WUH MU KMG 1580.00MT/Y MU NKG 1940.00MT/Y CNY3520.00END
7. SSR FOID MU HK1 NI1801001999102100010/P1
8. SSR SPML MU NN1 WUHKMG 2497 23MAY NOSALT/P1
9. SSR SPML MU NN1 MKGNKG 2706 30MAY NOSALT/P1
10. SSR WCHC MU NN1 WUHKMG 2497 23MAY NOSALT/P1
11. SSR WCHC MU NN1 MKGNKG 2706 30MAY NOSALT/P1
12. SSR FQTV MU HK1 WUHKMG 2497 Y23MAY MU634012285334/P1
13. SSR FQTV MU HK1 KMGNKG 2706 Y30MAY MU634012285334/P1
14. OSI MU CTCT19088004518
15. OSI MU CTCM19088004518/P1
16. RMK CMS/A/**
17. RMK OT/A/0/84260/2 - 1MU4126P1KMG.1MU4126P1NKG
18. RMK CA/PX79F4
19. RMK AUTOMATIC FARE QUOTE
20. FN/A/FCNY3520.00/SCNY3520.00/C0.00/XCNY100.00/TCNY100.00CN/TEXEMPTYQ/ACNY3620.00
21. EI/Q/NONEND RMMT DISCT
 +

【步骤十三】 删除出票时限。

▶ XE5
1. 李磊 KSLP5Z
2. MU2497 Y TH23MAY WUHKMG HK1   0755 1010   E T3 --
3. MU2706 Y TH30MAY KMGNKG HK1   0800 1100   E -- T2
4. TAO/T TAO/T 0532 - 83835555/QINGDAO PENGFEI AIRLINES SERVICE LTD.,CO/LI TAO ABCDEFG
5. FC/A/WUH MU KMG 1580.00MT/Y MU NKG 1940.00MT/Y CNY3520.00END
6. SSR FOID MU HK1 NI1801001999102100010/P1
7. SSR SPML MU NN1 WUHKMG 2497 23MAY NOSALT/P1
8. SSR SPML MU NN1 MKGNKG 2706 30MAY NOSALT/P1
9. SSR WCHC MU NN1 WUHKMG 2497 23MAY NOSALT/P1
10. SSR WCHC MU NN1 MKGNKG 2706 30MAY NOSALT/P1
11. SSR FQTV MU HK1 WUHKMG 2497 Y23MAY MU634012285334/P1
12. SSR FQTV MU HK1 KMGNKG 2706 Y30MAY MU634012285334/P1
13. OSI MU CTCT19088004518
14. OSI MU CTCM19088004518/P1
15. RMK CMS/A/**
16. RMK OT/A/0/84260/2 - 1MU4126P1KMG.1MU4126P1NKG
17. RMK CA/PX79F4
18. RMK AUTOMATIC FARE QUOTE

```
19. FN/A/FCNY3520.00/SCNY3520.00/C0.00/XCNY100.00/TCNY100.00CN/TEXEMPTYQ/ACNY3620.00
20. EI/Q/NONEND RMMT DISCT
21. FP/CASH,CNY
 +
```

【步骤十四】 变更第一航段客票状态为 RR 状态。

```
▶2RR
1. 李磊 KSLP5Z
2. MU2497 Y   TH23MAY   WUHKMG RR1   0755 1010           E T3 --
3. MU2706 Y   TH30MAY   KMGNKG HK1   0800 1100           E -- T2
4. TAO/T TAO/T 0532 – 83835555/QINGDAO PENGFEI AIRLINES SERVICE LTD.,CO/LI TAO ABCDEFG
5. FC/A/WUH MU KMG 1580.00MT/Y MU NKG 1940.00MT/Y CNY3520.00END
6. SSR FOID MU HK1 NI1801001999102100010/P1
7. SSR SPML MU NN1 WUHKMG 2497 23MAY NOSALT/P1
8. SSR SPML MU NN1 MKGNKG 2706 30MAY NOSALT/P1
9. SSR WCHC MU NN1 WUHKMG 2497 23MAY NOSALT/P1
10. SSR WCHC MU NN1 MKGNKG 2706 30MAY NOSALT/P1
CMS/A/ **
 +
```

【步骤十五】 变更第二航段客票状态为 RR 状态。

```
▶3RR
1. 李磊 KSLP5Z
2. MU2497 Y   TH23MAY   WUHKMG RR1   0755 1010           E T3 --
3. MU2706 Y   TH30MAY   KMGNKG RR1   0800 1100           E -- T2
4. TAO/T TAO/T 0532 – 83835555/QINGDAO PENGFEI AIRLINES SERVICE LTD.,CO/LI TAO ABCDEFG
5. FC/A/WUH MU KMG 1580.00MT/Y MU NKG 1940.00MT/Y CNY3520.00END
6. SSR FOID MU HK1 NI1801001999102100010/P1
7. SSR SPML MU NN1 WUHKMG 2497 23MAY NOSALT/P1
8. SSR SPML MU NN1 MKGNKG 2706 30MAY NOSALT/P1
9. SSR WCHC MU NN1 WUHKMG 2497 23MAY NOSALT/P1
10. SSR WCHC MU NN1 MKGNKG 2706 30MAY NOSALT/P1
CMS/A/ **
 +
```

【步骤十六】 出票。

```
▶ETDZ:3
CNY3620.00   KSLP5Z
ET PROCESSING... PLEASE WAIT!
ELECTRONIC TICKET ISSUED
```

 操作练习

（1）请为旅客李磊预订 5 月 23 日武汉到昆明的航班,并为其申请轮椅（WCHC）和无盐餐食（NO SALT）,身份证号码为 180100199910210010,电话号码为 19088004518。

（2）请为自己、李磊、韩梅梅预订 11 月 8 日青岛到福州的航班，9 日福州到青岛往返航班，并为三人申请无盐餐食（NO SALT）。电话号码用自己的电话号码，身份证号码用自己的身份证号码；李磊的身份证号码为 180100199910210010，电话号码为 19088004518；韩梅梅的身份证号码为 180100199910210020，电话号码为 19088004519。

（3）请为旅客李明（2022 年 10 月 15 日生）预订 5 月 18 日济南到深圳的航班，并为其申请轮椅（WCHC）和无盐餐食（NO SALT），身份证号码为 180100202210150010，电话号码为 19088004518。

（4）请为 10 名旅客预订名为 MINHANGAIHAOZHE 的 6 月 18 日青岛到上海的航班，并为其申请无盐餐食（NO SALT），身份证号码自拟，电话号码自拟。

（5）请为旅客李磊（某省省长）预订 6 月 5 日南京到西安，6 月 7 日西安到南京的航班，并为其申请无盐餐食（NO SALT），身份证号码和电话号码自拟。

（6）请为自己、旅客李明（2022 年 10 月 15 日生）预订 8 月 5 日青岛到上海，8 月 20 日上海到青岛的航班，并为两人申请无盐餐食（NO SALT），请使用自己的电话号码及身份证号码；李明的身份证号码为 180100202210150010，电话号码为 19088004518。

项目 6　客票变更与退票

本项目主要介绍电子客票改期、退票、签转的一般规定,挂起与解挂、作废等基本知识,掌握客票改期、退票、签转、挂起与解挂、作废等基本操作技能,能够为旅客办理客票的改期、退票、签转等。

> **知识目标**
> (1) 了解挂起与解挂、作废的基本指令。
> (2) 掌握电子客票改期的一般规定、退票的一般规定、签转的一般规定。
> (3) 熟练掌握客票改期、退票、签转、挂起与解挂、作废的基本操作。
>
> **能力目标**
> (1) 能够熟练运用电子客票改期、退票、签转的一般规定。
> (2) 能够为旅客办理客票的改期、退票、签转等。
>
> **思政目标**
> (1) 培养学生敬畏职责的精神。
> (2) 培养学生严谨的工作作风。
>
> **考证标准**
> (1) 民用航空运输销售代理岗位技能培训合格证。
> (2) 1+X 民航旅客地面服务职业技能等级证书。
>
> **经典案例**
> 旅客李某由于个人原因误机,于是在飞机起飞后1个月前来办理退票手续,票务员王某以机票上的签注条件为"不得改期,退票收费"为由拒绝为旅客李某办理退票手续,旅客李某进行投诉。
>
> **思考题:**
> (1) 票务员王某的做法存在哪些错误?
> (2) 票务员王某的正确做法是什么?

任务 1　客票变更

 知识目标

(1) 了解客票变更的定义。
(2) 掌握客票变更的一般规定。

客票变更
操作演示

能力目标

能够为旅客办理客票变更。

基础知识

一、客票变更的定义

旅客购票后,如要求改变航班、日期或舱位等级称为客票变更。

二、一般规定

(1) 变更包括改变航班、日期、舱位、承运人或航程等信息。

(2) 变更手续费按对应航段的票面价格计算,以人民币元为单位,尾数四舍五入至个位。

(3) 自愿变更需重新计算票价,票价差额按对应航段的票面价格计算;如有票价差额,任何时候均需补收。

(4) 特殊产品及特殊运价的退改签规则按具体产品规定执行。

三、自愿变更手续费收费标准

各航空公司自愿变更手续费收费标准存在差异,国航收费标准如表 6-1 所示。

表 6-1 自愿变更手续费收费标准(按对应航段的票面价格收取)

服务等级	舱位代码	航班起飞前 30 天(720 小时)(含)之前	航班起飞前 30 天(不含)至 14 天(336 小时)(含)	航班起飞前 14 天(336 小时)(不含)至 4 小时(含)	航班起飞前 4 小时(不含)至航班起飞后
头等舱	F	0%	0%	0%	10%
	A	0%	0%	5%	10%
公务舱	J	0%	0%	0%	10%
	C/D/Z/R	0%	0%	5%	10%
超级经济舱	G	0%	累计免费三次,第四次起每次收 5%		10%
	E	0%	0%	10%	20%
经济舱	Y	0%	累计免费三次,第四次起每次收 5%		10%
	B/M/U	0%	5%	10%	20%
	H/Q/V	0%	15%	20%	30%
	W/S	10%	25%	30%	40%
	T/L/P/N/K	20%	35%	40%	50%

说明:G 舱和 Y 舱在"航班起飞前 30 天(不含)至 14 天(336 小时)(含)"和"航班起飞前 14 天(336 小时)(不含)至 4 小时(含)"两个时间段内的自愿变更次数需合并计算,即两个时间段内累计"免费变更三次、第四次起每次收 5%"。

示例:原客票为 2021 年 6 月 29 日北京至成都单程 Q 舱,实收票价 890 元,税费 170 元,总票款 1060 元。假设在 2021 年 6 月 20 日,将起飞时间改期至 2021 年 7 月 1 日 CA4112U 舱,U 舱产品票价为 1150 元。请分别计算改期费及差价。

解答：
改期费＝原票Q舱实收票价×起飞前Q舱改期手续费＝890×20％＝178(元)
差价＝U舱产品票价－原票Q舱实收票价＝1150－890＝260(元)
应收变更费＝改期费＋差价＝178＋260＝438(元)

 任务导入（一）

请为旅客李磊预订Y舱5月5日北京到重庆的客票，李磊的身份证号码为180100199910210010，电话号码为19088004518。后因个人原因，旅客李磊于5月1日要求变更到5月15日同航程航班，请为其办理。

因旅客李磊预订的是Y舱客票，并于飞机起飞前4小时提出变更，故可免费为其办理变更一次。

 任务实施（一）

【步骤一】 查询航班。

```
▶ AVH/PEKCKG/5MAY
05MAY(SUN) BJSCKG
1-    3U8516   DS#  C8 IS JS AS YA BA TA HA GA SQ   PEKCKG 0650   0950    319 0^C    E
>                    L5 EQ VQ RQ KQ NQ XS U3 WS QS MS ZS              T3 T2    3:00
                    ** W1S
2     CZ3183   DS#  JA CQ DQ IQ OC WA SQ YA PA BQ   PEKCKG 0650   0955    32L 0^C    E
>                    MQ HQ KA UQ AQ LQ QA EQ VQ ZQ TQ NQ RQ GA XC     T2 T3    3:05
3     CA1437   DS#  J4 CS DS ZS RS YA BS MS US HS   PEKCKG 0700   0955    738 0^     E
>                    QS VS WS SS T5 LS N3 KS                          T3 T3    2:55
                    ** M1S V1S S1S
4     MU2865   DS#  UC FA PQ JC CQ DQ QQ IQ WC YA   PEKCKG 0750   1050    320 0^B    E
>                    BA MA EA HA KA LA NA RA SQ VQ TQ GQ ZQ           T2 T3    3:00
5     CA1431   DS#  J4 CS DS ZS RS GA ES YA BS MS   PEKCKG 0800   1100    789 0^     E
>                    US HS QS VS WS SS T5 LS N3 KS                    T3 T3    3:00
                    ** M1S S1S
6     CA1429   DS#  J4 CS DS ZS RS YA BS MS US HS   PEKCKG 0900   1155    738 0^     E
>                    QS VS WS SS T5 LS N3 KS                          T3 T3    2:55
                    ** M1S S1S
7+    CZ8102   DS#  J8 CQ DQ IQ OC WA SQ YA PA BQ   PEKCKG 0905   1205    320 0^L    E
>                    MQ HQ KA UQ AQ LQ QA EQ VQ ZQ TQ NQ RQ GA XC     T2 T3    3:00
**    SC FLIGHT PLEASE CHECK IN 45 MINUTES BEFORE DEPARTURE AT PEK T3
**    HU FLIGHT PLEASE CHECK IN 45 MINUTES BEFORE DEPARTURE AT PEK
**    FREE ACCOMADATION IN CTU OR CKG IF CONNECT TIME OVER 6 HRS 3U
```

【步骤二】 建立航段。

```
▶ SD2Y1
1. CZ3183 Y  SU05MAY   PEKCKG DK1   0650 0955         32L C 0    R E T2T3
2. TAO/T TAO/T 0532－83835555/QINGDAO PENGFEI AIRLINES SERVICE LTD.,CO/LI TAO ABCDEFG
3. TAO220
```

【步骤三】 输入旅客姓名。

▶ NM1 李磊
1. 李磊
2. CZ3183 Y   SU05MAY   PEKCKG DK1   0650 0955   32L C 0   R E T2T3
3. TAO/T TAO/T 0532－83835555/QINGDAO PENGFEI AIRLINES SERVICE LTD.,CO/LI TAO ABCDEFG
4. TAO220

【步骤四】 输入旅客联系方式。

▶ OSI CZ CTCT19088004518
1. 李磊
2. CZ3183 Y   SU05MAY   PEKCKG DK1   0650 0955   32L C 0   R E T2T3
3. TAO/T TAO/T 0532－83835555/QINGDAO PENGFEI AIRLINES SERVICE LTD.,CO/LI TAO ABCDEFG
4. OSI CZ CTCT19088004518
5. TAO220

▶ OSI CZ CTCM19088004519/P2
1. 李磊
2. CZ3183 Y   SU05MAY   PEKCKG DK1   0650 0955   32L C 0   R E T2T3
3. TAO/T TAO/T 0532－83835555/QINGDAO PENGFEI AIRLINES SERVICE LTD.,CO/LI TAO ABCDEFG
4. OSI CZ CTCT19088004518
5. OSI CZ CTCM19088004519/P2
6. TAO220

【步骤五】 输入出票时限。

▶ TKTL/1800/./TAO220
1. 李磊
2. CZ3183 Y   SU05MAY   PEKCKG DK1   0650 0955   32L C 0   R E T2T3
3. TAO/T TAO/T 0532－83835555/QINGDAO PENGFEI AIRLINES SERVICE LTD.,CO/LI TAO ABCDEFG
4. TL/1800/21JAN/TAO220
5. OSI CZ CTCT19088004518
6. OSI CZ CTCM19088004519/P2
7. TAO220

【步骤六】 输入旅客证件号码。

▶ SSR FOID CZ HK/NI180100199910210010/P1
1. 李磊
2. CZ3183 Y   SU05MAY   PEKCKG DK1   0650 0955   32L C 0   R E T2T3
3. TAO/T TAO/T 0532－83835555/QINGDAO PENGFEI AIRLINES SERVICE LTD.,CO/LI TAO ABCDEFG
4. TL/1800/21JAN/TAO220
5. SSR FOID CZ HK1 NI180100199910210010/P1
6. OSI CZ CTCT19088004518
7. OSI CZ CTCM19088004519/P2
8. TAO220

【步骤七】 封口。

▶@
HEQC7R - EOT SUCCESSFUL, BUT ASR UNUSED FOR 1 OR MORE SEGMENTS
CZ3183   Y SU05MAY   PEKCKG DK1   0650 0955
航空公司使用自动出票时限，请检查 PNR
 *** 预订酒店指令 HC，详情   HC:HELP   ***

【步骤八】 提取 PNR。

▶RT:HEQC7R
1. 李磊 KY191B
2. CZ3183 Y   TU05MAR   PEKCKG HK1   0650 0955   E T3T3
3. TAO/T TAO/T 0532 - 83835555/QINGDAO PENGFEI AIRLINES SERVICE LTD.,CO/LI TAO ABCDEFG
4. TL/1800/21JAN/TAO220
5. SSR FOID CZ HK1 NI1801001999910210010/P1
6. SSR FQTV CZ HK1 PEKCKG 3183 Y05MAR CA058009191786/P1
7. OSI CZ CTCT19088004518
8. OSI CZ CTCM19088004519/P1
9. RMK CZ/NLC2Z3
10. TAO220

【步骤九】 调取运价并输入。

▶PAT:A
01 Y FARE:CNY1980.00 TAX:CNY50.00 YQ:TEXEMPTYQ   TOTAL:2030.00
SFC:01   SFN:01
SFC:01
1. 李磊 HEQC7R
2. CZ3183 Y   TU05MAR   PEKCKG HK1   0700 1000   E T3T3
3. TAO/T TAO/T 0532 - 83835555/QINGDAO PENGFEI AIRLINES SERVICE LTD.,CO/LI TAO ABCDEFG
4. TL/1800/21JAN/TAO220
5. FC/A/PEK A - 21JAN20 CZ CKG 1980.00Y CNY1980.00END
6. SSR FOID CZ HK1 NI1801001999910210010/P1
7. SSR FQTV CZ HK1 PEKCKG 3183 Y05MAR CA058009191786/P1
8. OSI CZ CTCT19088004518
9. OSI CZ CTCM19088004519/P1
10. RMK CMS/A/**
11. RMK OT/A/0/97399/0 - 1CA3968P1CKG
12. RMK CZ/NLC2Z3
13. RMK AUTOMATIC FARE QUOTE
14. FN/A/FCNY1980.00/SCNY1980.00/C0.00/XCNY50.00/TCNY50.00CN/TEXEMPTYQ/ACNY2030.00
15. EI/GAIQITUIPIAOSHOUFEI 改期退票收费
   +

【步骤十】 删除出票时限。

▶XE4
1. 李磊 HEQC7R
2. CZ3183 Y   TU05MAR   PEKCKG HK1   0700 1000   E T3T3

3. TAO/T TAO/T 0532－83835555/QINGDAO PENGFEI AIRLINES SERVICE LTD.,CO/LI TAO ABCDEFG
4. FC/A/PEK A－21JAN20 CZ CKG 1980.00Y CNY1980.00END
5. SSR FOID CZ HK1 NI1801001999910210010/P1
6. SSR FQTV CZ HK1 PEKCKG 3183 Y05MAR CZ058009191786/P1
7. OSI CZ CTCT19088004518
8. OSI CZ CTCM19088004519/P1
9. RMK CMS/A/**
10. RMK OT/A/0/97399/0－1CA3968P1CKG
11. RMK CZ/NLC2Z3
12. RMK AUTOMATIC FARE QUOTE
13. FN/A/FCNY1980.00/SCNY1980.00/C0.00/XCNY50.00/TCNY50.00CN/TEXEMPTYQ/ACNY2030.00
14. EI/GAIQITUIPIAOSHOUFEI 改期退票收费
15. FP/CASH,CNY
+

【步骤十一】 变更客票状态为 RR 状态。

▶ 2RR
1. 李磊 HEQC7R
2. CZ3183 Y　TU05MAR　PEKCKG RR1　0700 1000　　　　E T3T3
3. TAO/T TAO/T 0532－83835555/QINGDAO PENGFEI AIRLINES SERVICE LTD.,CO/LI TAO ABCDEFG
4. FC/A/PEK A－21JAN20 CZ CKG 1980.00Y CNY1980.00END
5. SSR FOID CZ HK1 NI1801001999910210020/P1
6. SSR FQTV CZ HK1 PEKCKG 3183 Y05MAR CA058009191786/P1
7. OSI CZ CTCT19088004518
8. OSI CZ CTCM19088004519/P1
9. RMK CMS/A/**
10. RMK OT/A/0/97399/0－1CA3968P1CKG
11. RMK CZ/NLC2Z3
12. RMK AUTOMATIC FARE QUOTE
13. FN/A/FCNY1980.00/SCNY1980.00/C0.00/XCNY50.00/TCNY50.00CN/TEXEMPTYQ/ACNY2030.00
14. EI/GAIQITUIPIAOSHOUFEI 改期退票收费
15. FP/CASH,CNY
+

【步骤十二】 出票。

▶ ETDZ:3
CNY2030.00　HEQC7R
ET PROCESSING... PLEASE WAIT!
ELECTRONIC TICKET ISSUED

【步骤十三】 提取电子客票票面信息,此时票面状态为 OPEN FOR USE。

▶ detr:tn/784－486294710
ISSUED BY: TAO220 ORG/DST: SHE/URC ISI:SITI　　　　　　　　BSP－D
TOUR CODE
PASSENGER:李磊
EXCH:　　　　　　　　　　　　　　　　　　　　　　　　　CONJ TKT:
FM: 1SHE CZ 3183 Y 05MAY 2030 OK Y　　　　　　20K OPEN FOR USE
RL: VF0NT/UCE7W 1E
TO: CGO

```
FARE:      CNY1980.00           FOP:
TAX:       CNY 50.00CN          OI:
TAX:       CNY  0.00YQ
TOTAL:     CNY2030.00           TKTN: 784-486294710
```

【步骤十四】 提取PNR。

```
▶ RT HEQC7R
1. 李磊 HEQC7R
2. CZ3183 Y  SU05MAY  PEKCKG DK1  0650 0955         32L C 0   R E T2T3
3. TAO/T TAO/T 0532-83835555/QINGDAO PENGFEI AIRLINES SERVICE LTD.,CO/LI TAO ABCDEFG
4. TL/1800/21JAN/TAO220
5. FC/A/PEK B-05MAY19 A-05MAY19 F-20KG CZ CKG 1980.00Y CNY1980.00END
6. SSR FOID CZ HK1 NI180100199910210020/P1
7. OSI CZ CTCT19088004518
8. OSI CZ CTCM19088004519/P1
9. SSR TKNE CZ HK1 PEKCKG 3183 Y05MAY 7844862947103/1/P1
10. SSR FQTV CZ HK1 PEKHET 3183 Y05MAY CZ112051037944/B/P1
11. RMK CMS/A/**
12. RMK OT/A/0/84260/0-1CZ3857P1CKG
13. RMK CZ/MKF0NF
14. RMK AUTOMATIC FARE QUOTE
15. FN/A/FCNY1980.00/SCNY1980.00/C0.00/XCNY50.00/TCNY50.00CN/TEXEMPTYQ/ACNY2030.00
16. EI/BIANGENGTUIPIAOSHOUFEI 变更退票收费
17. FP/CASH,CNY
   +
```

【步骤十五】 查询新的航班。

```
▶ AVH/PEKCKG/15MAY
15MAY(WED) BJSCKG
1-  3U8516  DS# C8 IS JS AS YA BA TA HA GA SQ  PEKCKG 0650  0950  319 0^C  E
>           L5 EQ VQ RQ KQ NQ XS U3 WS QS MS ZS              T3 T2  3:00
            ** W1S
2   CZ3183  DS# JA CQ DQ IQ OC WA SQ YA PA BQ  PEKCKG 0650  0955  32L 0^C  E
>           MQ HQ KA UQ AQ LQ QA EQ VQ ZQ TQ NQ RQ GA XC     T2 T3  3:05
3   CA1437  DS# JC CC DC ZC RC YA BS MS US HS  PEKCKG 0700  0955  738 0^   E
>           QS VS WS SS T5 LS N3 KS                          T3 T3  2:55
            ** M1S V1S S1S
4   MU2865  DS# UC FA PQ JC CQ DQ QQ IQ WC YA  PEKCKG 0750  1050  320 0^B  E
>           BA MA EA HA KA LA NA RA SQ VQ TQ GQ ZQ           T2 T3  3:00
5   CA1431  DS#J4 CS DS ZS RS GA ES YA BS MS   PEKCKG 0800  1100  789 0^   E
>           US HS QS VS WS SS T5 LS N3 KS                    T3 T3  3:00
            ** M1S S1S
6   CA1429  DS#J4 CS DS ZS RS YA BS MS US HS   PEKCKG 0900  1155  32A 0^   E
>           QS VS WS SS T5 LS N3 KS                          T3 T3  2:55
            ** M1S S1S
7+  CZ8102  DS# JA CQ DQ IQ OC WA SQ YA PA BQ  PEKCKG 0905  1205  320 0^L  E
>           MQ HQ KA UQ AQ LQ QA EQ VQ ZQ TQ NQ RQ GA XC     T2 T3  3:00
** SC FLIGHT PLEASE CHECK IN 45 MINUTES BEFORE DEPARTURE AT PEK T3
** HU FLIGHT PLEASE CHECK IN 45 MINUTES BEFORE DEPARTURE AT PEK
** FREE ACCOMADATION IN CTU OR CKG IF CONNECT TIME OVER 6 HRS 3U
```

【步骤十六】 建立新的航班。

▶ SD2Y1
1. 李磊 HEQC7R
2. CZ3183 Y   SU05MAY   PEKCKG HK1   0650 0955   E T2T3
3. CZ3183 Y   WE15MAY   PEKCKG DK1   0650 0955   32L C 0   R E T2T3
4. TAO/T TAO/T 0532－83835555/QINGDAO PENGFEI AIRLINES SERVICE LTD.,CO/LI TAO ABCDEFG
5. TL/1800/21JAN/TAO220
6. FC/A/PEK B－05MAY19 A－05MAY19 F－20KG CZ CKG 1980.00Y CNY1980.00END
7. SSR FOID CZ HK1 NI180100199910210020/P1
8. OSI CZ CTCT19088004518
9. OSI CZ CTCM19088004519/P1
10. RMK CMS/A/**
11. RMK OT/A/0/84260/0－1CZ3857P1CKG
12. RMK CZ/MKFONF
13. RMK AUTOMATIC FARE QUOTE
14. FN/A/FCNY1980.00/SCNY1980.00/C0.00/XCNY50.00/TCNY50.00CN/TEXEMPTYQ/ACNY2030.00
15. EI/BIANGENGTUIPIAOSHOUFEI 变更退票收费
16. FP/CASH,CNY
+

【步骤十七】 删除原航班。

▶ XE2
1. 李磊 HEQC7R
2. CZ3183 Y   WE15MAY   PEKCKG DK1   0650 0955   32L C 0   R E T2T3
3. TAO/T TAO/T 0532－83835555/QINGDAO PENGFEI AIRLINES SERVICE LTD.,CO/LI TAO ABCDEFG
4. TL/1800/21JAN/TAO220
5. FC/A/PEK B－05MAY19 A－05MAY19 F－20KG CZ CKG 1980.00Y CNY1980.00END
6. SSR FOID CZ HK1 NI180100199910210020/P1
7. OSI CZ CTCT19088004518
8. OSI CZ CTCM19088004519/P1
9. SSR TKNE CZ HK1 PEKCKG 3183 Y15MAY 7844862947103/1/P1
10. SSR FQTV CZ HK1 PEKHET 3183 Y15MAY CZ112051037944/B/P1
11. RMK CMS/A/**
12. RMK OT/A/0/84260/0－1CZ3857P1CKG
13. RMK CZ/MKFONF
14. RMK AUTOMATIC FARE QUOTE
15. FN/A/FCNY1980.00/SCNY1980.00/C0.00/XCNY50.00/TCNY50.00CN/TEXEMPTYQ/ACNY2030.00
16. EI/BIANGENGTUIPIAOSHOUFEI 变更退票收费
17. FP/CASH,CNY
+

【步骤十八】 输入新的 TKNE 项。

▶ SSR TKNE CZ HK1 PEKCKG 3183 Y15MAY 7844862947103/1/P1
1. 李磊 HEQC7R
2. CZ3183 Y   WE15MAY   PEKCKG DK1   0650 0955   32L C 0   R E T2T3
3. TAO/T TAO/T 0532－83835555/QINGDAO PENGFEI AIRLINES SERVICE LTD.,CO/LI TAO ABCDEFG
4. TL/1800/21JAN/TAO220
5. FC/A/PEK B－05MAY19 A－05MAY19 F－20KG CZ CKG 1980.00Y CNY1980.00END

6. SSR FOID CZ HK1 NI1801001999l0210020/P1
7. OSI CZ CTCT19088004518
8. OSI CZ CTCM19088004519/P1
9. SSR TKNE CZ HK1 PEKCKG 3183 Y05MAY 7844862947103/1/P1
10. SSR TKNE CZ HK1 PEKCKG 3183 Y15MAY 7844862947103/1/P1
11. SSR FQTV CZ HK1 PEKHET 3183 Y15MAY CZ112051037944/B/P1
12. RMK CMS/A/**
13. RMK OT/A/0/84260/0-1CZ3857P1CKG
14. RMK CZ/MKFONF
15. RMK AUTOMATIC FARE QUOTE
16. FN/A/FCNY1980.00/SCNY1980.00/C0.00/XCNY50.00/TCNY50.00CN/TEXEMPTYQ/ACNY2030.00
17. EI/BIANGENGTUIPIAOSHOUFEI 变更退票收费
18. FP/CASH,CNY

【步骤十九】 删除原 TKNE 项。

▶ XE9
1. 李磊 HEQC7R
2. CZ3183 Y WE15MAY PEKCKG DK1 0650 0955 32L C 0 R E T2T3
3. TAO/T TAO/T 0532-83835555/QINGDAO PENGFEI AIRLINES SERVICE LTD.,CO/LI TAO ABCDEFG
4. TL/1800/21JAN/TAO220
5. FC/A/PEK B-05MAY19 A-05MAY19 F-20KG CZ CKG 1980.00Y CNY1980.00END
6. SSR FOID CZ HK1 NI1801001999l0210020/P1
7. OSI CZ CTCT19088004518
8. OSI CZ CTCM19088004519/P1
9. SSR TKNE CZ HK1 PEKCKG 3183 Y15MAY 7844862947103/1/P1
10. SSR FQTV CZ HK1 PEKHET 3183 Y15MAY CZ112051037944/B/P1
11. RMK CMS/A/**
12. RMK OT/A/0/84260/0-1CZ3857P1CKG
13. RMK CZ/MKFONF
14. RMK AUTOMATIC FARE QUOTE
15. FN/A/FCNY1980.00/SCNY1980.00/C0.00/XCNY50.00/TCNY50.00CN/TEXEMPTYQ/ACNY2030.00
16. EI/BIANGENGTUIPIAOSHOUFEI 变更退票收费
17. FP/CASH,CNY
+

【步骤二十】 封口。

▶ @
HEQC7R - EOT SUCCESSFUL, BUT ASR UNUSED FOR 1 OR MORE SEGMENTS
CZ3183 Y SU05MAY PEKCKG DK1 0650 0955
航空公司使用自动出票时限,请检查 PNR
*** 预订酒店指令 HC,详情 HC:HELP ***

任务导入(二)

同任务导入(一),旅客李磊在飞机起飞后提出变更,故按票面价格的10%收取变更手续费198元。

任务实施（二）

【步骤一】 提取电子客票票面信息，此时票面状态为 OPEN FOR USE。

```
▶ detr:tn/784-486294710
  ISSUED BY: TAO220 ORG/DST: SHE/URC ISI:SITI            BSP-D
  TOUR CODE
  PASSENGER:李磊
  EXCH:                                         CONJ TKT:
  FM: 1SHE CZ 3183 Y 05MAY 2030 OK Y            20K OPEN FOR USE
  RL: VF0NT/UCE7W 1E
  TO: CGO
  FARE:      CNY1980.00          FOP:
  TAX:       CNY 50.00CN         OI:
  TAX:       CNY  0.00YQ
  TOTAL:     CNY2030.00           TKTN: 784-486294710
```

【步骤二】 提取 PNR。

```
▶ RT HEQC7R
 1. 李磊 HEQC7R
 2. CZ3183 Y   SU05MAY   PEKCKG DK1   0650 0955           32L C 0   R E T2T3
 3. TAO/T TAO/T 0532-83835555/QINGDAO PENGFEI AIRLINES SERVICE LTD.,CO/LI TAO ABCDEFG
 4. TL/1800/21JAN/TAO220
 5. FC/A/PEK B-05MAY19 A-05MAY19 F-20KG CZ CKG 1980.00Y CNY1980.00END
 6. SSR FOID CZ HK1 NI180100199910210020/P1
 7. OSI CZ CTCT19088004518
 8. OSI CZ CTCM19088004519/P1
 9. SSR TKNE CZ HK1 PEKCKG 3183 Y05MAY 7844862947103/1/P1
10. SSR FQTV CZ HK1 PEKHET 3183 Y05MAY CZ112051037944/B/P1
11. RMK CMS/A/**
12. RMK OT/A/0/84260/0-1CZ3857P1CKG
13. RMK CZ/MKF0NF
14. RMK AUTOMATIC FARE QUOTE
15. FN/A/FCNY1980.00/SCNY1980.00/C0.00/XCNY50.00/TCNY50.00CN/TEXEMPTYQ/ACNY2030.00
16. EI/BIANGENGTUIPIAOSHOUFEI 变更退票收费
17. FP/CASH,CNY
+
```

【步骤三】 查询新的航班。

```
▶ AVH/PEKCKG/15MAY
15MAY(WED) BJSCKG

1-   3U8516  DS# C8 IS JS AS YA BA TA HA GA SQ   PEKCKG 0650   0950   319 0^C   E
>                L5 EQ VQ RQ KQ NQ XS U3 WS QS MS ZS             T3 T2   3:00
                 ** W1S
2    CZ3183  DS# JA CQ DQ IQ OC WA SQ YA PA BQ   PEKCKG 0650   0955   32L 0^C   E
>                MQ HQ KA UQ AQ LQ QA EQ VQ ZQ TQ NQ RQ GA XC     T2 T3   3:05
```

```
3      CA1437   DS#  JC CC DC ZC RC YA BS MS US HS    PEKCKG  0700    0955    738  0^    E
>                    QS VS WS SS T5 LS N3 KS                                  T3 T3   2:55
                  ** M1S V1S S1S
4      MU2865   DS#  UC FA PQ JC CQ DQ QQ IQ WC YA    PEKCKG  0750    1050    320  0^BE
>                    BA MA EA HA KA LA NA RA SQ VQ TQ GQ ZQ                   T2 T3   3:00
5      CA1431   DS#  J4 CS DS ZS RS GA ES YA BS MS    PEKCKG  0800    1100    789  0^    E
>                    US HS QS VS WS SS T5 LS N3 KS                            T3 T3   3:00
                  ** M1S S1S
6      CA1429   DS#  J4 CS DS ZS RS YA BS MS US HS    PEKCKG  0900    1155    32A  0^    E
>                    QS VS WS SS T5 LS N3 KS                                  T3 T3   2:55
                  ** M1S S1S
7 +    CZ8102   DS#  JA CQ DQ IQ OC WA SQ YA PA BQ    PEKCKG  0905    1205    320  0^LE
>                    MQ HQ KA UQ AQ LQ QA EQ VQ ZQ TQ NQ RQ GA XC             T2 T3   3:00
  **  SC FLIGHT PLEASE CHECK IN 45 MINUTES BEFORE DEPARTURE AT PEK T3
  **  HU FLIGHT PLEASE CHECK IN 45 MINUTES BEFORE DEPARTURE AT PEK
  **  FREE ACCOMADATION IN CTU OR CKG IF CONNECT TIME OVER 6 HRS 3U
```

【步骤四】 建立新的航班。

```
▶ SD2Y1
1. 李磊 HEQC7R
2. CZ3183 Y   SU05MAY   PEKCKG HK1   0650 0955               E T2T3
3. CZ3183 Y   WE15MAY   PEKCKG DK1   0650 0955        32L C 0    R E T2T3
4. TAO/T TAO/T 0532-83835555/QINGDAO PENGFEI AIRLINES SERVICE LTD.,CO/LI TAO ABCDEFG
5. TL/1800/21JAN/TAO220
6. FC/A/PEK B-05MAY19 A-05MAY19 F-20KG CZ CKG 1980.00Y CNY1980.00END
7. SSR FOID CZ HK1 NI180100199910210020/P1
8. OSI CZ CTCT19088004518
9. OSI CZ CTCM19088004519/P1
10. RMK CMS/A/**
11. RMK OT/A/0/84260/0-1CZ3857P1CKG
12. RMK CZ/MKF0NF
13. RMK AUTOMATIC FARE QUOTE
14. FN/A/FCNY1980.00/SCNY1980.00/C0.00/XCNY50.00/TCNY50.00CN/TEXEMPTYQ/ACNY2030.00
15. EI/BIANGENGTUIPIAOSHOUFEI 变更退票收费
16. FP/CASH,CNY
+
```

【步骤五】 删除原航班。

```
▶ XE2
1. 李磊 HEQC7R
2. CZ3183 Y   WE15MAY   PEKCKG DK1   0650 0955        32L C 0    R E T2T3
3. TAO/T TAO/T 0532-83835555/QINGDAO PENGFEI AIRLINES SERVICE LTD.,CO/LI TAO ABCDEFG
4. TL/1800/21JAN/TAO220
5. FC/A/PEK B-05MAY19 A-05MAY19 F-20KG CZ CKG 1980.00Y CNY1980.00END
6. SSR FOID CZ HK1 NI180100199910210020/P1
7. OSI CZ CTCT19088004518
8. OSI CZ CTCM19088004519/P1
```

```
  9. SSR TKNE CZ HK1 PEKCKG 3183 Y15MAY 7844862947103/1/P1
 10. SSR FQTV CZ HK1 PEKHET 3183 Y15MAY CZ112051037944/B/P1
 11. RMK CMS/A/ **
 12. RMK OT/A/0/84260/0－1CZ3857P1CKG
 13. RMK CZ/MKF0NF
 14. RMK AUTOMATIC FARE QUOTE
 15. FN/A/FCNY1980.00/SCNY1980.00/C0.00/XCNY50.00/TCNY50.00CN/TEXEMPTYQ/ACNY2030.00
 16. EI/BIANGENGTUIPIAOSHOUFEI 变更退票收费
 17. FP/CASH,CNY
  +
```

【步骤六】 输入新的价格项。

```
 ▶ FN RCNY 1980.00/SCNY1980.00/C0.00/OCNY50.00CN/OEXEMPTYQ/ACNY198.00
 FC PEK CZ CKG 1980.00Y CNY 1980.00 END
 FP CASH, CNY
 EI 9CN0GT15/不得签转
 OI 784－4862947103♯1000P1
  1. 李磊 HEQC7R
  2. CZ3183 Y  WE15MAY  PEKCKG DK1  0650 0955         32L C 0  R E T2T3
  3. TAO/T TAO/T 0532－83835555/QINGDAO PENGFEI AIRLINES SERVICE LTD.,CO/LI TAO ABCDEFG
  4. TL/1800/21JAN/TAO220
  5. FC/A/PEK B－05MAY19 A－05MAY19 F－20KG CZ CKG 1980.00Y CNY1980.00END
  6. SSR FOID CZ HK1 NI180100199910210020/P1
  7. OSI CZ CTCT19088004518
  8. OSI CZ CTCM19088004519/P1
  9. SSR TKNE CZ HK1 PEKCKG 3183 Y15MAY 7844862947103/1/P1
 10. SSR FQTV CZ HK1 PEKHET 3183 Y15MAY CZ112051037944/B/P1
 11. RMK CMS/A/ **
 12. RMK OT/A/0/84260/0－1CZ3857P1CKG
 13. RMK CZ/MKF0NF
 14. RMK AUTOMATIC FARE QUOTE
 15. FN RCNY 1980.00/SCNY1980.00/C0.00/OCNY50.00CN/OEXEMPTYQ/ACNY198.00
 16. FC PEK CZ CKG 1980.00Y CNY 1980.00 END
 17. EI/9CN0GT15/不得签转
 18. FP/CASH,CNY
  +
```

【知识补充】

（1）价格的输入方法如下。

FC：A/15MAY21PEK（出票日期）CZ CKG2190.00（票面价格）CNY2190.00（总价）END FN FCNY 2380.00（票面价格）/SCNY2380.00（实收价格）/C0.00（代理费）/TCNY50.00CN（税费）/TEXEMPTYQ（TEXEMPT 是无的意思,此项油税）/ACNY300.00（改期费＋差价总和）

（2）FP CASH,CNY 意思为现金/收费币种。

（3）EI,即客票签注项固定格式,一般国内是文件号和改退规定。

（4）OI999-242093214♯1234P1 项为关联票号固定格式,♯后面是票面段 P1 是第几个旅客。

【步骤七】出票。

```
▶ ETDZ:3
CNY2228.00   HEQC7R
ET PROCESSING... PLEASE WAIT!
ELECTRONIC TICKET ISSUED
```

操作练习

（1）请为旅客李磊预订5月23日武汉到昆明的航班，并为其申请轮椅（WCHC）和无盐餐食（NO SALT），身份证号码为180100199910210010，电话号码为19088004518。预订完后，由于旅客原因，请将航班日期改为5月25日。

（2）请为自己、李磊、韩梅梅预订11月8日青岛到福州，11月9日福州到青岛往返航班，并预订三份无盐餐食（NO SALT），电话号码用自己的电话号码，身份证号码用自己的身份证号码；李磊的身份证号码为180100199910210010，电话号码为19088004518；韩梅梅的身份证号码为180100199910210020，电话号码为19088004519。预订完后，由于旅客原因，请将第二个航段的时期改为11月12日。

（3）请为旅客李明（2022年10月15日生）预订5月18日济南到深圳的航班，并为其申请轮椅（WCHC）和无盐餐食（NO SALT），身份证号码为180100202210150010，电话号码为19088004518。预订完后，由于旅客原因，请为李明办理升舱服务。

（4）请为10名旅客预订团体名为MINHANGAIHAOZHE的6月18日青岛到上海的航班，并为其申请无盐餐食（NO SALT），身份证号码和电话号码自拟。预订完后，由于旅客原因，请将航班日期改为6月25日。

（5）请为旅客李磊（某省省长）预订6月5日南京到西安，6月7日西安到南京的航班，并为其申请无盐餐食（NO SALT），身份证号码和电话号码自拟。预订完后，由于旅客原因，请将第一段的日期改为6月3日。

（6）请为自己、旅客李明（2024年10月15日生）预订8月5日青岛到上海，8月20日上海到青岛的航班，并为两人申请无盐餐食（NO SALT），电话号码用自己的电话号码，身份证号码用自己的身份证号码；电话号码为19088004518。预订完后，由于旅客原因，请将第一段的日期改为8月6日。

任务2　退票

知识目标

（1）了解退票的定义。
（2）掌握退票的一般规定。

能力目标

能够为旅客办理退票。

基础知识

一、客票退票的定义

退票分为自愿退票和非自愿退票。自愿退票是指旅客购票后自愿退票；非自愿退票是指由于承运人的原因不能按规定的时间、日期、舱位成行而退票。

二、一般规定

(1) 退票手续费按对应航段的票面价格计算，以人民币元为单位，尾数四舍五入至个位。

(2) 按未使用航段的退座时间距离客票票面上列明的航班起飞时间，收取适用时间段的退票手续费。例外：在航空公司官网、手机客户端及旗舰店办理自愿退票手续时，需按照提交退票申请的时间距离客票上列明的航班起飞时间，选择适用的时间段。

(3) 客票部分使用的退票规则为，客票部分使用后退票，扣除已使用航段票面价格，按未使用航段的退座时间距离客票票面上列明的航班起飞时间，收取适用时间段的退票手续费，余额退还旅客。例外：在航空公司官网、手机客户端及旗舰店办理自愿退票手续时，需按照提交退票申请的时间距离客票上列明的航班起飞时间，选择适用的时间段。

(4) 换开客票的退票规则为，换开客票在2021年3月31日（含）以后申请退票，按换开客票的退座时间和原始客票的价格、舱位及收费标准收取退票手续费，如有补收的票价差额，则差额全部退还，已收取的变更手续费不退。即按照换开客票未使用航段的退座时间距离换开客票票面上列明的航班起飞时间，选择适用的时间段，按照原始客票（第一张客票）对应航段和舱位的退票手续费标准和票面价格计算退票手续费；全部退还换开客票时补收的未使用航段的票价差额；已收取的变更手续费不退。例如：在航空公司官网、手机客户端及旗舰店办理自愿退票手续时，需按照提交退票申请的时间距离客票上列明的航班起飞时间，选择适用的时间段。

(5) 特殊产品及特殊运价的退改签规则按具体产品规定执行。

(6) 依据《中国民航旅客、行李国内运输总条件》中的规定，退票须在客票有效期内办理。

(7) 旅客在客票有效期内办理退票时，未使用的机场建设费和燃油附加一并退还。

三、自愿退票手续费收费标准

各航空公司自愿退票手续费收费标准存在差异，其中国航的收费标准如表6-2所示。

表6-2 自愿退票手续费收费标准（按对应航段的票面价格收取）

服务等级	舱位代码	航班起飞前30天（720小时）（含）之前/%	航班起飞前30天（不含）至14天（336小时）（含）/%	航班起飞前14天（336小时）（不含）至4小时（含）/%	航班起飞前4小时（不含）至航班起飞后/%
头等舱	F	0	5	5	10
	A	5	5	10	20

续表

服务等级	舱位代码	航班起飞前30天（720小时）（含）之前/%	航班起飞前30天（不含）至14天（336小时）（含）/%	航班起飞前14天（336小时）（不含）至4小时(含)/%	航班起飞前4小时(不含)至航班起飞后/%
公务舱	J	0	5	5	10
	C/D/Z/R	5	5	10	20
超级经济舱	G	0	5	10	20
	E	10	15	20	30
经济舱	Y	0	5	10	20
	B/M/U	10	15	20	30
	H/Q/V	10	25	30	40
	W/S	20	45	50	100
	T/L/P/N/K	30	60	90	100

四、非自愿退票

非自愿退票：免收退票手续费。

  示例：原客票为2021年6月29日北京至成都单程M舱，实收票价890元，税费170元，总票款1060元。假设在起飞后退票。则：

退票费＝原Q舱实收票价×起飞后M舱退票手续费＝890×30%＝267(元)

应退款＝实收票价+税费-退票费＝890+170-267＝793(元)

 任务导入

请为旅客李磊预订5月8日哈尔滨—郑州，5月18日西安—乌鲁木齐客票，李磊的身份证号码为180100199910210010，电话号码为19088004518。后因个人原因，旅客李磊在飞机起飞前30天前来办理退票，请为旅客李磊办理退票。

任务实施

【步骤一】 查询第一航段航班。

```
▶ AVH/HRBCGO/8MAY
08MAY(WED) HRBCGO
1-  ZH9753  DS# FA PQ AQ OQ CA DQ GQ YA BQ RQ   HRBCGO 0635   0950    738 0^B  E
>               MQ UQ HQ QQ VQ WQ SQ EQ TQ LQ X2 NQ KQ           T2 T2    3:15
2   3U8583  DS# C8 IS JS AS YA BA TA HA GA SQ   HRBCGO 0650   0955    320 0^C  E
>               LA EA VQ RA KA N5 XS U3 WS QS MS ZS              T2 T2    3:05
                ** W1S
3   CZ6255  DS# J4 CQ DQ IQ OC WA SQ YA P6 BQ   HRBCGO 1150   1455    32G 0^L  E
>               MQ HQ K4 UQ AQ LQ Q2 EQ VQ ZQ TQ NQ RQ GS XC     --  T2    3:05
4   3U8848  DS# C8 I2 J2 A2 YA BA T8 H8 G8 S8   HRBCGO 1515   1805    320 0^D  E
>               L8 E8 VQ RQ KQ NQ XS U3 WS QS MS ZS              T2 T2    2:50
                ** W1S
```

```
5    CZ6360  DS# J4 CQ DQ IQ OC WA SQ YA PA BQ   HRBCGO 1650   1950    32D 0^C  E
>                MQ HQ KA UQ AQ LQ QA EQ VQ ZQ TQ NQ RQ G5 XC          -- T2  3:00
6 +  CZ8144  DS# J4 CQ DQ IQ OC WA SQ YA PA BQ   HRBCGO 1815   2120    32D 0^D  E
>                MQ HQ KA UQ AQ LQ QA EQ VQ ZQ TQ NQ RQ G1 XC          -- T2  3:05
**   HKG - HX - PEK - *HX - HRB and v.v., NO STOPOVER AT PEK IS PERMITTED
**   MF please check in 45 minutes before departure at HRB NEW Terminal
```

【步骤二】 建立第一航段航班。

```
▶ SD3Y1
1.   CZ6255 Y  WE08MAY   HRBCGO DK1   1150 1455            32G L 0   R E -- T2
2.   TAO/T TAO/T 0532 - 83835555/QINGDAO PENGFEI AIRLINES SERVICE LTD., CO/LI TAO ABCDEFG
3.   TAO220
```

【步骤三】 建立缺口程航段。

```
▶ SA:CGOXIY
1.   CZ6255 Y  WE08MAY   HRBCGO DK1   1150 1455            32G L 0   R E -- T2
2.       ARNK             CGOXIY
3.   CZ6965 Y  SA18MAY   XIYURC DK1   1235 1610            320 L 0   R E T3T3
4.   TAO/T TAO/T 0532 - 83835555/QINGDAO PENGFEI AIRLINES SERVICE LTD., CO/LI TAO ABCDEFG
5.   TAO220
```

【步骤四】 查询第二航段航班。

```
▶ AVH/XIYURC/18MAY
18MAY(SAT) XIYURC
1 -  MU2461  DS# UC FA PQ JC CQ DQ QQ IQ WC YA   XIYURC 1045   1420    73E 0^   E
>                BA MA EQ HQ KQ LQ NQ RQ SQ VQ TQ GQ ZQ            T3 T2  3:35
2    CZ6965  DS# J8 CQ DQ IQ OC WA SQ YA PA BQ   XIYURC 1235   1610    320 0^L  E
>                MQ HQ KA UQ AQ LQ QA EQ VQ ZQ TQ NQ RQ GS XC      T3 T3  3:35
3    MU2769  DS# UC FA PQ JC CQ DQ QQ IQ WC YA   XIYURC 1505   1840    320 0^   E
>                BA MQ EQ HQ KQ LQ NQ RQ SQ VQ TQ GQ ZQ            T3 T2  3:35
4    CZ6900  DS# JA CQ DQ IQ OC WA SQ YA PA BQ   XIYURC 1520   1845    E90 0^D  E
>                MQ HQ KA UQ AQ LQ QA EQ VQ ZQ TQ NQ RQ G1 XC      T3 T3  3:25
5    MU2299  DS# UQ F4 PQ JQ CQ DQ QQ IQ WQ YA   XIYURC 1645   2025    319 0^   E
>                BQ MQ EQ HQ KQ LQ NQ RQ SQ VQ TQ GQ ZQ            T3 T2  3:40
6    3U8587  DS# C8 IS JS AS YA BA TQ H5 G5 SQ   XIYURC 1815   2145    319 0^D  E
>                L5 E5 VQ R5 KQ NS XS U5 WS QS MS ZS               T3 T2  3:30
                               ** W1S
7 +  MU2398  DS# UQ FA PS JC CQ DQ QQ IQ WQ YA   XIYURC 1855   2300    325 0^   E
>                BS MS ES HS KS LS NS RS SQ VQ TQ GQ ZQ            T3 T2  4:05
**   10 B AIRPORT CHARGE FOR LATERAL FLIGHT
**   FLIGHT OF DR PLEASE CHECK IN 40 MINUTES BEFORE DEPARTURE AT XIY
**   HKG - HX - PEK - *HX - URC and v.v., NO STOPOVER AT PEK IS PERMITTED
```

【步骤五】 建立第二航段航班。

▶ SD2Y1
1.　CZ6255 Y　WE08MAY　HRBCGO DK1　1150 1455　　　　32G L 0　R E -- T2
2.　CZ6965 Y　SA18MAY　XIYURC DK1　1235 1610　　　　320 L 0　R E T3T3
3.　TAO/T TAO/T 0532－83835555/QINGDAO PENGFEI AIRLINES SERVICE LTD.,CO/LI TAO ABCDEFG
4.　TAO220

【步骤六】 输入旅客姓名。

▶ NM1 李磊
1. 李磊
2.　CZ6255 Y　WE08MAY　HRBCGO DK1　1150 1455　　　　32G L 0　R E -- T2
3.　　ARNK　　　　　CGOXIY
4.　CZ6965 Y　SA18MAY　XIYURC DK1　1235 1610　　　　320 L 0　R E T3T3
5.　TAO/T TAO/T 0532－83835555/QINGDAO PENGFEI AIRLINES SERVICE LTD.,CO/LI TAO ABCDEFG
6.　TAO220

【步骤七】 输入旅客联系方式。

▶ OSI CZ CTCT19088004518
1. 李磊
2.　CZ6255 Y　WE08MAY　HRBCGO DK1　1150 1455　　　　32G L 0　R E -- T2
3.　　ARNK　　　　　CGOXIY
4.　CZ6965 Y　SA18MAY　XIYURC DK1　1235 1610　　　　320 L 0　R E T3T3
5.　TAO/T TAO/T 0532－83835555/QINGDAO PENGFEI AIRLINES SERVICE LTD.,CO/LI TAO ABCDEFG
6. OSI CZ CTCT19088004518
7.　TAO220
▶ OSI CZ CTCM19088004518/P1
1. 李磊
2.　CZ6255 Y　WE08MAY　HRBCGO DK1　1150 1455　　　　32G L 0　R E -- T2
3.　　ARNK　　　　　CGOXIY
4.　CZ6965 Y　SA18MAY　XIYURC DK1　1235 1610　　　　320 L 0　R E T3T3
5.　TAO/T TAO/T 0532－83835555/QINGDAO PENGFEI AIRLINES SERVICE LTD.,CO/LI TAO ABCDEFG
6. OSI CZ CTCT19088004518
7. OSI CZ CTCM19088004518/P1
8.　TAO220

【步骤八】 输入出票时限。

▶ TKTL/1800/./TAO220
1. 李磊
2.　CZ6255 Y　WE08MAY　HRBCGO DK1　1150 1455　　　　32G L 0　R E -- T2
3.　　ARNK　　　　　CGOXIY
4.　CZ6965 Y　SA18MAY　XIYURC DK1　1235 1610　　　　320 L 0　R E T3T3
5.　TAO/T TAO/T 0532－83835555/QINGDAO PENGFEI AIRLINES SERVICE LTD.,CO/LI TAO ABCDEFG
6. TL/1800/21JAN/TAO220
7. OSI CZ CTCT19088004518
8. OSI CZ CTCM19088004518/P1
9.　TAO220

【步骤九】 输入旅客证件号码。

▶ SSR FOID CZ HK/NI180100199910210010
1. 李磊
2.   CZ6255 Y   WE08MAY   HRBCGO DK1   1150 1455   32G L 0   R E -- T2
3.   ARNK   CGOXIY
4.   CZ6965 Y   SA18MAY   XIYURC DK1   1235 1610   320 L 0   R E T3T3
5. TAO/T TAO/T 0532-83835555/QINGDAO PENGFEI AIRLINES SERVICE LTD.,CO/LI TAO ABCDEFG
6. TL/1800/21JAN/TAO220
7. SSR FOID CZ HK1 NI180100199910210010/P1
8. OSI CZ CTCT19088004518
9. OSI CZ CTCM19088004518/P1
10. TAO220

【步骤十】 封口。

▶ @
JSRMZW - EOT SUCCESSFUL, BUT ASR UNUSED FOR 1 OR MORE SEGMENTS
CZ6255   Y WE08MAY   HRBCGO DK1   1150 1455
CZ6965   Y SA18MAY   XIYURC DK1   1235 1610
航空公司使用自动出票时限,请检查 PNR
*** 预订酒店指令 HC,详情   HC:HELP   ***

【步骤十一】 提取 PNR。

▶ RT JSRMZW
1. 李磊 JSRMZW
2.   CZ6255 Y   WE08MAY   HRBCGO HK1   1150 1455   E -- T2
3.   ARNK   CGOXIY
4.   CZ6965 Y   SA18MAY   XIYURC HK1   1235 1610   E T3T3
5. TAO/T TAO/T 0532-83835555/QINGDAO PENGFEI AIRLINES SERVICE LTD.,CO/LI TAO ABCDEFG
6. TL/1800/21JAN/TAO220
7. SSR FOID CZ HK1 NI180100199910210010/P1
8. OSI CZ CTCT19088004518
9. OSI CZ CTCM19088004518/P1
10. RMK CA/MHXC16
11. TAO220

【步骤十二】 调取运价并输入。

▶ PAT:A
> PAT:A
01 Y+Y FARE:CNY3860.00 TAX:CNY100.00 YQ:TEXEMPTYQ   TOTAL:3960.00
SFC:01 SFN:01/01   SFN:01/02
SFC:01
1. 李磊 JSRMZW
2.   CZ6255 Y   WE08MAY   HRBCGO HK1   1150 1455   E -- T2
3.   ARNK   CGOXIY
4.   CZ6965 Y   SA18MAY   XIYURC HK1   1235 1610   E T3T3

5. TAO/T TAO/T 0532-83835555/QINGDAO PENGFEI AIRLINES SERVICE LTD.,CO/LI TAO ABCDEFG
6. TL/1800/21JAN/TAO220
7. FC/A/HRB B-08MAY19 A-08MAY19 F-20KG CZ CGO 1660.00Y//XIY B-18MAY19
    A-18MAY19 F-20KG CZ URC 2200.00Y CNY3860.00END
8. SSR FOID CZ HK1 NI1801001999102010/P1
9. OSI CZ CTCT19088004518
10. OSI CZ CTCM19088004518/P1
11. RMK CMS/A/**
12. RMK OT/A/0/84260/0-1CZ3857P1CGO.1CZ3857P1URC
13. RMK CA/MHXC16
14. RMK AUTOMATIC FARE QUOTE
15. FN/A/FCNY3860.00/SCNY3860.00/C0.00/XCNY100.00/TCNY100.00CN/TEXEMPTYQ/ACNY3960.00
16. EI/BIANGENGTUIPIAOSHOUFEI 变更退票收费
17. FP/CASH,CNY
+

【步骤十三】 删除出票时限。

▶ XE6
1. 李磊 JSRMZW
2.   CZ6255 Y   WE08MAY   HRBCGO HK1   1150 1455   E -- T2
3.   ARNK   CGOXIY
4.   CZ6965 Y   SA18MAY   XIYURC HK1   1235 1610   E T3T3
5. TAO/T TAO/T 0532-83835555/QINGDAO PENGFEI AIRLINES SERVICE LTD.,CO/LI TAO ABCDEFG
6. FC/A/HRB B-08MAY19 A-08MAY19 F-20KG CZ CGO 1660.00Y //XIY B-18MAY19
    A-18MAY19 F-20KG CZ URC 2200.00Y CNY3860.00END
7. SSR FOID CZ HK1 NI1801001999102010/P1
8. OSI CZ CTCT19088004518
9. OSI CZ CTCM19088004518/P1
10. RMK CMS/A/**
11. RMK OT/A/0/84260/0-1CZ3857P1CGO.1CZ3857P1URC
12. RMK CA/MHXC16
13. RMK AUTOMATIC FARE QUOTE
14. FN/A/FCNY3860.00/SCNY3860.00/C0.00/XCNY100.00/TCNY100.00CN/TEXEMPTYQ/ACNY3960.00
15. EI/BIANGENGTUIPIAOSHOUFEI 变更退票收费
16. FP/CASH,CNY
17. TAO220

【步骤十四】 变更第一航段客票状态为 RR 状态。

▶ 2RR
1. 李磊 JSRMZW
2.   CZ6255 Y   WE08MAY   HRBCGO RR1   1150 1455   E -- T2
3.   ARNK   CGOXIY
4.   CZ6965 Y   SA18MAY   XIYURC HK1   1235 1610   E T3T3
5. TAO/T TAO/T 0532-83835555/QINGDAO PENGFEI AIRLINES SERVICE LTD.,CO/LI TAO ABCDEFG
6. FC/A/HRB B-08MAY19 A-08MAY19 F-20KG CZ CGO 1660.00Y //XIY B-18MAY19
    A-18MAY19 F-20KG CZ URC 2200.00Y CNY3860.00END
7. SSR FOID CZ HK1 NI1801001999102010/P1
8. OSI CZ CTCT19088004518
9. OSI CZ CTCM19088004518/P1
10. RMK CMS/A/**
+

【步骤十五】 变更第二航段客票状态为 RR 状态。

▶ 4RR
1. 李磊 JSRMZW
2.　 CZ6255 Y　 WE08MAY　 HRBCGO RR1　 1150 1455　　　　 E -- T2
3.　　 ARNK　　　　　 CGOXIY
4.　 CZ6965 Y　 SA18MAY　 XIYURC RR1　 1235 1610　　　　 E T3T3
5. TAO/T TAO/T 0532-83835555/QINGDAO PENGFEI AIRLINES SERVICE LTD.,CO/LI TAO ABCDEFG
6. FC/A/HRB B-08MAY19 A-08MAY19 F-20KG CZ CGO 1660.00Y //XIY B-18MAY19
　　　 A-18MAY19 F-20KG CZ URC 2200.00Y CNY3860.00END
7. SSR FOID CZ HK1 NI1801001999102l0010/P1
8. OSI CZ CTCT19088004518
9. OSI CZ CTCM19088004518/P1
10. RMK CMS/A/**
11. RMK OT/A/0/84260/0-1CZ3857P1CGO.1CZ3857P1URC
12. RMK CA/MHXC16
13. RMK AUTOMATIC FARE QUOTE
14. FN/A/FCNY3860.00/SCNY3860.00/C0.00/XCNY100.00/TCNY100.00CN/TEXEMPTYQ/ACNY3960.00
15. EI/BIANGENGTUIPIAOSHOUFEI 变更退票收费
16. FP/CASH,CNY
17. TAO220

【步骤十六】 出票。

▶ ETDZ:3
CNY3960.00 JSRMZW
ET PROCESSING... PLEASE WAIT!
ELECTRONIC TICKET ISSUED

【步骤十七】 提取电子客票票面信息,此时票面状态为 OPEN FOR USE。

▶ detr:tn/784-6151027572
　　 ISSUED BY: TAO220 ORG/DST: SHE/URC ISI:SITI　　　　　　　 BSP-D
　　 TOUR CODE
　　 PASSENGER:李磊
　　 EXCH:　　　　　　　　　　　　　　　　　　　　　 CONJ TKT:
　　 FM: 1SHE CZ 6255 Y 08MAY 1660 OK Y　　　　 20K OPEN FOR USE
　　 RL: VF0NT/UCE7W 1E
　　 TO: CGO
　　 FM: 2XIY CZ 6965 E 18MAY 2220 OK Y　　　　 20K OPEN FOR USE
　　 RL: VF0NT/UCE7W 1E
　　 TO: URC
　　 FARE:　　 CNY3880.00　　　 FOP:
　　 TAX:　　　 CNY100.00CN　　　 OI:
　　 TAX:　　　 CNY 0.00YQ
　　 TOTAL:　　 CNY3960.00　　　 TKTN: 784-6151027572

【步骤十八】 提取退票单。

```
TRFD Z/784-6513182286/3
AIRLINE/BSP    TICKET    REFUND    INFORMATION    FORM
REFUND NUMBER:0          REFUND TYPE:DOMESTIC            DEVICE-ID:3
DATE:28DEC21             AGENT:63154    IATA:08312172    OFFICE:TAO220
WAVER:NONE               WAVER TYPE:         PASSENGER TYPE:ADT
AIRLINE CODE:784         TICKET NO. 6513182286-13182286
CONJUNCTION NO.:1        COUPON NO.:1:1000   2:0000   3:0000   4:0000
PASSENGER NAME:LILEI
GROSS   REFUND:3860.00   PAYMENT  FORM:CASH    CURRENCY   CODE:CNY
SN CD AMOUNT(SN-SEQUENCY NUMBER : CD-TAX CODE)       ET-(Y/N):Y
TAX: 1:CN100.00    2:YQ0.00
COMMITMENT:0.00          OTHER DEDUCTION:0.00
NET REFUND:3860.00       AIRLINE REFUND:3860.00
COMMISSION AMOUNT:0.00
CREDIT CARD:NONNONE
CONFIRM   REFUND              _x0010_RFIS:784-6513182286
_x0010_
_x0010_RFIS:784-6513182286
_x0010_TRFD:H/3    /D/538996273
****************** AIRLINE / BSP AUTO REFUND FORM ***********************
  REFUND NUMBER:  538996273        REFUND TYPE:  DOMESTIC
  CITY/OFFICE:  TAO220             AGENT:  63154
  IATA NUMBER:  08312172           DATE / TIME:  28MAR21/1647
  CURRENCY CODE:  CNY 2            FORM PAYMENT:  CASH
  PASSENGER NAM:  LILEI
  AIRLINE CODE:  784   TICKET No.:  6513182286-6513182286   CONJUNCTION: 1
  REFUND COUPON-   1:1000    2:0000    3:0000    4:0000      ET(Y/N): Y
      REMARK:     -               CREDIT CARD:
----------------------------------------
   GROSS REFUND:        3860.00
    ADD TAX(ES):+       100.00                                          +
_x0010_
_x0010_PB1
****************** AIRLINE / BSP AUTO REFUND FORM ***********************
  REFUND NUMBER:  538996273        REFUND TYPE:  DOMESTIC
  CITY/OFFICE:  TAO220             AGENT:  63154
  IATA NUMBER:  08312172           DATE / TIME:  28MAR21/1647
  CURRENCY CODE:  CNY 2            FORM PAYMENT:  CASH
  PASSENGER NAM:  WANGYICHAO
  AIRLINE CODE:  999   TICKET No.:  6513182286-6513182286   CONJUNCTION: 1
  REFUND COUPON-   1:1000    2:0000    3:0000    4:0000      ET(Y/N): Y
      REMARK:     -               CREDIT CARD:
----------------------------------------
   GROSS REFUND:        3860.00
    ADD TAX(ES):+       100.00
     COMMISSION:-       0.00    =              %
OTHER DEDUCTION:-       0.00
     NET REFUND:=       3960.00 (CASH     CNY-2)
TAX = CNY-2   100.00 CN
*************** AIRLINE / BSP AUTO REFUND FORM COMPLETED *****************
```

【步骤十九】 提取电子客票票面信息，此时票面状态为 REFUNDED。

```
▶ detr:tn/784-6151027572
    ISSUED BY: TAO220 ORG/DST: SHE/URC ISI:SITI          BSP-D
  TOUR CODE
  PASSENGER:李磊
  EXCH:                                      CONJ TKT:
  FM: 1SHE CZ 6255 Y 08MAY 1660 OK Y         20K REFUNDED
  RL: VFONT/UCE7W 1E
  TO: CGO
  FM: 2XIY CZ 6965 E 18MAY 2220 OK Y         20K REFUNDED
  RL: VFONT/UCE7W 1E
  TO: URC
  FARE:      CNY3880.00         FOP:
  TAX:       CNY100.00CN        OI:
  TAX:       CNY  0.00YQ
  TOTAL:     CNY3960.00         TKTN: 784-6151027572
```

操作练习

（1）请为旅客李磊预订 5 月 23 日武汉到昆明的客票，并为其申请轮椅（WCHC）和无盐餐食（NO SALT），身份证号码为 180100199910210010，电话号码为 19088004518。预订完后，由于航空公司原因，为旅客办理退票。

（2）请为自己、李磊、韩梅梅预订 11 月 8 日青岛到福州，9 日福州到青岛往返航班，并为三人申请无盐餐食（NO SALT），自己的电话号码和身份证号码；李磊的身份证号码为 180100199910210010，电话号码为 19088004518；韩梅梅的身份证号码为 180100199910210020，电话号码为 19088004519。预订完后，由于旅客原因，帮三人办理退票服务。

（3）请为旅客李明（2022 年 10 月 15 日生）预订 5 月 18 日济南到深圳的客票，并为其申请轮椅（WCHC）和无盐餐食（NO SALT），身份证号码为 180100202210150010，电话号码为 19088004518。预订完后，由于旅客原因，请帮旅客办理退票。

（4）请为 10 名旅客预订团体名为 MINHANGAIHAOZHE 的 6 月 18 日青岛到上海的客票，并为其申请无盐餐食（NO SALT），身份证号码和电话号码自拟。预订完后，由于旅客原因，请帮旅客办理退票。

（5）请为旅客李磊（某省省长）预订 6 月 5 日南京到西安，6 月 7 日西安到南京的客票，并为其申请无盐餐食（NO SALT），身份证号码和电话号码自拟。预订完后，由于旅客原因，请帮旅客办理退票。

（6）请为自己和旅客李明（2024 年 10 月 15 日生）预订 8 月 5 日青岛到上海，8 月 20 日上海到青岛的客票，并为两人申请无盐餐食（NO SALT），使用自己的电话号码和身份证号码；电话号码为 19088004518。预订完后，由于旅客原因，请帮旅客办理退票。

任务 3 挂起与解挂

 知识目标

（1）了解挂起的目的。
（2）掌握挂起与解挂的一般方法。

挂起与解挂
操作演示

 能力目标

能够办理客票挂起与解挂。

 基础知识

一、挂起的定义

为解决代理销售电子客票收款过程存在的风险，电子客票挂起后不支持值机、变更、退票、作废等操作。

二、挂起与解挂的基本指令

挂起与解挂的基本指令如下。
（1）TSS：TN/票号/S（使用票号将电子客票挂起）
（2）TSS：TN/票号/B（使用票号将电子客票解挂）
（3）TSS：CN/记录编号/出票日期/S（将 PNR 里所有票的航段挂起，即客票状态由 OPEN FOR USE 变为 SUSPENDED）
（4）TSS：CN/记录编号/出票日期/B（将 PNR 里所有票的航段解挂，即客票状态由 SUSPENDED 变为 OPEN FOR USE）

 示例：

TSS：TN/9992401111111/S
TSS：TN/9992401111111/B

 任务导入

旅客李磊预订客票后尚未付款，请将其票号为 781－6151027571 的电子客票挂起，收到款后再为其解挂。

 任务实施

【步骤一】 提取电子客票票面信息，此时票面状态为 OPEN FOR USE。

```
▶ DETR:TN/781-6151027571
  ISSUED BY: TAO220 ORG/DST: SHE/URC ISI:SITI                BSP-D
  TOUR CODE
```

```
PASSENGER:李磊
EXCH:                                              CONJ TKT:
FM: 1SHE MU 5824 S 08MAY 1345 OK Y                 20K OPEN FOR USE
RL: X79R6/JRQ1Z 1E
TO: CGO
FM: 2XIY MU 2769 Y 18MAY 1150 OK Y                 20K OPEN FOR USE
RL: X79R6/JRQ1Z 1E
TO: URC
FARE:     CNY2748.00           FOP:
TAX:      CNY100.00CN          OI:
TAX:      CNY140.00YQ
TOTAL:    CNY2988.00            TKTN: 781 – 6151027571
```

【步骤二】 执行挂起指令。

```
▶ TSS:TN/781 – 6151027571/S
ACCEPTED
```

【步骤三】 再次提取电子客票票面信息,此时票面状态为 SUPENDED。

```
▶ DETR:TN/781 – 6151027571
ISSUED BY: TAO220 ORG/DST: SHE/URC ISI:SITI                BSP – D
TOUR CODE
PASSENGER:李磊
EXCH:                                              CONJ TKT:
FM: 1SHE MU 5824 S 08MAY 1345 OK Y                 20K SUSPENDED
RL: X79R6/JRQ1Z 1E
TO: CGO
FM: 2XIY MU 2769 Y 18MAY 1150 OK Y                 20K SUSPENDED
RL: X79R6/JRQ1Z 1E
TO: URC
FARE:     CNY2748.00           FOP:
TAX:      CNY100.00CN          OI:
TAX:      CNY140.00YQ
TOTAL:    CNY2988.00            TKTN: 781 – 6151027571
```

【步骤四】 执行解挂指令。

```
▶ TSS:TN/781 – 6151027571/B
ACCEPTED
```

【步骤五】 再次提取电子客票票面信息,此时票面状态为 OPEN FOR USE。

```
▶ DETR:TN/781 – 6151027571
ISSUED BY: TAO220 ORG/DST: SHE/URC ISI:SITI                BSP – D
TOUR CODE
PASSENGER:李磊
EXCH:                                              CONJ TKT:
FM: 1SHE MU 5824 S 08MAY 1345 OK Y                 20K OPEN FOR USE
RL: X79R6/JRQ1Z 1E
```

```
       TO: CGO
       FM: 2XIY MU 2769 Y 18MAY 1150 OK Y         20K OPEN FOR USE
       RL: X79R6/JRQ1Z 1E
       TO: URC
       FARE:      CNY2748.00         FOP:
       TAX:       CNY100.00CN        OI:
       TAX:       CNY140.00YQ
       TOTAL:     CNY2988.00         TKTN: 781 - 6151027571
```

 操作练习

（1）请为自己预订5月2日天津—南京，5月8日南京—天津的航班，并为其办理挂起与解挂。

（2）请为自己预订8月19日南宁—合肥，8月24日合肥—深圳的航班，并为其办理挂起与解挂。

（3）请为自己预订9月6日银川—西安，9月12日西安—杭州，9月20日杭州—深圳的航班，并为其办理挂起与解挂。

（4）请为自己预订11月10日南宁—长沙，11月15日广州—青岛，11月20日济南—成都的航班，并为其办理挂起与解挂。

（5）请为自己预订11月8日沈阳—武汉，11月13日长沙—三亚，11月18日海口—厦门的航班，并为其办理挂起与解挂。

（6）请为自己预订12月12日呼和浩特—郑州，12月18日西安—北京，12月24日南京—成都的航班，并为其办理挂起与解挂。

任务4　电子客票的作废

 知识目标

（1）了解作废的定义。
（2）掌握作废的一般方法。

 能力目标

能够办理客票作废。

电子客票的作废
操作演示

基础知识

一、作废的定义

当天出的票如果要取消行程可以作废，一些航空公司会给出一定的作废率，当超过作废率时就要收取一定的费用。

二、作废的基本指令

1. 作废客票的指令

作废客票使用的指令（VT）格式如下。

> VT：打票机号/起始票号—结束票号/PNR 记录编号

例如，VT：1/784-1234567890/NNH56 意为，将在 1 号打票机上所出的 PNR 记录为 NNH56，对票号为 784-1234567890 的客票进行作废处理。

客票作废成功后系统提示：ET TRANSACTION SUCCESS。

注意："A：VT"只能作废当天出票且未起飞航班的电子客票。

2. 作废票的恢复

只有当天的作废票可以恢复。恢复当天作废的客票指令为

> VT：打票机序号/票号（范围）/PNR/R

任务导入

请将旅客李磊票号为 781-6151027571 的电子客票作废。

任务实施

【步骤一】 提取电子客票票面信息，此时票面状态为 OPEN FOR USE。

```
▲ DETR:TN/781 - 6151027571
    ISSUED BY: TAO220 ORG/DST: SHE/URC ISI:SITI        BSP - D
    TOUR CODE
    PASSENGER:李磊
    EXCH:                                    CONJ TKT:
    FM: 1SHE MU 5824 S 08MAY 1345 OK Y       20K OPEN FOR USE
    RL: X79R6/JRQ1Z 1E
    TO: CGO
    FM: 2XIY MU 2769 Y 18MAY 1150 OK Y       20K OPEN FOR USE
    RL: X79R6/JRQ1Z 1E
    TO: URC
    FARE:      CNY2748.00       FOP:
    TAX:       CNY100.00CN      OT:
    TAX:       CNY140.00YQ
    TOTAL:     CNY2988.00       TKTN: 781 - 6151027571
```

【步骤二】 执行作废指令。

```
▲ VT:3/781 - 6151027571/JRQ1Z
  ET TRANSACTION SUCCESS
```

【步骤三】 提取电子客票票面信息，此时票面状态为 VOID。

```
▎ DETR:TN/781 - 6151027571
     ISSUED BY: TAO220 ORG/DST: SHE/URC ISI:SITI        BSP - D
     TOUR CODE
     PASSENGER:李磊
     EXCH:                                    CONJ TKT:
     FM: 1SHE MU 5824 S 08MAY 1345 OK Y       20K VOID
     RL: X79R6/JRQ1Z 1E
     TO: CGO
     FM: 2XIY MU 2769 Y 18MAY 1150 OK Y       20K VOID
     RL: X79R6/JRQ1Z 1E
     TO: URC
     FARE:        CNY2748.00        FOP:
     TAX:         CNY100.00CN       OI:
     TAX:         CNY140.00YQ
     TOTAL:       CNY2988.00        TKTN: 781 - 6151027571
```

操作练习

(1) 请为旅客李磊预订 5 月 23 日武汉到昆明，并为其申请轮椅（WCHC）和无盐餐食（NO SALT），身份证号码为 180100199910210010，电话号码为 19088004518。预订完后，对电子客票进行作废处理。

(2) 请为自己、李磊、韩梅梅预订 11 月 8 日青岛到福州，9 日福州到青岛往返航班，并为三人申请无盐餐食（NO SALT），使用自己的电话号码和身份证号码，李磊的身份证号码为 180100199910210010，电话号码为 19088004518，韩梅梅的身份证号码为 180100199910210020，电话号码为 19088004519。预订完后，对电子客票进行作废处理。

(3) 请为旅客李明（2022 年 10 月 15 日生）预订 5 月 18 日济南到深圳，并为其申请轮椅（WCHC）和无盐餐食（NO SALT），身份证号码为 180100202210150010，电话号码为 19088004518。预订完后，对电子客票进行作废处理。

(4) 请为 10 名旅客预订团体名为 MINHANGAIHAOZHE 的 6 月 18 日青岛到上海的客票，并为其申请无盐餐食（NO SALT），身份证号码及电话号码自拟。预订完后，对电子客票进行作废处理。

(5) 请为旅客李磊（某省省长）预订 6 月 5 日南京到西安，6 月 7 日西安到南京的客票，并为其申请无盐餐食（NO SALT），身份证号码和电话号码自拟。预订完后，对电子客票进行作废处理。

(6) 请为自己、旅客李明（2024 年 10 月 15 日生）预订 8 月 5 日青岛到上海，8 月 20 日上海到青岛的客票，并为两人申请无盐餐食（NO SALT），使用自己的电话号码和身份证号码，电话号码为 19088004518。预订完后，对电子客票进行作废处理。

项目 7　国际客票的预订

本项目主要介绍国际旅行知识、国际地理知识、运价查询、国际客票预订的一般方法,掌握国际客票预订与出票等基本操作技能,能够预订国际客票。

知识目标
(1) 了解国际旅行的一般知识。
(2) 掌握国际客票运价查询、国际客票预订的基本指令。
(3) 熟练掌握国际客票的预订流程。

能力目标
(1) 能够进行国际客票运价查询。
(2) 能够进行国际客票的预订。

思政目标
(1) 培养学生敬畏职责的精神。
(2) 培养学生严谨的工作作风。

考证标准
(1) 民用航空运输销售代理岗位技能培训合格证。
(2) 1+X 民航旅客地面服务职业技能等级证书。

经典案例
票务员王某为旅客李某预订北京至新加坡客票,票务员王某在输入护照号码时把字母"L"输入成了数字 1,致使旅客李某到达北京某机场办理登机手续时才发现护照号码有误,旅客李某坚持要投诉。

思考题:
(1) 票务员王某的做法存在哪些错误?
(2) 票务员王某的正确做法是什么?

国际客票的
预订视频

基础知识

一、国际旅行知识

1. 入境

外国人来中国旅游,华侨、香港特别行政区和澳门特别行政区居民以及台湾同胞到祖国内地旅游,中国公民到境外旅行返归,都必须在指定的口岸边防检查站(由公安、海关、卫生检疫三方组成)交验有效证件,境外旅行者还须填写入境卡,经边防检查站核准加盖验讫章后方可入境。

2. 有效证件

有效证件是指各国政府为本国公民颁发的出国证件。常见的几种有效证件主要有护照、签订、港澳居民往来内地通行证、台湾居民往来大陆通行证。

护照是一国主管机关发给本国公民出国或在国外居留的证件，证明其国籍和身份。

护照一般有外交护照、公务护照和普通护照三种。另外，还有团体护照和为出境旅游公民发给的一次性有效的旅游护照。

（1）外交护照是发给高级官员、国会议员、外交和领事官员、负有特殊外交使命的人员、政府代表团成员等。

（2）公务护照是发给一般官员、驻外使、领馆工作人员以及因公派往国外执行文化、经济等任务的人员。

（3）普通护照则是发给出国的一般公民、国外侨民等。

在我国，外交护照和公务护照由外事部门颁发，普通护照由公安部门颁发。外交护照和公务护照有效期最长不超过 5 年，普通护照有效期最长不超过 10 年，期满后换发新照。

签证是一国主管机关在本国或外国公民所持的护照或其他旅行证件上签注、盖印，表示准其出入本国国境或过境的手续。外国人入境应当向驻外签证机关申请办理签证。

华侨回国探亲、旅游无须办理签证。

签证分外交签证、礼遇签证、公务签证、普通签证，也可分为入境签证、入出境签证、出入境签证和过境签证等。旅游签证属于普通签证，在中国为"L"字签证（发给来中国旅游、探亲或因其他私人事务入境的人员），签证上规定了持证者在中国停留的起止日期。9 人以上的旅游团体可发给团体旅游签证。

持联程客票搭乘国际航班直接过境，在中国停留不超过 24 小时且不出机场的外国人，免办签证；要求临时离开机场的，需经边防检查机关批准。

但是，随着国际关系的改善和旅游事业的发展，许多国家之间签订了互免签证的协议。

港澳居民往来内地通行证是我国港、澳同胞往来于香港与内地、澳门与内地之间的有效证件，由各省公安厅签发，有效期 10 年。

台湾居民往来大陆通行证是我国台湾同胞回大陆探亲、旅游的证件，经口岸边防检查站查验并加盖验讫章后，即可作为台湾同胞在大陆旅行的有效身份证明。

3. 入境卫生检疫

外国人进入中国，应根据国境检疫机关的要求如实填报健康申明卡，传染病患者隐瞒不报，按逃避检疫论处，一经发现禁止入境；已经入境者，须请其提前出境。

来自传染病疫区的人员须出示有效的有关疾病的预防接种证书（俗称"黄皮书"）；无证者，国境卫生检疫机关将从他离开感染环境时算起，实施 6 日的留验。

4. 不准入境的几种人

有下列情况之一的外国人不准进入中国。

（1）被中国政府驱逐出境或者被遣送出境，未满不准入境规定年限的。

（2）被认为入境后可能进行恐怖、暴力、颠覆活动的。

（3）被认为入境后可能进行走私、贩毒、卖淫活动的。

（4）患有精神病和麻风病、艾滋病、性病、开放性肺结核等传染病的。

（5）不能保障其在中国境内所需费用的。

(6) 被认为入境后可能进行危害我国国家安全和利益的其他活动的。

中国边防检查站有权阻止其入境的几种人如下。

(1) 未持有效护照、证件或签证的。

(2) 持伪造、涂改或他人护照、证件的。

(3) 拒绝接受查验证件的。

(4) 公安部或者国家安全部门通知不准入境的。

5. 外国旅行者出境

根据有关规定，属于下列情况之一的外国旅行者不准出境。

(1) 刑事案件的被告人和公安机关、人民检察院或人民法院认定的犯罪嫌疑人。

(2) 人民法院通知有未了结民事案件的。

(3) 有其他违反中国法律的行为尚未处理，经有关主管机关认定需要追究的。

属于下列情况之一的旅行者，边防检查机关有权限制其出境。

(1) 持无效出境证件的。

(2) 持伪造、涂改或他人护照、证件的。

(3) 拒绝接受查验证件的。

(4) 携带我国出口的文物（包括古旧图书、字画等），应向海关递交中国文物管理部门的鉴定证明，不能提供证明的不准携带出境。

6. 中国旅行者出境

中国旅行者出境同样要向我国口岸检查站交验有效护照和前往国家或地区的签证（赴我国香港和澳门须提交往来香港和澳门特别行政区通行证）。

中国旅游者出境前，对自己所带的贵重物品或海关限制物品，应按有关规定填写行李申报单（一式两份），以便回程时海关凭此核对免税带进。海关将其中的一份已签章的行李申报单退回旅游者自己留存，待回程时交入境地海关查验。

二、国际地理知识

国际航空运输协会（IATA）为了制定规则和贯彻规则，将世界分为三大区域（TRAFFIC CONFERENCE AREAS），简称 TC1、TC2、TC3，对三大区的正确了解是准确计算国际运价的必要条件之一，下面我们来详细地了解一下三大区的划分。

一区（TC1）包括南美洲、北美洲大陆及其邻近的岛屿，还包括格陵兰、百慕大、西印度群岛、加勒比群岛以及夏威夷群岛。

二区（TC2）包括：欧洲、非洲及其邻近岛屿，包含阿松森岛及乌拉尔山以西部分（包括伊朗）的亚洲部分。

注意：IATA 定义的欧洲次区除了包括地理上的欧洲外，还应加上突尼斯、阿尔及利亚、摩洛哥、加纳利群岛、马德拉群岛及塞浦路斯和土耳其的亚洲部分。

三区（TC3）包括：亚洲及其邻近岛屿（不包括二区内的）东印度群岛、澳大利亚、新西兰以及太平洋中的群岛（不包括一区内的）。

与我国通航的世界主要国家及主要城市如下。

(1) 一区（TC1）中我国通航国家为北美洲的加拿大和美国。主要通航城市为温哥华（YVR）、多伦多（YTO/YYZ）、旧金山（SFO）、西雅图（SEA）、洛杉矶（LAX）、芝加哥（CHI）和纽约（NYC）。

（2）二区（TC2）中我国通航国家主要为欧洲国家，也有少数中东和非洲国家。它们是英国、法国、比利时、西班牙、瑞典、埃及、以色列、土耳其和埃塞俄比亚。主要城市有伦敦（LON）、巴黎（PAR）、法兰克福（FRA）、哥本哈根（CPH）、斯德哥尔摩（STO）、柏林（BER）、马德里（MAD）、苏黎世（ZRH）、开罗（CAI）等。

（3）三区（TC3）中我国通航国家主要为亚洲国家。它们包括日本、韩国（KP,KR）、越南、马来西亚、新加坡、印度尼西亚、澳大利亚等。主要城市有东京（TYO）、大阪（OSA）、福冈（FUK）、长崎（NGS）、首尔（SEL）、新加坡（SIN）、悉尼（SYD）、雅加达（JKT）等。

根据IATA分区，把世界分为东半球和西半球，东半球指IATA二区和三区，西半球指IATA一区。在计算国际运价的时候，我们要考虑到从一个区域到另一个区域的方向性（global indicator, GI），它是准确计算国际运价的一个重要依据，因为从一个城市至另一个城市在不同的方向下有不同的运价公布，所以在计算运价时，首先必须明确航程的方向。下面介绍常见的主要航线方向及代号。

（1）AT（Via Atlantic 经大西洋方向）

例如：

BJS-KHI-PAR-NYC

SFO-PAR

（2）EH（Eastern Hemisphere 经东半球方向）

EH适用于整个在东半球内的航程。

例如：

MAD-ATH（雅典）-SIN

BJS-BKK-LON

（3）PA（Via Pacific 经太平洋方向）

例如：

TYO-HKG-SFO

BJS-HNL-NYC

（4）AP（Via Atlantic and Pacific 既经大西洋又经太平洋方向）

例如：

HKG-SFO-NYC-LON

BKK-TYO-WAS-CPH

（5）TS（Via Siberia（MOW）and Nonstop Europe-Japan/Korean）

适用地区：二区与三区间经日本、韩国、朝鲜及欧洲与日本、韩国、朝鲜间乘直达航班的旅行。

例如：

TYO-STO

BKK-TYO-FRA

HKG-SEL-MOW-LCA（拉那大/塞浦路斯）

（6）WH（Western Hemisphere 经西半球方向）

WH适用于整个在西半球（一区）内的航程。

例如：

NYC-LIM（利马/秘鲁）

三、国际主要指令

1. 选择航段 SEL

当 PNR 中只需要对部分航段进行计算票价时,可以使用 SEL 指令选择航段,然后对这些航段进行计算。指令格式如下。

指令格式> SEL: PNR 中航段序号

示例:请选择第二个航段。

```
▶ RT
1. ZHANG/HAN
2. CA1506 Y   WE01SEP  FOCPEK DK1   1155 1430        733 S 0
3. CA101  Y   TH09SEP  PEKHKG DK1   0750 1050        744 S 0
4. 65005435
5. TAO220
```

操作如下。

```
▶ SEL: 3
1. ZHANG/HAN
2. CA1506 Y   WE01SEP  FOCPEK DK1   1155 1430        733 S 0
3. CA101  Y   TH09SEP  PEKHKG DK1   0750 1050        744 S 0       QTE
4. 65005435
5. TAO220
```

2. 显示运价结果 QTE

我们选择好航段后,便可以使用 QTE 指令计算出航程的运价。指令格式如下。

指令格式> QTE:

示例:旅客航程为北京—旧金山,乘坐 8 月 28 日 CA985 航班,C 舱,PNR 如下。现计算公布运价。

```
▶ RT:
1. JIN/YE    MKSL2
2. CA985   C  SA28AUG  PEKSFO RR1   1245 1305
3. TAO/T TAO/T 0532-83835555/QINGDAO PENGFEI AIRLINES SERVICE LTD.,CO/LI TAO ABCDEFG
4. NO
5. RMK CA/H47LN
6. RMK AK HDQUA WTG1TU
7. RMK AK SWI1G XXXXXX
8. TAO220
```

操作如下。

```
▶ QTE:
FSI/
S CA   985C28AUG PEK1245 1305SFO0S
01 C                    13251 CNY              INCL TAX
   *ATTN PRICED ON 24AUG99 *1446                含税价格
```

```
            BJS
      SFO C                NVB         NVA28AUG PC
FARE    CNY   13040
TAX     CNY    50XY CNY    42YC CNY      119XT
TOTAL   CNY   13251
28AUG99BJS CA SFO1575.31NUC1575.31END ROE8.277700SITI
XT CNY 102US CNY 17XA
ONLN/1E /DB1
```

说明：

（1）订座情况代码如下。

S：Confirmed booking(座位已确认 HK 或 RR)。

L：Booking on request or wait listed(申请或候补 HL 或 HN)。

O：Open segment(OPEN 航段)。

U：Unknown. Any of the above Booking Status Codes. (情况不明)。

（2）日期变更标识如下。

空格：到达与出发日期相同。

＞：到达日期比出发日期晚一天。

＋\：到达日期比出发日期晚两天。

＜：到达日期比出发日期早一天。

（3）经停标识如下。

S：Stopover(经停)。

X：No Stopover(不经停)。

U：Unknown(情况不明)。

> 【知识补充】
>
>   QTE 指令最多可以计算 16 个航段的运价，当航段超过 8 段时，QTE 后，系统不能立即算出其结果，而是给出一个编码，然后再使用"XS FSI/"编码，找到其结果；如果使用"XS FSI/"编码依然没有结果时，1 分钟之后再使用"XS FSI/"编码提取结果。
>
>   编码可在系统中保留 24 个小时，此时间段中可反复使用此编码。

3. 显示运价计算横式 XS FSQ

当工作人员通过 QTE 或 XS FSP、XS FSI 计算运价后，有时计算机系统会给出几个运价结果，供营业员选择。FSQ 指令可以显示运价计算的横式。指令格式如下。

指令格式＞XS FSQ 运价序号

示例：请显示第二个运价的横式。

▶QTE
FSI/
S CA   931Y25AUG PEK1240 1655FRA0S
S CA   932K01SEP FRA1835＞1005PEK0S

```
01 Y                    28926 CNY                INCL TAX
02 YHPX3M               14816 CNY      RE        INCL TAX
* 2 * PEX FARE
* ATTN PRICED ON 24AUG99 * 1620
ONLN/1E /DB1 /PAGE 1/1
```

操作如下。

```
▲ XS FSQ 2
FSI/
S CA   931Y25AUG PEK1240 1655FRA0S
S CA   932K01SEP FRA1835 > 1005PEK0S
01 Y                    28926 CNY                INCL TAX
02 YHPX3M               14816 CNY      RE        INCL TAX
* 2 * PEX FARE
* ATTN PRICED ON 24AUG99 * 1620
BJS
FRA YHPX3M           NVB25AUG NVA25AUG 20K
BJS YHPX3M           NVB01SEP NVA01SEP 20K
FARE   CNY   14690
TAX    CNY      92RA CNY     34DE
TOTAL  CNY   14816
25AUG99BJS CA FRA887.32CA BJS887.32NUC1774.64END ROE8.277700
SITI
ENDOS FARE RESTRICTIONS APPLY
ATTN PEX FARE           **
ONLN/1E /DB1
```

4. 显示运价附加规则 XS FSG

每一个运价都有其适用的规则。QTE 计算出运价后，可以通过"XS FSG"指令查出相应的使用规则。指令格式如下。

指令格式> XS FSG 运价序号

✎ **示例**：请显示第二个运价的使用规则。

```
▲ QTE
FSI/
S CA   931Y25AUG PEK1240 1655FRA0S
S CA   932K01SEP FRA1835 > 1005PEK0S
01 Y                    28926 CNY                INCL TAX
02 YHPX3M               14816 CNY      RE        INCL TAX
* 2 * PEX FARE
* ATTN PRICED ON 24AUG99 * 1620
ONLN/1E /DB1 /PAGE 1/1
```

操作如下。

▶ XS FSG 2
FSN V403/XX /000/00/25AUG99 * INDEF   /   BJSFRA
00. TITLE/APPLICATION
    TC23   PEX FARES FROM CHINA EXCLUDING HONG KONG SAR
    TO EUROPE VIA EH, FE   < SEE ALSO S999 >
    A > APPLICATION
        ECONOMY CLASS
        ROUND, CIRCLE, OPEN JAW TRIP
        SPECIAL EXCURSION < PEX > FARES
        FROM CHINA EXCLUDING HONG KONG SAR
        TO EUROPE
        VIA EH, FE
03. SEASONALITY
    A > 2 > SEASONAL PERIODS
        PEAK   H   15 MAR – 30 APR
                H   15 JUN – 31 OCT
        BASIC   L   01 MAY – 14 JUN
                L   01 NOV – 14 MAR
06. MINIMUM STAY
   A > 6 DAYS
07. MAXIMUM STAY

5. 自动运价存储指令 DFSQ:A

QTE 计算运价后，DFSQ:A 可将计算出的运价结果自动加入 PNR，及时出票后票面会生成自动计算出票标识（A 标识）。使用指令 DFSQ:A 后，订座系统自动生成 FC/FN/TC/EI 等组并自动加入 PNR。其指令格式如下。

指令格式> DFSQ:A

✐ 示例：现调取如下运价，请生成 PNR 的运价组。

▶ QTE:/BA
FSI/BA
S BA 038V10JUL PEK1140 1555LHR0S 777 # DFAJCDRIWETYBHKMLVSNQO
01 VHXF00S2 7658 CNY   INCL TAX
* SYSTEM DEFAULT – CHECK OPERATING CARRIER
* ATTN PRICED ON 16JAN19 * 0957
BJS LON VHXF00S2 NVB10JUL19 NVA10JUL19 1PC FARE CNY 6410   TAX   CNY 90CN CNY 1158YQ   TOTAL CNY
7658 10JUL19BJS BA LON932.03NUC932.03END ROE6.874172   ENDOS
* CARRIER RESTRICTION APPLY   ENDOS * PENALTY APPLIES
* AUTO BAGGAGE INFORMATION AVAILABLE – SEE FSB
* COMMISSION VALIDATED – DATA SOURCE TRAVELSKY TKT/TL23JAN19 * 0956 COMMISSION   0.00 PERCENT
OF GROSS FSKY/1E/UMKJLGMJP61SA22/FCC = T/

操作如下。

```
▶ DFSQ:A
1. JOHN/SMITH MR HYDC63
2. UA089    Y    MO15JUL    EWRPEK HK1    1150 1335 +1 SEAME    C  3
3. SU205    Y    FR02AUG    PEKSVO HK1    1140 1455       SEAME  2  D
4. PEK/T PEK/T010-80885338/BEIJING ORIENT BLUE SKY INTERNATIONAL AVIATION SERVICE CO.,LTD//
   GEXING ABCDEFG
5. TL/0950/15JUL/PEK592
6. FC/A/15JUL19NYC A-15JUL20 F-2PC UA BJS Q300.00 M 3696.00Y1ARY SU MOW    Q120.39 2363.
   92YFOA NUC6480.31END ROE1.000000 XT 90.00CN14.00RI1646.00YQ3    1.00XFEWR4.5
7. SSR OTHS 1E UA 089 15JUL ADV PAX FLT ARRIVES TERMINAL-3 ADV PAX FLT DEPARTS    TERMINAL-C
8. SSR OTHS 1E UA 089 15JUL BUSINESSFIRST OFFERED THIS FLIGHT
9. SSR DOCS SU HK1 P/US/E39480750/US/17FEB80/M/20DEC22/JOHN/SMITH/P1
10. SSR DOCS UA HK1 P/US/E39480750/US/17FEB80/M/20DEC22/JOHN/SMITH/P1
11. SSR CTCM SU HK1 19088004518/P1
12. SSR CTCM UA HK1 19088004518/P1
13. RMK OT/A/0/42053//UA
14. RMK TLWBINSD
15. RMK SU/NENTOX
16. RMK UA/PHKOJE
17. FN/A/FUSD6480.00/ECNY43860.00/SCNY43860.00/C0.00/XCNY1945.00/TCNY38.00AY/
    TCNY126.00US/TCNY1781.00XT/ACNY45805.00
18. EI/A/REFUNDABLE
19. PEK592
```

说明：可在 DFSQ:A 指令中手工输入代理费率、免费行李额、信用卡支付方式、旅客序号等内容指令格式如表 7-1 所示。

表 7-1　指令格式表

	免费行李额
>DFSQ:A/3PC01-02,4PC04	免费行李额为第一和第二航段 3 件，第四航段 4 件，第二航段不变为 2 件
>DFSQ:A/3PC	所有航段免费行李额为 3 件
>DFSQ:A/30KG01,30KG04	免费行李额为第一和第四航段 30 千克，第二和第三航段为 20 千克（以经济舱为例）
>DFSQ:A/30KG	所有航段免费行李额为 30 千克
>DFSQ:A/3PC01-03,30KG04	免费行李额为第一到第三航段 3 件，第四航段 30 千克
	特殊代理费率
>DFSQ:A/C6.00	指定代理费率为 6%
	信用卡支付
>DFSQ:A/CC	指定支付方式为信用卡
	旅客序号（加在最后）
>DFSQ:A/P2	指定将运价存储给第二名旅客
	多种选项混合使用
>DFSQ:A/C3.00/30KG01,3PC02-03/CC/P2	指定代理费率为 3%、免费行李额第一航段 30 公斤、第二第三航段 3 件、以信用卡支付，并将运价指定存储给第二名旅客

（1）免费行李额：如未在 DFSQ:A 指令中指定行李额，对于行李为 PC 的情况，默认为 2PC；对于行李为千克的情况，使用 SITA 运价计算系统的默认值（头等舱 40 千克，公务舱

30千克,经济舱20千克)。

(2)信用卡支付方式:仅支持使用信用卡支付全额票价和税款(部分使用信用卡支付,部分使用现金的模式不支持),并且FP项中信用卡授权信息部分仍需使用其他指令或手工完成。

(3)指定旅客序号:DFSQ:A执行结果默认适用于PNR中所有旅客的;当PNR中有多种旅客类型的情况下,需要指定旅客序号将自动计算的结果保存给该旅客。并且,通常指定旅客序号选项在DFSQ:A中最后输入。

 任务导入

请为旅客李磊预订7月10日北京到伦敦的航班,李磊的护照号码是E39480750,电话号码为19088004518。

 任务实施

【步骤一】 查询航班。

```
▶ AVH/BJSLON/10JUL
  10JUL(WED) BJSLON
1. – CA787 DS♯ PEKLHR 0735 1150 359 0^ E > T3 2 11:15
2.   BA038 DS! F9 A9 J9 C9 D9 R9 I9 W9 E9 T9 PEKLHR 1140 1555 777 0^M E
    > Y9 B9 H9 K9 M9 L9 V9 S9 N9 Q9 O9 GL 3 5 11:15
3. CA937 DS♯    PEKLHR 1410 1745 773 0^ E > T3 2 10:35
4. * VS7937 DS! J4 C4 D4 I4 Z4 Y9 B9 R9 L9 U9 PEKLHR 1410 1745 773 0 M E
    > CA937 M9 E0 Q0 X0 N0 O0 T3 2 10:35
5. CA855 DS♯ PEKLHR 1625 2040 359 0^ E T3 2 11:15
6. * VS7939 DS! J4 C4 D4 I4 Z4 Y9 B9 R9 L9 U9 PEKLHR 1625 2040 359 0 H E
    > CA855 M9 E0 Q0 X0 N0 O0 T3 2 11:15
7. + TK021 DS! C4 D4 Z4 K4 J4 I4 R0 Y9 B9 M9 PEKIST 0010 0520 77W 0'M E
    > A9 H9 S9 O9 E9 Q9 TC LC VC PC WC UC X0 N0 G0 3 I 10:10
   TK1981 DS! C4 D4 Z4 K4 J4 I4 R0 Y9 B9 M9 LGW 0725 0930 32B 0'M E
    > A9 H9 S9 O9 E9 Q9 TC LC VC PC WC UC X0 N0 G0 I S 16:20
```

【步骤二】 预订航班。

```
▶ SD2V1
1. BA038 V WE10JUL PEKLHR DK1 1140 1555   SEAME  3  5
2. BA038 O WE10JUL PEKLHR DK1 1140 1555   SEAME  3  5
3. PEK/T PEK/T010 – 80885338/BEIJING ORIENT BLUE SKY INTERNATIONAL AVIATION SERVICE CO.,LTD//
   GEXING ABCDEFG
4. PEK592
```

【步骤三】 输入旅客姓名。

```
▶ NM1LI/LEI MR
1. LI/LEI MR
2. BA038 V WE10JUL PEKLHR DK1 1140 1555 SEAME  3  5
3. PEK/T PEK/T010 – 80885338/BEIJING ORIENT BLUE SKY INTERNATIONAL AVIATION SERVICE CO.,LTD//
   GEXING ABCDEFG
4. PEK592
```

【步骤四】 输入旅客护照信息。

▶ SSR:DOCS BA HK1 P/CN/E39480750/CN/17FEB80/M/20DEC22/LI/LEI/P1
1. LI/LEI MR
2. BA038 V WE10JUL PEKLHR DK1 1140 1555 SEAME 3 5
3. PEK/T PEK/T010 – 80885338/BEIJING ORIENT BLUE SKY INTERNATIONAL AVIATION SERVICE CO.,LTD//
   GEXING ABCDEFG
4. SSR DOCS BA HK1 P/CN/E39480750/CN/17FEB80/M/20DEC22/LI/LEI/P1
5. PEK592

【步骤五】 输入联系方式。

▶ OSI BA CTCM 19088004518/P1
1. LI/LEI MR
2. BA038 V WE10JUL PEKLHR DK1 1140 1555 SEAME 3 5
3. PEK/T PEK/T010 – 80885338/BEIJING ORIENT BLUE SKY INTERNATIONAL AVIATION SERVICE CO.,LTD//
   GEXING ABCDEFG
4. SSR DOCS BA HK1 P/CN/E39480750/CN/17FEB80/M/20DEC22/LI/LEI/P1
5. SSR CTCM BA HK1 19088004518/P1
6. PEK592

【步骤六】 封口。

▶ @
BA 038   V   WE10JUL   PEKLHR   DK1   1140   1555
                                                      KX1ZW9
*** 预订酒店指令 HC, 详情 ▶HC:HELP   ***

【步骤七】 提取 PNR。

▶ RT KX1ZW9
1. LI/LEI MR KX1ZW9
2. BA038 V WE10JUL PEKLHR HK1 1140 1555 SEAME 3 5
3. PEK/T PEK/T010 – 80885338/BEIJING ORIENT BLUE SKY INTERNATIONAL AVIATION SERVICE CO.,LTD//
   GEXING ABCDEFG
4. TL/0940/10JUL/PEK592
5. SSR DOCS BA HK1 P/CN/E39480750/CN/17FEB80/M/20DEC22/LI/LEI/P1
6. SSR CTCM BA HK1 19088004518/P1
7. RMK TLWBINSD
8. RMK 1A/PDVXTV
9. PEK592

【步骤八】 调取运价。

▶ QTE:/BA
FSI/BA
S BA   038V10JUL PEK1140 1555LHR0S 777 #DFAJCDRIWETYBHKMLVSNQO
01   VHXF00S2 7658 CNY INCL TAX
* SYSTEM DEFAULT – CHECK OPERATING CARRIER
* ATTN PRICED ON 16JAN19 * 0957
BJS LON VHXF00S2 NVB10JUL19 NVA10JUL19 1PC FARE CNY 6410 TAX CNY 90CN CNY 1158YQ TOTAL CNY 7658
10JUL19BJS BA LON932.03NUC932.03END ROE6.874172 ENDOS

```
* CARRIER RESTRICTION APPLY ENDOS  * PENALTY APPLIES
* AUTO BAGGAGE INFORMATION AVAILABLE  - SEE FSB
* COMMISSION VALIDATED  - DATA SOURCE TRAVELSKY TKT/TL23JAN19 * 0956 COMMISSION   0.00 PERCENT
  OF   GROSS FSKY/1E/UMKJLGMJP61SA22/FCC = T/
```

【步骤九】 计算运价并输入。

```
▶ DFSQ:A
1. LI/LEI MR KX1ZW9
2. BA038    V   WE10JUL   PEKLHR HK1   1140 1555 SEAME 3 5
3. PEK/T PEK/T010 - 80885338/BEIJING ORIENT BLUE SKY INTERNATIONAL AVIATION SERVICE CO.,LTD//
   GEXING ABCDEFG
4. TL/0940/10JUL/PEK592
5. FC/A/10JUL19BJS B - 10JUL19 A - 10JUL19 F - 1PC BA LON 932.03VHXF00S2
                              NUC932.03END ROE6.874172
6. SSR   DOCS   BA   HK1   P/CN/E39480750/CN/17FEB80/M/20DEC22/LI/LEI/P1
7. SSR   CTCM   BA   HK1   19088004518/P1
8. RMK   OT/A/0/42053//BA
9. RMK   TLWBINSD
10. RMK   1A/PDVXTV
11. FN/A/FCNY6410.00/SCNY6410.00/C0.00/XCNY1248.00/TCNY90.00CN/TCNY1158.00YQ/ - ACNY7658.00
12. EI/A/CARRIER RESTRICTION APPLY PENALTY APPLIES
13. PEK592
```

【步骤十】 出票。

```
▶ ETDZ:3
CNY6410.00   KX1ZW9
ET PROCESSING... PLEASE WAIT!
ELECTRONIC TICKET ISSUED
```

操作练习

（1）请为自己预订 7 月 1 日北京到伦敦的航班，护照号码是 E39480750，电话号码为 19088004518。

（2）请为自己预订 8 月 10 日上海到香港的航班，护照号码是 E39480750，电话号码为 19088004518。

（3）请为自己预订 9 月 15 日广州到首尔的航班，护照号码是 E39480750，电话号码为 19088004518。

（4）请为自己预订 10 月 1 日北京到巴黎，10 月 10 日巴黎到北京的航班，护照号码是 E39480750，电话号码为 19088004518。

（5）请为自己预订 11 月 12 日法兰克福到北京，11 月 18 日北京到东京的航班，护照号码是 E39480750，电话号码为 19088004518。

（6）请为自己预订 12 月 20 日上海到新加坡，12 月 30 日新加坡到悉尼的航班，护照号码是 E39480750，电话号码为 19088004518。

◆ 第三篇

提升篇

项目8　民航呼叫中心
项目9　机票电子商务平台

项目 8　民航呼叫中心

本项目主要介绍呼叫中心的基本知识,使学生能够熟练使用呼叫中心礼貌用语服务旅客。

> **知识目标**
> (1) 了解呼叫中心的发展史。
> (2) 掌握呼叫中心的注意事项。
> (3) 熟练掌握呼叫中心礼貌用语。
>
> **能力目标**
> (1) 能够熟练使用呼叫中心礼貌用语。
> (2) 能够热情周到地服务旅客。
>
> **思政目标**
> (1) 培养学生敬畏职责的精神。
> (2) 培养学生严谨的工作作风。
> (3) 培养学生的文明礼貌素养。
>
> **考证标准**
> (1) 民用航空运输销售代理岗位技能培训合格证。
> (2) 1+X 民航旅客地面服务职业技能等级证书。
>
> **经典案例**
> 票务员王某在接听旅客李某预订机票电话时,由于旅客李某声音太小,票务员王某听不清李某来电,当时票务员王某可能比较着急就大声说:"您能不能声音大点,我听不清楚。"旅客李某以票务员王某态度恶劣为由进行投诉。
>
> **思考题:**
> (1) 票务员王某的做法存在哪些错误?
> (2) 票务员王某的正确做法是什么?

任务 1　民航客票的预订服务

 知识目标

(1) 掌握为旅客订座沟通基本服务用语。
(2) 掌握为旅客订座沟通其他服务用语规范。

能力目标

能够灵活使用呼叫中心用语按照旅客要求建立订座记录,使旅客满意。

 基础知识

1956年,美国泛美航空公司建成了世界上第一家呼叫中心。20世纪80年代,呼叫中心在欧美等发达国家的电信企业、航空公司、商业银行等领域得到了广泛应用。航空公司最早的呼叫中心主要用于接受旅客的机票预订业务,那时的呼叫中心更应该被称为热线电话,因为除了电话排队外,其全部服务均由人工完成。

呼叫中心作为航空公司对旅客服务的第一窗口也是最重要的窗口。新航空公司开航,除了飞行保障外,首先要建设的肯定是呼叫中心系统。呼叫中心座席(customer service representative,CSR)作为直接接触旅客的岗位,其适宜的言行举止至关重要。本部分罗列了常见的呼叫中心座席的常用语,以帮助从业人员更好地服务于旅客。

一、呼叫中心基本服务用语要求

下列用语用后面那句话来表达,效果会更好。

(1) 你找谁?——请问您找哪一位?

(2) 有什么事?——请问有什么可以帮到您吗?

(3) 你是谁?——方不方便告诉我,怎么称呼您?

(4) 你必须……——我们要您那样做,这是我们需要的。

(5) 如果你需要我的帮助,你必须……——我愿意帮助您,但首先我需要……

(6) 你找他有什么事?——请问有什么可以转告的吗?

(7) 不知道/我怎么会知道。——对不起,我现在手头暂时还没有相关的信息。

(8) 怎么回事,不可能的(没这种可能,我从来没有……)——对不起,也许需要向您澄清一下……

(9) 什么不行呢?那你叫我该怎么办?——对不起,打搅您了。如果不介意我希望过后还能再有机会向您介绍……

(10) 知道了,不要再讲了。——您的要求我已经记录清楚了,我们会在最短的时间跟您联系。请问您还有什么其他要求?

(11) 我只能这样,我没办法。——对不起,也许我真的帮不上您!

(12) 不行就算了!——如果觉得有困难,那就不麻烦您了!

(13) 问题是那个机票都卖完了。——由于需求很高,××机票暂时没有了。

(14) 你怎么有这么多问题。——看上去这些问题很相似。

(15) 我不想给您错误的建议!——我想给您正确的建议。

(16) 你错了,不是那样的!——对不起,我没说清楚,但我想它的运作方式有些不同。

(17) 你没有弄明白,这次听好了。——也许我说的不清楚,请允许我再解释一遍。

(18) 这是公司的政策!——根据多数人的情况,我们公司目前是这样规定的……

二、关键服务流程标准服务用语

1. 查询机票用语

（1）情境：旅客查询机票。

旅客：麻烦帮我查查明天××到××的航班。

CSR：请稍等，现在/正在/立即为您查询。

（2）情境：hold 线恢复/查询回来。

CSR：感谢您的耐心等待。

（3）情境：查询时间过长。

CSR：非常抱歉，现在系统速度不够理想，请您稍等。

2. 预订机票

（1）情境：旅客问询。

旅客：小姐，您好！

CSR：您好，请问有什么可以帮到您。

（2）情境：询问旅客姓名。

CSR：先生/小姐：请问怎么称呼您？

CSR：先生/小姐：方便留下您的全名吗？

（3）情境：询问旅客证件号码。

CSR：请问/麻烦提供您的身份证号/证件号。

情境：核对错误旅客信息。

（4）CSR：您的证件号是 12345。

旅客：不对，是 123456。

CSR：非常抱歉，是 123456，对吗？

3. 提醒行李重量问题

CSR：先生/小姐，您的客票为头等舱/经济舱，您的免费手提行李重量限额为 5 千克（头等舱 2 件，经济舱 1 件），您的免费托运行李限额 40 千克/20 千克。超重部分行李将按经济舱客票价格 1.5% 收取。

4. 主动营销用语

（1）情境：推荐入会。

CSR：成为我航会员可以累加积分，请问您需要吗？

（2）情境：推销机票。

旅客：麻烦帮我预订　张深圳至海口的机票。

CSR：先生/小姐，您好，请问是单程还是往返呢？

（3）情境：推销保险。

CSR：先生/小姐，您的机票加保险一共××元，您看可以吗？

（4）情境：推荐电话支付（旅客完成航段选择）。

CSR：机票已为您定妥，请问您方便电话支付吗？

旅客：方便。

(5) 情境：推荐我航航班。

旅客：小姐，请帮我查询明天昆明到深圳的航班。

CSR：小姐，您好，我们××航空明天昆明到深圳有上午9:00和下午13:00的。

(6) 情境：旅客致电查询特价机票但未预订。

CSR：先生/小姐，特价机票数量有限，建议您尽快购买。

5. 转接电话

旅客要求投诉转接电话分为以下两种情况。

(1) 属于呼叫中心业务范围之内的转接电话如下。

CSR：先生/小姐，您好！您所反映的问题，已经为您做出相应的解答，如果您对此问题仍然存在疑问，请您拨打意见受理部门电话投诉键反映您的问题，您看可以吗？（前提保证在业务和服务方面回复旅客均无差错，且征得当班组长同意。）

(2) 属于呼叫中心业务范围之外的转接电话如下。

CSR：先生/小姐，您好！您所反映的问题将由意见受理部门进行受理，请您拨打意见受理部门电话投诉键反映您的问题。（前提保证在个人业务和服务方面回复旅客均无差错，且征得当班组长同意。）

6. 语音评价

CSR：先生/小姐，您好！请问还有什么可以帮到您？

旅客：（需要，则继续服务。）不需要。

CSR：感谢您的来电！请您听到提示音后对我的服务进行评价，再见！（先于旅客挂机，点"评价"）

操作练习

采用角色扮演法，由一名同学扮演旅客李磊，另一名同学扮演座席，运用服务用语与旅客沟通，帮旅客办理以下业务。

(1) 请为李磊预订10月18日上海到西安的航班，李磊的身份证号码为180100199910210010，电话号码为19088004518。

(2) 请为李磊及其儿子李明（2013年8月16日生）预订6月12日青岛到上海的客票，李磊的身份证号码为180100199910210010，电话号码为19088004518；李明的身份证号码为180100201308160010，电话号码为19088004518。

(3) 请为旅客李磊及其儿子李明（2021年4月15日生）预订8月1日济南到厦门，8月12日厦门到广州的客票，李磊的身份证号码为180100199910210010，电话号码为19088004518。

(4) 李磊作为MINHANGAIHAOZHE旅行团的导游，请为该团10名旅客预订6月18日青岛到上海的客票，身份证号码自拟，电话号码自拟。

(5) 请为旅客李磊（某省省长）预订8月12日上海到重庆，8月15日重庆到西宁，8月22日西宁到上海的客票，身份证号码和电话号码自拟。

(6) 请为旅客李磊预订5月23日武汉到昆明的航班，并为其申请轮椅（WCHC）和无盐餐食（NO SALT），身份证号码为180100199910210010，电话号码为19088004518。

任务 2　民航客票的特殊情境处理

知识目标

(1) 掌握特殊情境的基本用语。
(2) 掌握特殊情境处理的注意事项。

能力目标

能够按照旅客要求灵活使用呼叫中心用语完成特殊情境的处理,并使旅客满意。

基础知识

工作过程中,可能会面临各种突发状况,我们要沉着冷静,态度友好地解决顾客遇到的问题。

情境 1：电话接通客户无声音时

很可能是因为客户在等待过程中没有意识到电话已接通,你应该保持微笑着说:"您好!这里是 160 订票中心,您的电话已接通,请问有什么可以帮您?"

间隔 3 秒左右,继续提示客户:"您好!您的电话已接通,请问您能听见我的声音吗?"

如果仍听不到客户的回应,很可能是电话机出现问题,我们可以耐心地告诉客户:"对不起!您的电话无声,请您换一部话机再拨,谢谢您的来电,再见!"停顿 2 秒,然后挂机。

情境 2：客户声音太小,听不清楚时

客户声音太小,听不清楚时,应立即将电话机的音量调整到合适程度。

如果电话机的音量已调到最大,仍然听不清时,你可以微笑着提醒客户:"对不起,我听不清您的声音,麻烦您大声一点,好吗?"

如果仍听不清,可再重复一遍,重复时语气要保持轻柔委婉。

如果确实无法听清,可以请求客户谅解:"对不起,电话声音太小,请您换一部电话再拨,好吗?谢谢您的来电,再见!"停顿 2 秒,然后挂机。

情境 3：手机信号太弱时

手机信号太弱时,应立即提醒客户:"对不起,可能信号比较差,我听不清您的讲话,请您将手机换个方向再试一试,好吗?"

如果还是听不清,可以请求客户的谅解:"对不起,我听不清您的声音,请您换一部电话再拨,好吗?"停顿 2 秒后说:"谢谢您的来电,再见!"然后挂机。

情境 4：电话杂音太大时

电话杂音太大时,可以尝试调整电话机的音量,将客户的声音调低一点。

如果还是听不清,可以委婉地告知客户:"对不起!您的电话杂音太大,请您换一部话机再拨,好吗?"停顿 2 秒后说"谢谢您的来电,再见!"然后挂机。

情境 5：客户提出你的声音太小时

客户提出你的声音太小时,可以将耳麦往嘴边拉近一点,并稍微提高音量,确认客户能够听清了,再说:"请问有什么可以帮您吗?"

如果声音已经足够大,但客户仍无法听清时,可以请客户换一部话机再拨,而不宜再提高音量,以免影响其他同事工作。应答:"很抱歉,我这里的声音已经调至最大,如果您还是听不清楚,请您换一部话机再拨好吗?"或者主动给客户回电。

部分客户习惯使用免提通话,你如果听不清,可以轻柔委婉地告诉客户:"对不起,我听不清您的声音,请您将话筒拿起来好吗?"

情境6:没听清或不明白用户的话时

没听清客户讲话时,如果只是个别字眼没有听清,可以与客户进行确认:"请问您的意思是……吗?"或者,"您是说……,对吗?"如果完全没有听清,你应用征询的语气向客户询问:"对不起,请您重复一遍,好吗?谢谢!"

客户不理解你的话语时,要立即查找原因,如果是因为使用了过多的专业术语,你应改用通俗易懂的语言作解释:"对不起,可能我解释的不太清楚,请允许我再说一遍好吗?"

如果未使用专业术语,则很可能是牵涉到技术方面的问题导致客户不理解,如果有必要,可换一种表达方式耐心地向客户解释。而不可让客户感觉是不屑于解答或者嘲笑其无知。

如果客户对某个专业术语不理解,应当敏锐地觉察出来并立即作进一步的解释,例如:"……指的就是……,请问我的解答您是否清楚?"

如果客户对业务理解错误,应委婉地纠正客户:"对不起,我没解释清楚,我的意思是这样……"不可强硬地使用"不对""错了"等字眼。

如果客户听不懂普通话,且特别要求使用方言,这种情况下,你可以用方言受理。

情境7:解答过程中的注意事项

倾听用户述说过程中要适时回应,可以用"是""对"等轻声附和,表示您正在倾听,不要让用户感觉自己在自言自语。

当用户停顿等待时,CSR可适当说:"先生/小姐,您请说,我正在听。"

客户担心您不明白时,可说:"您的意思我明白,您请继续。"

当CSR解答中用户没有声音时,可说:"先生/小姐,请问您是否可以听清我说话呢?"

当用户咨询完一个问题后,没有立刻挂机,应问"请问还有其他可以帮到您的吗?"

当用户对服务表示感谢时,应说:"不客气,这是我应做的。"

当用户的问题表达不清楚时,要适当地用问题进行引导。例如:"您是指……,是吗?"

如果你意识到刚才的解释是错误的,则应该立即向客户致歉,诚恳地接受客户的批评,而不是强词夺理:"实在抱歉,刚才我的解释有些欠缺,应该是……"

如果刚才的解释不够完整,你应该诚恳地告诉客户:"非常抱歉,刚才的问题请容许我再补充几点……"

情境8:查询中需要用户等待时

当用户咨询的问题不能马上确认时,应说:"请您稍等,帮您查询。"

用户在等待中认为您的效率太低时,应说:"很抱歉给您带来不便,我会马上为您处理,请您再稍等一下好吗?谢谢。"

查询后继续通话前,应说:"感谢您的耐心等候!"

查询后不能马上确认的问题,应记录下用户的全名、联系电话,确认后再予以回复,可以说:"先生/小姐,您的问题我们需要到相关部门查询,为了不耽误您的宝贵时间,请您留下电话和姓名,我查询后立即回复您,好吗?谢谢!"

确认客户的联系电话后,可明确告知回复时间的,可以说"我查询清楚后,马上给您回复""我查询清楚后,××分钟给您回复"时间不好确认的,可以说"请问我什么时间联系您比较方便?"

情境 9:当用户使用方言时

全国呼转后,由于各地方言都不相同,使用方言的用户肯定是存在的。当用户使用方言时,可委婉地向用户建议:"先生/小姐,我没听懂您的讲话,请您使用普通话,好吗?"

如果用户称自己不会普通话,或者说自己说的就是普通话时,可以委婉建议:"很抱歉,那麻烦您说慢点好吗?"

如果用户的方言实在无法听懂,可以一边与用户沟通一边确认用户属于哪里的方言,再想想座席代表中是否有能听懂此种方言的,然后委婉地告诉用户:"很抱歉,由于我没听懂您的话,我请其他工作人员与您沟通好吗?"注意,必须要获取用户的同意后方可换人。

需要用户记录时可说:"为了方便您更好地记忆,请您拿笔记一下好吗?"

情境 10:需要用户提供资料时

出票时经常要问用户的姓名、电话号码等,不能直接说"告诉我你的姓名,电话",而应说:"请问乘机人的姓名?""请问您的电话号码?"

问完后应该再与用户确认一下,应该说:"和您确认一下乘机人姓名是×××,电话号码是××××……对吗?"

当问到用户姓名的输写方式时,请尽量使用褒义词,避免贬义词的运用。另外,列举名人的名字时,请尽量以正面人物举例,避免反面人物。如"李"字,可以问"请问您是李世民的李吗?",姓名原则上最好用偏旁拆分开来确认,比如"胜",可以说:"请问是左边月亮的月+右边生活的生吗?"而不是单说:"请问是胜利的胜吗?"因为广东话胜利与顺利音有些相似,容易出错。

情境 11:当来电的客户恰好是老客户时

当听出或通过用户报姓名、联系电话后,确认是属于老用户,这时您应该适当的表示问候:"先生/小姐,很高兴能再次为您服务!"

如果恰巧记得该客户上次咨询/处理的问题,还可以关切地询问客户目前情况如何。例如:客户上次反映网上支付很麻烦,你可以这样问他(她):"××先生/小姐,现在网上支付没有问题了吧?"客户一定会被你的关怀所感动。

情境 12:客户的要求超出你的工作权限时

客户的要求超出你的工作权限时,要耐心听完客户的叙述,不可中途打断客户的话语,并在能力范围内初步处理;初步处理时,遇到难做决策时应主动请示相关领导。

应清楚告知原因,并表示歉意,同时要给客户一个解决问题的建议或主动协助解决:"对不起,××先生/小姐,这超出了我的权限范围,虽然我帮不到您,但我会立即将问题反映给上级部门处理,您看这样好吗?"而不是说:"我办不了,没办法。"

如果客户提出无理要求,应耐心向客户解释,寻求客户的谅解:"对不起,××先生/小姐,我很难帮到您,您的要求已经超出了×××的服务范围,请您谅解!"

对于个别客户的失礼言语,要尽量克制、忍耐,得理饶人,不得与客户争辩顶撞,必要时可请主管协助处理。

如果客户因自己的失礼言语向你道歉,应当大方地说:"没关系!请问还有其他可以帮到您的吗？"

情境13：当客户提出对公司的意见和建议时

当客户提出对公司的意见和建议时，应感谢客户："谢谢您为我们提出的宝贵意见，我们将在以后的工作中不断提高！谢谢！"然后迅速记录下来，并上交给主管进行归纳总结。

情境14：客户咨询完业务却又不想挂机时

在确认客户已没有问题需要咨询了，可以婉言提醒客户："对不起，××先生/小姐，如果您没有其他问题，欢迎您下次致电160，谢谢合作！再见！"

如果客户打骚扰电话，可以冷静地提醒客户："对不起，您还需要咨询什么业务方面的问题吗？"如果客户仍旧没有业务问题提出，可以将客户骚扰电话当作无声电话来处理，可以说："对不起，我听不清您的声音，请您换一部电话再拨，谢谢您的来电，再见！"停顿2秒，然后挂机。

情境15：客户来电要其他同事接听时

客户来电要其他同事接听时，先确认客户找其他同事的目的，如果是处理业务，你可以热情地告诉客户："对不起，××先生/小姐，您稍等，正在帮您转接！"

如果客户是同事的朋友，因为私事要找他（她），可以耐心地向客户解释："对不起，××先生/小姐，公司规定工作时间不可以聊天，请您下班后与他（她）联系，好吗？谢谢您的来电！再见！"

情境16：如何拒绝用户的邀请

对于客户善意的约会，可以先向客户表示感谢，然后含蓄地请求客户谅解："非常感谢您的诚心邀请及您对我工作的肯定，但很抱歉不能接受您的邀请，希望以后能继续得到您的支持，谢谢！"

如果客户询问你的姓名，你可以委婉地向客户解释："××先生/小姐，很抱歉，我们在工作时只使用工号，我是××号。"

情境17：客户要求与领导联系时

如果客户要求直接与领导讲话，你需要敏锐、准确地判断事情的轻重缓急，并灵活地选择处理方式。

一般情况下，应该坚持自行解决："请您别着急，请把您的事情告诉我，我会帮您解决的，好吗？"

如果客户坚持要找领导，可以这样回复："您可以把事情大概讲一下，我会记录下来，请示领导后再回复您，好吗？"

如果客户执意要求一定要见领导，那么，你可以请求主管协助："请您稍等，我请主管过来听电话，请您不要挂机，谢谢！"

情境18：客户产生异议时

如果客户来电纯属发泄对已解决问题的不满，你应诚恳地接受客户的批评，并作详细解释："对不起，××先生/小姐，很抱歉给您带来了不便，我们将在以后的工作中加以改进，谢谢您的建议！"

情境19：通话结束时

属于预订或查询的情况在确认客户没有其他问题后，你应该这样结束通话："感谢您的来电！再见！"

属于订单成功的情况在确认客户没有其他问题后，你应该这样结束通话："祝您旅途愉快,感谢您的来电,再见!"客户会很乐意听到你的祝福。

订单不成功,应该这样结束通话:"如您下次有需要,请再来电。感谢您的来电,再见!"

操作练习

进行角色扮演,由一名同学扮演旅客李磊,另一名同学扮演座席,运用服务用语与旅客沟通,帮旅客办理以下业务。

情境 1:李磊为本公司的老客户,请为李磊预订 10 月 18 日上海到西安的航班,李磊的身份证号码为 180100199910210010,电话号码为 19088004518。

情境 2:请为李磊及其儿子李明(2013 年 8 月 16 日生)预订 6 月 12 日青岛到上海的客票,李磊的身份证号码为 180100199910210010,电话号码为 19088004518;李明的身份证号码为 180100201308160010,电话号码为 19088004518。预订过程中李磊给公司提出了一些建议。

情境 3:请为旅客李磊及其儿子李明(2021 年 4 月 15 日生)预订 8 月 1 日济南到厦门,8 月 12 日厦门到广州的客票,李磊的身份证号码为 180100199910210010,电话号码为 19088004518。来电要求另一个经常给他预订机票的座席帮其办理业务。

情境 4:李磊作为 MINHANGAIHAOZHE 旅行团的导游,请为该团 10 名旅客预订 6 月 18 日青岛到上海的客票,身份证号码自拟,电话号码自拟。由于沟通不愉快,李磊要求联系座席的领导。

情境 5:请为旅客李磊(某省省长)预订 8 月 12 日上海到重庆,8 月 15 日重庆到西宁,8 月 22 日西宁到上海的客票,身份证号码和电话号码自拟。该客户手机信号弱,听不清楚。

情境 6:请为旅客李磊预订 5 月 23 日武汉到昆明,并为其申请轮椅(WCHC)和无盐餐食(NO SALT),身份证号码为 180100199910210010,电话号码为 19088004518。客户咨询完业务却不想挂机。

项目 9　机票电子商务平台

本项目主要介绍机票分销平台、电子商务销售平台等基本知识,让学生掌握使用机票分销平台出票的操作技能,并能够灵活使用机票分销平台和电子商务平台。

知识目标
(1) 了解主要的机票分销平台、机票电子商务平台。
(2) 掌握机票分销平台的操作方法。
(3) 熟练机票分销平台的出票方法。

能力目标
(1) 能够选择最优的机票分销平台。
(2) 能够熟练使用机票分销平台出票。

思政目标
(1) 培养学生敬畏职责的精神。
(2) 培养学生严谨的工作作风。
(3) 培养学生的文明礼貌素养。

考证标准
(1) 民用航空运输销售代理岗位技能培训合格证。
(2) 1+X 民航旅客地面服务职业技能等级证书。

经典案例
票务员王某出票时没有在多家机票电子商务平台比价,只在某一机票电子商务平台出票,票务员王某每张机票收取回扣 20 元,导致每张机票的价格比其他平台多 50 元,最终因经济问题被公司开除。

思考题:
(1) 票务员王某的做法存在哪些问题?
(2) 票务员王某的正确做法是什么?

基础知识

一、机票分销平台的概念

机票分销平台简称商旅平台,是指由 B2B 网络营销商研发提供的,用于帮助机票供应商搭建、管理及运作其网络销售渠道,帮助机票分销商获取货源渠道的平台。

二、机票分销平台成立的背景

随着国内经济的发展,有更多公司和个体消费者愿意乘坐飞机进行商务出行或休闲旅游,但合理的机票价格仍是他们考虑的首要问题。面对对价格敏感的消费者,航空公司和机票分销商必须给出更为合理的价格才能吸引更多的客户。分销平台、系统平台、代理人要在日趋竞争激烈的市场中生存,在目前的机票销售利润已经摊薄到很低的情况下,只有通过有效的资金管理才能获得更好的生存空间。机票价格的调控首先必须有赖于对销售成本的控制。这样对各级机票分销商来说,如何提高资金使用效率、缓解资金压力、扩大业务规模就成了他们的竞争核心。电子商务的发展让消费者有了更多渠道获得价格更低的机旅产品,而航空公司和分销代理人也希望通过电子商务渠道探寻更加高效的在线营销模式。

民航业是一项高投入、高成本、高风险行业,无论是航空公司的日常运营成本还是各级分销的销售成本,很多环节是刚性成本,很难削减。同时,民航业又是一个高度竞争的行业,包括从航空公司之间到分销商之间的竞争。在这样一个高度竞争的市场环境下,唯一能够"节流"的环节,就是销售手段以及对应的资金流转,而这一切都离不开电子商务,特别是作为机票在线销售的资金流转枢纽的第三方支付的支持。

多数代理人在渠道拓展中均面临着缺乏销售渠道以及知名 B2C 网站带来巨大的竞争压力;缺乏最具优势且最全面的价格资源;缺乏专业性人才资源支撑;缺乏管理、效率降低、成本增加等问题。

三、机票分销平台的服务内容

(1) 为机票供应商提供产品及服务展示、报价的在线平台,帮助供应商在线拓展销售渠道。

(2) 为下游采购商提供大量的上游供应商以及产品信息,帮助其拓展采购渠道;提供供应商信用评价等信息,帮助采购商做出购买决策。

(3) 为上下游企业的在线交易提供网上交易流程及交易相关服务等。

四、机票分销平台的主要功能

1. 采购商授信

平台授信模式,为采购商提供授信额度和账期,采购商在平台上采购的机票出票后,由平台将票款垫付给供应商,采购商在账期结束后还款即可。

2. 自动出票

全面支持 BSP 和 B2B 自动出票,只需要简单的设置实时即可完成,同时与授信业务结合,全面实现出票和付款整个流程免人工操作!客户端软件与网页版相结合。

3. 常旅客管理

在订票输入乘客时系统自动将你输入的乘机人的姓名、证件、航空公司卡号等保存为常旅客信息,订票时不用每次都询问客人信息,可快速从常旅客信息中选择。

4. 全国特价政策支持

系统支持国内各类特价舱位,供应商录入操作更加简单,采购商获取信息更加全面。

5. 退废票24小时退款

业内首家提供客户端软件与网页版无缝结合,通过e票通客户端时时发送催单等客服提醒,再也无须专人刷屏盯单。

五、目前国内主要的机票分销平台

1. 易商旅平台

易商旅平台(图9-1)专注于航空商旅行业,为产业链的各个环节,包括航空公司、机票代理人、集团客户等提供纵深的产业化服务和电子商务服务。

图9-1　易商旅平台

2. 51BOOK商旅平台

51BOOK商旅平台(图9-2)隶属北京联拓天际电子商务旗下,是一个面向机票代理人行业的B2B网站。

图9-2　51BOOK商旅平台

3. 今日·天下通商旅平台

今日·天下通商旅平台（图 9-3）创立于 2007 年，作为上海古大旅游服务有限公司之下的一个电子客票平台，它目前是 B2B、B2C 电子客票交易平台之一。

图 9-3　今日·天下通商旅平台

4. 差旅壹号商旅平台

差旅壹号商旅平台（图 9-4）是中国领先的在线旅游交易平台，是中国领先的机票交易平台，同时也是中国领先的企业差旅服务云平台。

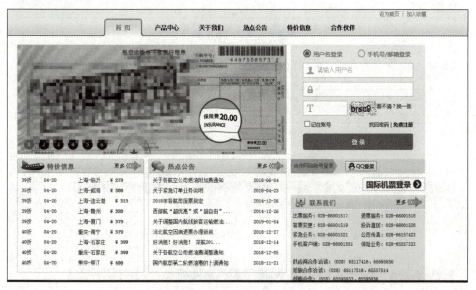

图 9-4　差旅壹号商旅平台

六、机票分销平台出票步骤

PNR 下单出票，采购可自己通过 eTerm 黑屏预订 PNR，复制 PNR 粘贴在 PNR 编码导入栏，根据 PNR 分类，以散客 PNR 方式或团队 PNR 方式导入。

第一步：PNR 下单。登录出票平台—PNR 下单。
第二步：选择政策，生成订单。系统自动匹配政策，选择政策生成订单。
第三步：在线支付。通过第三方支付，如"支付宝"在线支付。
第四步：出票完成。供应商返回票号，出票完成。

示例：已经在 eTerm 黑屏里面预订 PNR，下面以订座记录 JRX0K7 为例，详细展示操作程序。

第一步：输入 PNR 编号，单击"导入"按钮（图 9-5）。

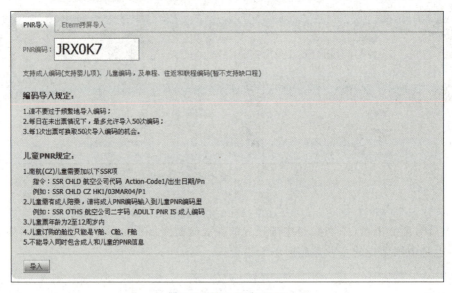

图 9-5　输入 PNR 编号

第二步：选择供应商政策，可以选择普通或特殊高返政策（图 9-6）。

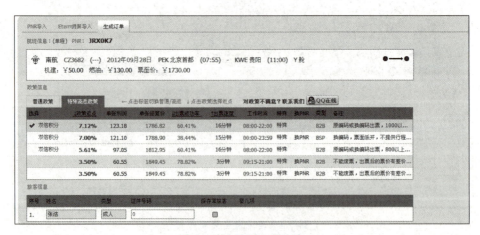

图 9-6　选择供应商政策

第三步：同意返点条款那里打钩，生成订单（图 9-7）。
第四步：信息核对后选择立即支付或取消订单（图 9-8）。
第五步：选择支付方式，并支付款项（图 9-9）。

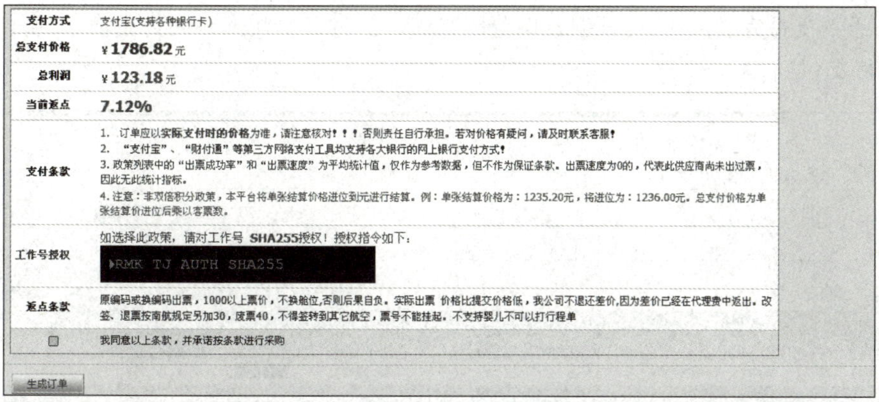

项目 9 机票电子商务平台

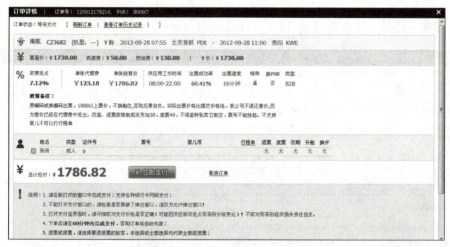

图 9-7 生成订单

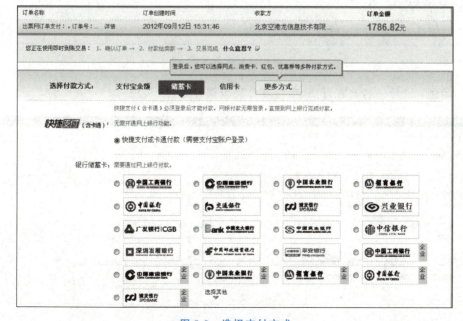

图 9-8 核对信息并支付

图 9-9 选择支付方式

第六步：支付完成以后，可根据日期范围查询已支付订单状态。因为是演示，所以图 9-10 订单是"待支付"状态。

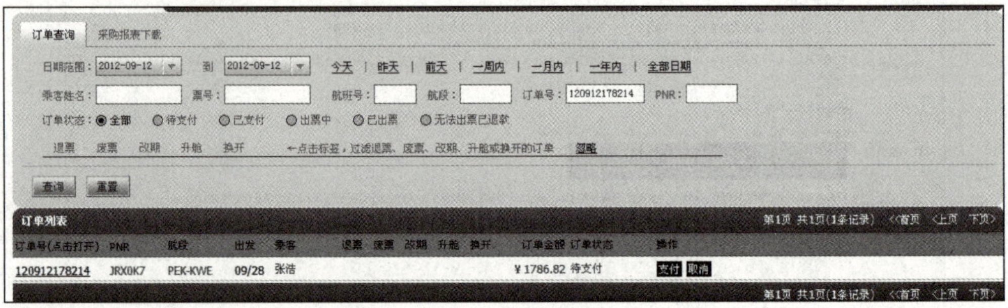

图 9-10　支付完成

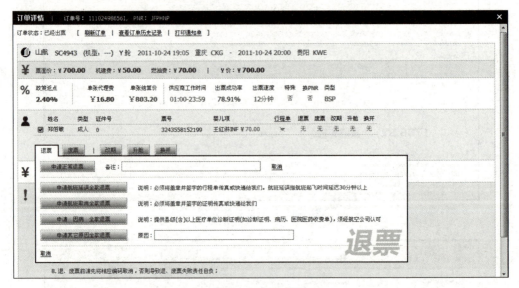

✒ **示例**：已帮一名旅客订票，现帮其办理退票业务（图 9-11）。

图 9-11　订单退票

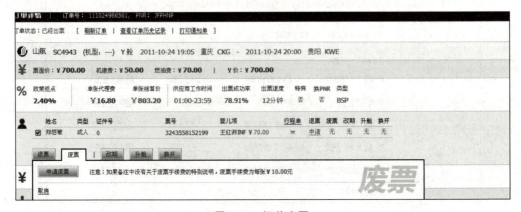

✒ **示例**：已帮一名旅客订票，现帮其办理废票业务（图 9-12）。

图 9-12　订单废票

选择需要废票的旅客,根据废票说明提交申请,注意:只有当天出的票才可以作废票处理,一般废票手续费为每张 10 元。

示例:已帮一名旅客订票,现帮其办理改期业务(图 9-13)。

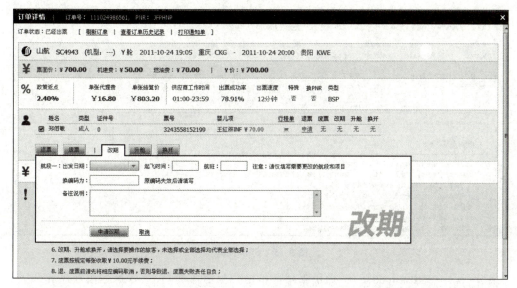

图 9-13　订单改期

改期,可以选择需要改期的乘客,根据需要改期的日期、起飞时间、航班、PNR 填写完整,备注说明后提交申请。

示例:已帮一名旅客订票,现帮其办理升舱业务(图 9-14)。

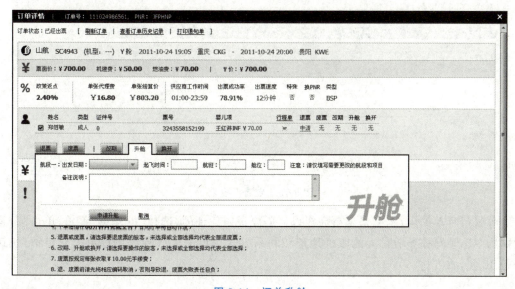

图 9-14　订单升舱

升舱,选择需要升舱的旅客,根据系统要求填写完整乘机人出发日期、航班的起飞时间、航班号、需要升舱的舱位、备注信息、提交升舱申请。

示例：已帮一名旅客订票，现帮其办理换开业务（图9-15）。

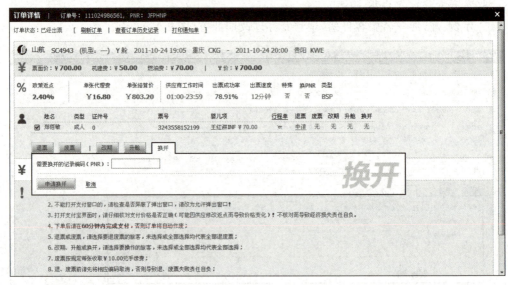

图9-15 订单换开

换开，选择需要换开的旅客，根据系统要求填写需要换开的PNR提交申请换开。

示例：已帮一名旅客订票，现帮其申请行程单（图9-16）。

图9-16 申请行程单

单张行程单的申请，如果出票完成以后需要报销凭证的，选择"行程单"菜单，单击"行程单购物车"，填写完整收件人的收件地址和联系方式。点击生成行程单订单提交申请，快递费是10元，收方付。

七、现状与发展趋势

1. 行业竞争加剧，利润趋平

随着民航票价体系的变革与市场竞争的加剧，行业利润逐步趋平，经营成本也没有下降,加剧了行业的竞争程度。

2. 通过信息化手段提高竞争力

机票分销平台是一个服务行业,服务的对象是人,不是物,服务对象的不同,决定了需要为服务付出个性化的代价,但是数以千万的客户需要人工处理是令人望而却步的事情,所以,如何以信息化的手段提高效率,在微利时代继续赢利,是每个业内人士孜孜以求的目标。

3. 外航加入竞争,市场瞬息万变

随着国内商旅市场的逐渐开放,国外实力雄厚的企业携资金、管理、技术、人才的优势进军中国市场,加剧了国内市场的竞争程度,市场变得瞬息万变,没有任何一家企业能永葆长盛不衰的辉煌。

4. 行业不断细分,专业市场逐步成熟

随着消费水平的不断提高与各专业市场的不断挖掘,商旅行业不断细分,并且不断成熟,在民航代理人市场利润率不断下降的同时,其他市场,如商旅计划、自助游、订房等细分市场不断有企业做大做强,国家相关行业管理政策法规不断出台,行业经营逐步走向正规化与规范化,不再是依靠资源与关系就能经营良好的局面了,商旅企业必须要在细分的市场面前做出准确的选择加上精心的经营才能适应市场。

 操作练习

请选择一个机票分销平台,并进行注册,在平台上模拟出票。

附录 1　国内航空公司代码索引

序号	航空公司名称	三字代码	客票代号
1	中国国际航空公司	CA	999
2	中国南方航空公司	CZ	784
3	中国东方航空公司	MU	781
4	海南航空公司	HU	880
5	四川航空公司	3U	867
6	厦门航空公司	MF	731
7	上海航空公司	FM	774
8	深圳航空公司	ZH	479
9	山东航空公司	SC	324
10	吉祥航空公司	HO	018
11	奥凯航空公司	BK	866
12	春秋航空公司	9C	089
13	西部航空公司	PN	847
14	云南祥鹏航空公司	8L	859
15	中国联合航空公司	KN	822
16	天津航空公司	GS	826
17	青岛航空公司	QW	912
18	华夏航空公司	G5	883
19	成都航空公司	EU	811
20	首都航空公司	JD	898
21	河北航空公司	NS	836
22	幸福航空公司	JR	929
23	西藏航空公司	TV	088
24	港龙航空公司	KA	043
25	澳门航空公司	NX	675

附录2 国际航空公司代码索引

序号	航空公司名称	三字代码	客票代号
1	哈萨克斯坦航空公司	9Y	452
2	法国航空公司	AF	057
3	澳大利亚安塞特航空公司	AN	090
4	芬兰航空公司	AY	105
5	意大利航空公司	AZ	055
6	英国航空公司	BA	125
7	文莱皇家航空公司	BI	672
8	加拿大国际航空公司	CP	018
9	日本航空公司	JL	131
10	大韩航空公司	KE	180
11	荷兰皇家航空公司	KL	074
12	德国汉莎航空公司	LH	220
13	以色列航空公司	LY	114
14	马来西亚航空公司	MH	232
15	全日本航空公司	NH	205
16	美国西北航空公司	NW	012
17	奥地利航空公司	OS	257
18	韩亚航空公司	OZ	988
19	巴基斯坦航空公司	PK	214
20	澳大利亚航空公司	QF	081
21	新加坡航空公司	SQ	618
22	瑞士航空公司	LX	085
23	北欧航空公司	SK	117
24	泰国航空公司	TG	217
25	美国联合航空公司	UA	016
26	越南航空公司	VN	738

附录 3　国内城市三字代码

城　　市	代码	省份	城　　市	代码	省份
北京(首都机场)	PEK	北京	重庆	CKG	重庆
北京(大兴机场)	PKX	北京	南京	NKG	江苏
上海(浦东机场)	PVG	上海	常州	CZX	江苏
上海(虹桥机场)	SHA	上海	盐城	YNZ	江苏
拉萨	LXA	西藏	苏州	SZV	江苏
昌都	BPX	西藏	徐州	XUZ	江苏
林芝	LZY	西藏	南通	NTG	江苏
天津	TSN	天津	无锡	WUX	江苏
银川	INC	宁夏	连云港	LYG	江苏
烟台	YNT	山东	高崎	GQI	福建
临沂	LYI	山东	武夷山	WUS	福建
威海	WEH	山东	厦门	XMN	福建
青岛	TAO	山东	福州	FOC	福建
济南	TNA	山东	晋江	JJN	福建
潍坊	WEF	山东	杭州	HGH	浙江
东营	DOY	山东	温州	WNZ	浙江
延安	ENY	陕西	黄岩	HYN	浙江
榆林	UYN	陕西	宁波	NGB	浙江
安康	AKA	陕西	义乌	YIW	浙江
西安	SIA/XIY	陕西	衢州	JUZ	浙江
汉中	HZG	陕西	舟山	HSN	浙江
和田	HTN	新疆	广州	CAN	广东
阿勒泰	AAT	新疆	珠海	ZUH	广东
乌鲁木齐	URC	新疆	惠州	HUZ	广东
克拉玛依	KRY	新疆	韶关	HSC	广东
喀什	KHG	新疆	东莞	DGM	广东
且末	IQM	新疆	深圳	SZX	广东
阿克苏	AKU	新疆	湛江	ZHA	广东
库尔勒	KRL	新疆	梅州	MXZ	广东
伊宁	YIN	新疆	汕头	SWA	广东
富蕴	FYN	新疆	佛山	FUO	广东
库车	KCA	新疆	大庸	DYG	湖南
塔城	TCG	新疆	衡阳	HNY	湖南

续表

城　　市	代码	省份	城　　市	代码	省份
那拉提	NLT	新疆	永州	LLF	湖南
哈密	HMI	新疆	长沙	CSX	湖南
贵阳	KWE	贵州	张家界	DYG	湖南
兴义	ACX	贵州	常德	CGD	湖南
遵义	ZYI	贵州	芷江	HJJ	湖南
安顺(黄果树)	AVA	贵州	九寨沟	JZH	四川
铜仁	TEN	贵州	成都(双流机场)	CTU	四川
北海	BHY	广西	成都(天府机场)	TFU	四川
南宁	NNG	广西	达县	DAX	四川
柳州	LZH	广西	泸州	LZO	四川
桂林	KWL	广西	宜宾	YBP	四川
梧州	WUZ	广西	西昌	XIC	四川
南昌	KHN	江西	绵阳	MIG	四川
九江	JIU	江西	攀枝花	PZI	四川
井冈山	JGS	江西	南充	NAO	四川
景德镇	JDZ	江西	广元	GYS	四川
赣州	KOW	江西	广汉	GHN	四川
吉安	KNC	江西	兰州	LHW	甘肃
庐山	LUZ	江西	庆阳	IQN	甘肃
安庆	AQG	安徽	嘉峪关	JGN	甘肃
合肥	HFE	安徽	敦煌	DNH	甘肃
阜阳	FUG	安徽	酒泉	CHW	甘肃
蚌埠	BFU	安徽	呼和浩特	HET	内蒙古
黄山	TXN	安徽	海拉尔	HLD	内蒙古
石家庄	SJW	河北	乌兰浩特	HLH	内蒙古
秦皇岛	SHP	河北	赤峰	CIF	内蒙古
山海关	SHF	河北	包头	BAV	内蒙古
邢台	XNT	河北	锡林浩特	XIL	内蒙古
郑州	CGO	河南	通辽	TGO	内蒙古
南阳	NNY	河南	昆明	KMG	云南
洛阳	LYA	河南	西双版纳(景洪)	JHG	云南
安阳	AYN	河南	香格里拉(中甸)	DIG	云南
沈阳	SHE	辽宁	文山	WNH	云南
锦州	JNZ	辽宁	元谋	YUA	云南
大连	DLC	辽宁	大理	DLU	云南
鞍山	AOG	辽宁	昭通	ZAT	云南
朝阳	CHG	辽宁	思茅	SYM	云南
兴城	XEN	辽宁	芒市	LUM	云南
长海	CNI	辽宁	丽江	LJG	云南
哈尔滨	HRB	黑龙江	保山	BSD	云南
佳木斯	JMU	黑龙江	海口	HAK	海南
齐齐哈尔	NDG	黑龙江	三亚	SYX	海南

续表

城　市	代码	省份	城　市	代码	省份
黑河	HEK	黑龙江	吉林	JIL	吉林
牡丹江	MDG	黑龙江	丹东	DDG	吉林
满洲里	NZH	黑龙江	延吉	YNJ	吉林
大同	DAT	山西	长春	CGQ	吉林
太原	TYN	山西	武汉	WUH	湖北
运城	YUC	山西	宜昌	YIH	湖北
梁平	LIA	山西	沙市	SHS	湖北
长治	CIH	山西	恩施	ENH	湖北
西宁	XNN	青海	襄樊	XFN	湖北
格尔木	GOQ	青海	澳门	MFM	澳门
香港	HKG	香港	台北	TPE	台湾

附录 4 国际城市三字代码

城　　市	三字代码	所属国家	IATA 区域	次　　区
温哥华	YVR	加拿大	TC1	北美洲
渥太华	YOW	加拿大	TC1	北美洲
蒙特利尔	YMQ	加拿大	TC1	北美洲
多伦多	YTO	加拿大	TC1	北美洲
旧金山	SFO	美国	TC1	北美洲
洛杉矶	LAX	美国	TC1	北美洲
西雅图	SEA	美国	TC1	北美洲
休斯敦	HOU	美国	TC1	北美洲
新奥尔良	MSY	美国	TC1	北美洲
孟菲斯	MEM	美国	TC1	北美洲
芝加哥	CHI	美国	TC1	北美洲
亚特兰大	ATL	美国	TC1	北美洲
迈阿密	MIA	美国	TC1	北美洲
华盛顿	WAS	美国	TC1	北美洲
纽约	NYC	美国	TC1	北美洲
安克雷奇	ANC	美国	TC1	北美洲
夏威夷	HNL	美国	TC1	北美洲
达拉斯	DFW	美国	TC1	北美洲
墨西哥城	MEX	墨西哥	TC1	北美洲
贝尔莫潘	BCV	伯利兹	TC1	中美洲
危地马拉城	GUA	危地马拉	TC1	中美洲
特古西加尔巴	TGU	洪都拉斯	TC1	中美洲
圣萨尔瓦多	SAL	萨尔瓦多	TC1	中美洲
马那瓜	MGA	尼加拉瓜	TC1	中美洲
圣何塞	SJO	哥斯达黎加	TC1	中美洲
哈瓦那	HAV	古巴	TC1	加勒比
太子港	PAP	海地	TC1	加勒比
金斯敦	KIN	牙买加	TC1	加勒比
卡宴	CAY	法属圭亚那	TC1	加勒比
加拉加斯	CCS	委内瑞拉	TC1	南美洲
圣菲波哥大	BOG	哥伦比亚	TC1	南美洲
卡宴	CAY	法属圭亚那	TC1	南美洲
巴西利亚	BSB	巴西	TC1	南美洲

续表

城　市	三字代码	所属国家	IATA区域	次　区
圣保罗	SAO	巴西	TC1	南美洲
里约热内卢	RIO	巴西	TC1	南美洲
亚松森	ASU	巴拉圭	TC1	南美洲
蒙得维的亚	MVD	乌拉圭	TC1	南美洲
布宜诺斯艾利斯	BUE	阿根廷	TC1	南美洲
圣地亚哥	SCL	智利	TC1	南美洲
利马	LIM	秘鲁	TC1	南美洲
基多	UIO	厄瓜多尔	TC1	南美洲
苏克雷	SRE	玻利维亚	TC1	南美洲
哥本哈根	CPH	丹麦	TC2	欧洲
奥斯陆	OSL	挪威	TC2	欧洲
斯德哥尔摩	STO	瑞典	TC2	欧洲
赫尔辛基	HEL	芬兰	TC2	欧洲
圣彼得堡	LED	俄罗斯	TC2	欧洲
莫斯科	MOW	俄罗斯	TC2	欧洲
基辅	IEV	乌克兰	TC2	欧洲
雅典	ATH	希腊	TC2	欧洲
布达佩斯	BUD	匈牙利	TC2	欧洲
华沙	WAW	波兰	TC2	欧洲
柏林	BER	德国	TC2	欧洲
法兰克福	FRA	德国	TC2	欧洲
慕尼黑	MUC	德国	TC2	欧洲
维也纳	VIE	奥地利	TC2	欧洲
罗马	ROM	意大利	TC2	欧洲
米兰	MIL	意大利	TC2	欧洲
佛罗伦萨	FLR	意大利	TC2	欧洲
巴黎	PAR	法国	TC2	欧洲
马赛	MRS	法国	TC2	欧洲
里昂	LYS	法国	TC2	欧洲
苏黎世	ZRH	瑞士	TC2	欧洲
日内瓦	GVA	瑞士	TC2	欧洲
布鲁塞尔	BRU	比利时	TC2	欧洲
阿姆斯特丹	AMS	荷兰	TC2	欧洲
鹿特丹	RTM	荷兰	TC2	欧洲
马德里	MAD	西班牙	TC2	欧洲
巴塞罗那	BCN	西班牙	TC2	欧洲
里斯本	LIS	葡萄牙	TC2	欧洲
都柏林	DUB	爱尔兰	TC2	欧洲
伦敦	LON	英国	TC2	欧洲
曼彻斯特	MAN	英国	TC2	欧洲
突尼斯	TUN	突尼斯	TC2	欧洲
阿尔及尔	ALG	阿尔及利亚	TC2	欧洲

续表

城　　市	三字代码	所属国家	IATA 区域	次　区
拉巴特	RBA	摩洛哥	TC2	欧洲
安卡拉	ANK	土耳其	TC2	欧洲
伊斯坦布尔	IST	土耳其	TC2	欧洲
达喀尔	DKR	塞内加尔	TC2	非洲
巴马科	BKO	马里	TC2	非洲
阿比让	ABJ	科特迪瓦	TC2	非洲
阿克拉	ACC	加纳	TC2	非洲
拉各斯	LOS	尼日利亚	TC2	非洲
布拉柴维尔	BZV	刚果	TC2	非洲
罗安达	LAD	安哥拉	TC2	非洲
基加利	KGL	卢旺达	TC2	非洲
坎帕拉	EBB	乌干达	TC2	非洲
亚的斯亚贝巴	ADD	埃塞俄比亚	TC2	非洲
内罗毕	NBO	肯尼亚	TC2	非洲
达累斯萨拉姆	DAR	坦桑尼亚	TC2	非洲
利隆圭	LLW	马拉维	TC2	非洲
卢萨卡	LUN	赞比亚	TC2	非洲
哈拉雷	HRE	津巴布韦	TC2	非洲
温得和克	ERS	纳米比亚	TC2	非洲
开普敦	CPT	南非	TC2	非洲
约翰内斯堡	JNB	南非	TC2	非洲
塔那那利佛	TNR	马达加斯加	TC2	非洲
开罗	CAI	埃及	TC2	中东
喀土穆	KRT	苏丹	TC2	中东
大马士革	DAM	叙利亚	TC2	中东
安曼	AMM	约旦	TC2	中东
贝鲁特	BEY	黎巴嫩	TC2	中东
耶路撒冷	JRS	以色列	TC2	中东
利雅得	RUH	沙特阿拉伯	TC2	中东
萨那	SAH	也门	TC2	中东
亚丁	ADE	也门	TC2	中东
马斯喀特	MCT	阿曼	TC2	中东
阿布扎比	AUH	阿联酋	TC2	中东
迪拜	DXB	阿联酋	TC2	中东
多哈	DOH	卡塔尔	TC2	中东
巴林	BAH	巴林	TC2	中东
科威特	KWI	科威特	TC2	中东
巴格达	BGW	伊拉克	TC2	中东
德黑兰	THR	伊朗	TC2	中东
喀布尔	KBL	阿富汗	TC3	南亚次大陆
加德满都	KTM	尼泊尔	TC3	南亚次大陆
廷布	QJC	不丹	TC3	南亚次大陆

续表

城　市	三字代码	所属国家	IATA区域	次　区
伊斯兰堡	ISB	巴基斯坦	TC3	南亚次大陆
卡拉奇	KHI	巴基斯坦	TC3	南亚次大陆
新德里	DEL	印度	TC3	南亚次大陆
孟买	BOM	印度	TC3	南亚次大陆
加尔各答	CCU	印度	TC3	南亚次大陆
达卡	DAC	孟加拉国	TC3	南亚次大陆
科伦坡	CMB	斯里兰卡	TC3	南亚次大陆
马累	MLE	马尔代夫	TC3	南亚次大陆
平壤	FNJ	朝鲜	TC3	日、韩、朝次区
首尔	SEL	韩国	TC3	日、韩、朝次区
釜山	PUS	韩国	TC3	日、韩、朝次区
东京	TYO	日本	TC3	日、韩、朝次区
大阪	OSA	日本	TC3	日、韩、朝次区
札幌	SPK	日本	TC3	日、韩、朝次区
乌兰巴托	ULN	蒙古	TC3	东南亚次区
曼谷	BKK	泰国	TC3	东南亚次区
金边	PNH	柬埔寨	TC3	东南亚次区
河内	HAN	越南	TC3	东南亚次区
吉隆坡	KUL	马来西亚	TC3	东南亚次区
新加坡	SIN	新加坡	TC3	东南亚次区
雅加达	JKT	印度尼西亚	TC3	东南亚次区
万隆	BDO	印度尼西亚	TC3	东南亚次区
马尼拉	MNL	菲律宾	TC3	东南亚次区
堪培拉	CBR	澳大利亚	TC3	西南太平洋次区
悉尼	SYD	澳大利亚	TC3	西南太平洋次区
墨尔本	MEL	澳大利亚	TC3	西南太平洋次区
阿德莱德	ADL	澳大利亚	TC3	西南太平洋次区
奥克兰	AKL	新西兰	TC3	西南太平洋次区
惠灵顿	WLG	新西兰	TC3	西南太平洋次区
莫尔兹比港	POM	巴布亚新几内亚	TC3	西南太平洋次区
瑙鲁	INU	瑙鲁	TC3	西南太平洋次区
马朱罗	MAJ	马绍尔群岛	TC3	西南太平洋次区
楠迪	NAN	汤加	TC3	西南太平洋次区

附录5　常用特殊服务需求代码

1. 餐食、轮椅代码

代　码	英　文　名	中　文　名
AVML	vegetarian Asian(Hindu) meal	亚洲印度素食
BBML	infant/baby meal	婴儿餐
BLML	bland meal	清淡餐
CHML	child meal	儿童餐
DBML	diabetic meal	糖尿病餐食
FPML	fruit platter meal	水果盘餐
GFML	gluten intolerant meal	无麸质餐食
HNML	Hindu meal	印度餐食
KSML	Kosher meal	犹太餐食
LCML	low calorie meal	低卡路里餐食
LFML	low fat meal	低胆固醇/低脂肪餐食
LSML	low salt meal	低钠/低盐餐食
MOML	moslem meal	穆斯林餐食
NLML	low lactose meal	低乳糖餐食
RVML	vegetarianraw meal	鲜蔬餐食
SFML	seafood meal	海鲜餐食
SPML	special meal	特殊餐食
VGML	vegetarian vegan meal	蛋奶素餐/西式素食
VLML	vegetarian lacto ovo meal	蛋奶素餐/西式素食
VOML	vegetarian oriental meal	东方素食
WCBD	wheelchair dry cell batt	干电池驱动轮椅
WCBW	wheelchair wet cell batt	湿电池驱动轮椅
WCHC	psgr completely immobile	轮椅服务起止于客舱
WCHR	psgr nn wchr for long dist	轮椅服务起止于停机坪
WCHS	cannot ascend or descend steps	轮椅服务起止于客梯
WCMP	wheelchair manual power	手动轮椅
WCOB	on board wheelchair	机上轮椅

2. 其他特殊服务需求代码

代　码	英　文　名	中　文　名
AVIH	animal in hold	活体动物运输（货舱中）
BIKE	bicycle-specify number	自行车运输
BLND	blind customer-specify if accompanied by seeing eye dog or other service animal	盲人旅客
BSCT	bassinet or carry cot/baby basket	婴儿摇篮
BULK	bulky baggage-specify number weight size if known	超大行李
CBBG	cabin baggage(for which an extra seat(s)has been phruchased)	客舱占座行李
CHLD	child	儿童
CKIN	psgr handle at departure	提供需要在办理乘机手续时进行处理的旅客信息
COUR	commericial courier	商业信使
DEAF	deaf passenger	聋哑旅客
DEPA	deportee accompanied	被遣返旅客（有人陪伴）
DEPU	deportee unaccompanied	被遣返旅客（无人陪伴）
DIPL	diplomatic couier	外交信使
EXST	extra seat	额外占座
FRAG	fragile baggage	易碎行李
FRAV	first available	优先保证定座
INFT	infant	婴儿
LANG	specify language spoken	特定语言
MAAS	meet and assist	需要满足与帮助的旅客
MEDA	medical case	身体患病旅客
MEQT	medical equipment	医疗设备
OXYG	oxygen	氧气
PETC	animal in cabin	客舱运输动物
SEAT	advance seat assignment	机上座位预订
SEMN	ships crew	海员
SKYT	skyteam passenger	天合联盟旅客
SPEQ	sports equipment	运动器械
STCR	stretcher passenger	担架旅客
TWOV	transit transfer without visa	无签证过境
UMNR	unaccompanied minor	无成人陪伴儿童
WEAP	weapons,firearms	武器
xbag	excess baggage	额外占座行李

附录 6 指令索引

AV 指令索引

例 1　AV:PEKSHA/10OCT 显示 10 月 10 日北京至上海航班座位情况

例 2　AV:PEKSHA 显示当天北京至上海航班座位可利用情况

例 3　AV:PEKCAN/15OCT/CA 显示北京广州 15OCT 国航航班座位

例 4　AV:SHACTU/10DEC/1100 显示上海成都 10DEC11 点航班座位情况

例 5　AV:SHACTU/10DEC/1100/SZ 显示上海成都西南航空公司座位情况

例 6　AV:PEKPVG/11DEC 显示北京浦东 11DEC 航班座位可利用情况

例 7　AV:RA/21DEC 显示 21DEC 回程航班座位情况

例 8　AV:CA983/1DEC 显示 1DEC CA983 各舱位座位可利用情况

例 9　AV:E/PEKCAN/1DEC 按照飞行时间顺序显示航班座位情况

例 10　AV:PEKFRA/1DEC/D 显示北京至法兰克福 1DEC 直达航班信息

例 11　AV:SHAFRA/4DEC/N 显示上海至法兰克福 4DEC 不经停航班

例 12　AV:LONFRA/5DEC/1A 显示伦敦至法兰克福 5DEC 1A 系统中航班座位可利用情况

FV 指令索引

例 1　FV:PEKSHA 显示北京至上海最早有座位的航班

例 2　FV:SHA/20OCT 显示从本地至上海 20OCT 之后最早有座位的航班

例 3　FV:PEKSHA/Y 显示北京至上海 Y 舱最早有座位的航班

例 4　FV:PEKSHA/5 显示北京至上海最早有 5 个座位的航班

例 5　FV:PEKSHA/20OCT/1100 显示北京至上海 20OCT11 点最早有座位的航班

例 6　FV:PEKSHA/20OCT/1100/CA 指定国航最早有座位的航班

例 7　FV:PEKSHA/20OCT/1100/5/CA/F 指定时间座位数航空公司舱位最早有座位的航班

例 8　FV:E/PEKCAN 显示北京至广州飞行时间最短最早有座位的航班

SK 指令索引

例 1　SK:A/CAN/10DEC/C1 按照到达时间的顺序显示从本地到广州 10DEC，并且有一个连接点的航班时刻

例 2　SK:PEKNNG/15OCT 显示北京至南宁 15OCT 航班周期、时刻

例 3　SK:PEKCAN/20DEC/1100/CA 显示指定时间、航空公司航班周期

例 4　SK:PEKSHA 显示北京至上海所有班机的飞行周期、时刻

例 5　SK:CAN/20NOV 显示本地至广州 20NOV 航班周期、时刻

例 6　SK:SHACTU/15OCT/MU 显示指定航空公司日期的航班周期、时刻

例 7　SK:PEKCDG/10OCT/D 显示直达航班周期、时刻

例 8　SK:PEKNRT/20OCT/N 显示不经停航班的周期、时刻

例 9　SK:PEKCSX/14OCT/F 显示含有 F 舱的航班周期、时刻

例 10　SK:PEKSHA/MU/F 显示指定航空公司舱位的航班周期、时刻

DS 指令索引

例 1　DS:PEKCAN 显示北京至广州航班的机型、时刻等信息

例 2　DS:PEKCAN/12DEC 显示具体日期的航班机型、时刻等信息

例 3　DS:A/PEKLAX/10DEC/1100/CA/D 显示具体日期时间航空公司的直达航班的机型、时刻等信息

例 4　DS:CSX/15OCT 显示本地至长沙 15OCT 航班机型、时刻等

例 5　DS:E/PEKHGH 按照飞行时间顺序显示的机型时刻等信息

例 6　DS:CANSHA/16OCT/CZ 显示具体日期、航空公司的航班机型、时刻等信息

FF 指令索引

例　FF:CA929/9OCT 显示 CA929 经停点及起降时间

FD 指令索引

例 1　FD:PEKSHA/./CA 显示当前国航北京至上海的运价

例 2　FD:PEKSHA/CA 显示国航北京至上海的所有运价

例 3　FD:PEKSHA/14FEB96/CA 显示过期国航北京至上海的运价

例 4　AV:PEKCSX 显示航班座位可利用情况
　　　FD:1 根据 AV 显示继续查询运价

ML 指令索引

例 1　ML:C/CA1321/7OCT 显示该航班上所有订座

例 2　ML:B/CA1321/Y/7OCT 显示该航班 Y 舱上所有 HK 的订座

例 3　ML:X/CA1321/7OCT 显示该航班所有取消的订座

例 4　ML:G/CA1321/7OCT 显示该航班所有团体订座

例 5　ML:U/CA1321/7OCT 显示该航班未订妥座位的记录

例 6　ML:R/CA1321/7OCT 显示该航班上所有 RR 的订座

例 7　ML:NR/CA1321/7OCT 显示该航班上所有未 RR 的订座

例 8　ML:NG/CA1321/7OCT 显示该航班所有非团体订座 PNR

例 9　ML:GBNR/CA1321/7OCT 显示该航班上团体 HK 的订座 PNR

DSG 指令索引

例 1　DSG:C/CA981/Y 显示该航班起降时间、飞行时间

例 2　DSG:CA981/Y 显示该航班起降时间机型

例 3　DSG:C/CA981/Y/PEKDTW 显示该航段上起降时间、飞行时间

例 4　RT MR142 根据 PNR 查询
　　　DSG:C/2/3 显示 PNR 中序号为 2、3 的航班起降时间、飞行时间
　　　DSG:C 完整显示 PNR 中涉及的全部航段信息

订座或手工出票 PNR 的构成

　　NM(GN)：姓名组（团名）

　　SS、SD、SN、SA：航段组

　　CT：联系组

　　TK：票号组

　　RMK：备注组

　　SSR：特殊服务组

　　OSI：其他服务组

　　@：封口生效

自动出票 PNR 的构成

　　NM(GN)：姓名组（团名）

　　SS、SD、SN、SA：航段组

　　CT：联系组

　　FC：运价计算组

　　FN：运价组

　　FP：付款方式组

　　>DZ：1：封口并打票

RT 指令索引

例 1　>RT：×××××根据 PNR 提取订座记录

例 2　>RT：ZHANG/CA1301/10DEC 根据旅客姓名、航班提取订座记录

例 3　>ML：C/CA1301/10DEC 提取该航班的所有订座记录

　　　>RT：序号根据 ML 中旅客序号提取订座记录

例 4　>RT：C/×××××提取 PNR 处理的全过程

例 5　>RT：U/1 提取 PNR 的历史部分

例 6　>RT：N/×××××提取团体 PNR 及其所有旅客姓名

例 7　>RT：NC/×××××提取团体 PNR 处理的全过程

RRT 指令索引

例 1　>RRT：V/×××××/CA1301/10DEC 根据航空公司系统记录编号提取记录

例 2　>RRT：OK 生效该记录

SITA AIRFARE 运价指令索引

例 1　>RT：×××××提取订座记录

　　　(>SEL：×/×/×)选定需要计算的航段（可选项）

例 2　>QTE：计算运价

例 3　>XS FSU ×：显示相关运价的具体内容

例 4　>XS FSG ×：显示相关运价的使用规则

例 5　>XS FSQ ×：显示运价计算的横式

例 6　>XS FSS ×：显示航段订座舱位

例 7　>XS FSP：运价计算

例 8　>XS FSI：运价计算

例 9   ＞XS FSD：显示两点间公布运价

例 10   ＞XS FSN：显示票价注解

例 11   ＞XS FXC：以另一种货币显示运价

例 12   ＞XS FXH：显示比例运价的构成

例 13   ＞XS FSL：显示运价的航路限制

例 14   ＞XS FSE：显示与运价有关的资料

例 15   ＞XS FSM：显示里程

例 16   ＞XS FSO：显示不同方向的里程

例 17   ＞XS FSC：显示货币转换

例 18   ＞XS FXB：显示某一货币与其他货币的比价

例 19   ＞XS FXT：显示税信息

例 20   ＞XS FXR：显示有关货币信息、机场、国家等信息

例 21   ＞XS FXA：显示联运协议

例 22   ＞XS FSN FSD H：显示 FSD 指令的帮助信息

例 23   ＞XS FSPN：向后翻页

例 24   ＞XS FSPL：向前翻页

例 25   ＞XS FSPC：再次显示当前页

例 26   ＞XS FSPG3：指定某一页

例 27   ＞XS FSDPG2：指定看某功能应答的第 2 页

TIM 指令索引

例 1   ＞TIM TIFV：查询签证信息

例 2   ＞TIM TIFH：查询健康检疫信息

例 3   ＞TIM TIFA：同时查询签证、健康检疫信息

例 4   ＞TIM TIDFT/city/sect/subsect/page：查询与出入境有关的信息

例 5   ＞TIM TIRGL：显示 TIMATIC 国际组织

例 6   ＞TIM TIRGL/NATO：显示某一国际组织

例 7   ＞TIM TILCC/COUNTRY NAME：按照国家查询城市

例 8   ＞TIM TIRCC：显示所有城市名称

例 9   ＞TIM TIRCC/CTY：按照城市所在国列出所有城市名称

例 10   ＞TIM TIHELP：显示 TIM 帮助功能

例 11   ＞TIM TIRULES：显示 TIM 中有关规则

例 12   ＞TIM TINEWS：显示综合旅游信息新闻

例 13   ＞TIPN：显示下一页

例 14   ＞TIPF：显示最前页

例 15   ＞TIPG：显示当前页

例 16   ＞TIPB：显示上一页

例 17   ＞TIPL：显示最后页

附录 7　出错信息提示总汇

SI
PROT SET　密码输入错误
USER GRP　级别输入错误
PLEASE SIGN IN FIRST　请先输入工作号,再进行查询

SO
PENDING　表示有未完成的旅客订座 PNR,在退号前必须完成或放弃
TICKET PRINTER IN USE　表示未退出打票机的控制,退出后即可
QUE PENDING　表示未处理完信箱中的 QUEUE、QDE 或 QNE
PROFILE PENDING　表示未处理完常旅客的订座,PSS：ALL 处理

FD
AIRLINE　查询运价时,应加上航空公司代码

NM
ELE NBR　旅客序号不正确
INFANT　缺少婴儿标识
INVALID CHAR　姓名中存在非法字符,或终端参数设置有误
NAME LENGTH　姓名超长或姓氏少于两个字符
PLS NM1××××/××××××　姓名中应加斜线(/)或斜线数量不正确
SEATS　座位数与姓名数不符,可 RT 检查当前的 PNR
NO NAME CHANGE FOR MU/Y　某航空公司不允许修改姓名

SS,SD
UNABLE　当所订的航班舱位不存在或状态不正确时,系统给出应答为 UNABLE 并显示航班情况
ACTION　行动代码不正确
SEATS　订座数与 PNR 中旅客数不一致
SEGMENT　城市对输入无效
TIME　输入时间不正确
FLT NUMBER　航班号不正确
SCH NBR　航线序号不符
TK DATE　输入的日期不正确
INVALID CHAR　自由格式项中存在非法字符

OFFICE　部门代码不正确

PLS INPUT FULL TICKET NUMBER　输入完整的票号,航空公司客票代码及十位票号

@ CHECK CONTINUITY　检查航段的连续性,使用@I

CONTACT ELEMENT MISSING　缺少联系组,将旅客的联系电话输入 PNR 中 MAX TIME FOR EOT-IGNORE PNR AND RESTART　建立了航段组,但未封口的时间超过5分钟,这时系统内部已经做了 IG,将座位还原,营业员应做 IG,并重新建立 PNR SIMULTANEOUS MODIFICATION-REENTER MODIFICATION

类似的修改,IG,并重新输入当前的修改

QT

FORMAT　输入错误格式使操作被拒绝

ILLEGAL　错误的数字代码操作被拒绝

OFFICE　操作指定的部门号不存在

QS

FORMAT　输入格式错误

ILLEGAL　错误的数字代码操作被拒绝

NO QUEUE　说明该部门此类信箱不存在

OFFICE　营业员所要处理的信箱部门不存在

Q EMPTY　信箱中此类信箱为空的,已处理完成,没有需要处理的内容

WORKING Q　表示营业员正在对某一种信箱进行处理,未处理完时,不能再处理另外一种 Q。这时若要结束原来的处理,可以做 QDE 或 QNE,然后再 QS：xx

QD

FORMAT QD　指令的输入格式不正确

NO DISPLAY QD　没有信件可放回系统

QN

ILLEGAL QN　指令的申请操作被拒绝

NO DISPLAY QN　没有信箱可放回系统

QC

FORMAT　输入额外的错误格式

ILLEGAL QC　指令中错误的数字代码操作被拒绝

NO DISPLAY QC　指令操作指示没有信箱项可供转移

OFFICE　营业员意图转移到的部门不存在

QE

FORMAT　输入额外的错误格式

OFFICE　部门代号不存在

Q TYPE　所要发送到的信箱的种类在目的部门中没有定义

RL　记录编号不存在

附录 8 出错信息索引

ACTION　行动代码不正确
AIRLINE　航空公司代码不正确
CHECK CONTINUITY　检查航段的连续性,使用@I 或增加地面运输航段
CONTACT ELEMENT MISSING　缺少联系组,将旅客的联系电话输入 PNR DATE 输入的日期不正确
ELE NBR　序号不正确
FLT NUMBER　航班号不正确
FORMAT　输入格式不正确
ILLEGAL　不合法
INFANT　缺少婴儿标识
INVALID CHAR　存在非法字符,或终端参数设置有误
MAX TIME FOR EOT-IGNORE PNR AND RESTART　建立了航段组,但未封口的时间超过 5 分钟,这时系统内部已经做了 IG,将座位还原,营业员应做 IG,并重新建立 PNR
NAME LENGTH　姓名超长或姓氏少于两个字符
NAMES PNR　中缺少姓名项
NO DISPLAY　没有显示
NO NAME CHANGE FOR MU/Y　某航空公司不允许修改姓名
NO QUEUE　说明该部门此类信箱不存在
OFFICE　部门代号不正确
PENDING　表示有未完成的旅客订座 PNR,在退号前必须完成或放弃
PLEASE SIGN IN FIRST　请先输入工作号,再进行查询
PLS INPUT FULL TICKET NUMBER　输入完整的票号,航空公司客票代码及十位票号
PLS NM1××××/××××××　姓名中应加斜线(/),或斜线数量不正确
PROFILE PENDING　表示未处理完常旅客的订座,PSS:ALL 处理
PROT SET　工作号密码输入错误
Q TYPE　所要发送到的信箱的种类在目的部门中没有定义
Q EMPTY　信箱中此类信箱为空的,已处理完成,没有需要处理的内容
QUE PENDING　表示未处理完信箱中的 QUEUE、QDE 或 QNE
RL　记录编号不存在

SCH NBR 航线序号不符

SEATS 订座数与 PNR 中姓名数不一致,可 RT 检查当前的 PNR

SEGMENT 航段

SIMULTANEOUS MODIFICATION-REENTER MODIFICATION

类似的修改,IG,并重新输入当前的修改 TICKET PRINTER IN USE 表示未退出打票机的控制,退出后即可

TIME 输入时间不正确

UNABLE 不能

USER GRP 工作号级别输入错误

WORKING Q 表示营业员正在对某一种信箱进行处理,未处理完时,不能再处理另外一种 Q。这时若要结束原来的处理,可以做 QDE 或 QNE,然后再 QS

附录9 国际组织名称及缩写

ICAO:International Civil Aviation Organization,国际民用航空组织
IATA:International Air Transport Association,国际航空运输协会
UNWTO:World Tourism Organization,世界旅游组织
UFTAA:Universal Federation of Travel Agents' Association,世界旅行社协会联合会
WHO:World Health Organization,世界卫生组织
IMO:International Maritime Organization,国际海事组织
OECD:Organization for Economic Co-operation and Development,经济合作与发展组织
IASET:International Association of Scientific Experts in Tourism,旅游科学专家国际联合会
ATA:Air Transportation Association,航空运输协会
OAG:Official Airline Guide,航班信息指南
SITA:Society International De Telecommunication Aeronautiques,国际航空电信协会

参 考 文 献

[1] 杨超,霍连才.民航概论[M].北京:清华大学出版社,2022.
[2] 徐婷婷,许夏鑫.民航旅客运输[M].北京:科学出版社,2014.
[3] 唐忍雪,胡涛.民航国内客票销售实务[M].北京:科学出版社,2012.
[4] 中国航信编写组.中国航信 BSP 自动出票证书培训教程[M].北京:科学出版社,2011.
[5] 陆东.民航订座系统操作教程[M].北京:中国民航出版社,2012.
[6] 中国航信编写组.中国民航订座系统操作手册.
[7] 中国航信编写组.中国民航订座系统国际订座业务操作手册.